Carlos X. Blanco

Das Licht des Nordens

Die Geschichte der Rückeroberung Spaniens und des Aufstandes von Don Pelayo

Übersetzung von
Siegfried Dedek

Das Licht des Nordens
Die Geschichte der Rückeroberung Spaniens
und des Aufstandes von Don Pelayo

Erstausgabe: Oktober 2024
Gedrucktes Exemplar auf Anfrage.

ISBN: 978-1-961928-99-2

Copyright © Quixotic Spirit Books LLC, 2024
Copyright © Carlos X. Blanco, 2024
Übersetzung Copyright © Siegfried Dedek, 2024

Originalwerk:
Carlos X. Blanco, *La luz del norte*, Alicante: EAS, 2023

Quixotic Spirit Books LLC
Albuquerque, New Mexico (USA)
quixoticspirit.com | info@quixoticspirit.com

Alle Rechte vorbehalten. Eine vollständige oder teilweise Vervielfältigung dieses Buches ist ohne vorherige schriftliche Genehmigung der Inhaber des Urheberrechts nicht gestattet. Dieses Buch wurde vollständig mit freier Open-Source-Software entwickelt.

Inhaltsverzeichnis

1	Der Geweihte	1
2	Der Knabe und der Jude	2
3	Die Rückkehr des Eingeweihten	7
4	Flucht aus Toledo	8
5	Die Mission beginnt mit der Niederlage	10
6	Adalsind	12
7	Verwüstung, Pest und Feinde	16
8	Brunhild	17
9	Die kriegerische Jungfrau	19
10	Menschenware	22
11	Die Weissagung	23
12	Athala	25
13	*Legio* (León)	27
14	Eine Unterhaltung zwischen Toledo und León ...	29
15	Arme Verlierer!	30
16	Krieger in Erwartung	31
17	Bartolomeo	32
18	Reiseziel Süden	34
19	Die Asturer	35
20	Zwei Hebräer	40
21	Álvaro	42
22	Jehuda wahrt das Geheimnis	43
23	Nicer und der Rat unter der Eibe	44
24	Die Mauren	47
25	Heimliche Worte	48
26	Teuds Schwur	49

27	Auf der Suche nach der Zauberkugel	51
28	Die Hölle im Süden	51
29	Wo ist Athala?	53
30	Durch Schwur vereint	53
31	Der Jude reist gen Norden	55
32	Adelfuns	57
33	Die Höhle	58
34	Verrat	61
35	Anweisungen für den Höhlenbewohner	65
36	Der Eid	67
37	Auf dem Weg nach Gijón	68
38	Demütigung	70
39	Von der Höhle ins Heilige Land und zurück	73
40	Munuzas Lächeln	75
41	Gesichte von Bündnissen	79
42	Kantabrische Versammlung	80
43	Pelayos Träume	83
44	Der Abtrünnige	84
45	Don Alfonsos Worte	86
46	Oppa	89
47	Der Sohn des Zebedäus	91
48	Paulo	93
49	Athalas Plan	107
50	Das Versprechen	109
51	Der Statthalter ruft nach Pelayo	110
52	In Mérida	113
53	Awa	114
54	In Munuzas Palast	116
55	Der Harem	119
56	Eine Zukunft wird geschmiedet	123
57	Aufstände	125
58	Begegnung mit Paulo und Brunhild	126
59	Gattin oder Sklavin	128
60	Die Schlange	130
61	Ikko und Alfakay	132

62	*Ex Septentrionis Lux*	138
63	Vereinigung	140
64	Donnergrollen	144
65	Marcela	146
66	Das Treffen	150
67	Angriff in der Ebene	154
68	Eine Strafexpedition	158
69	Schützende Berge	160
70	Athala im Dienste Al-Qamas	165
71	Am Nalón	167
72	Treffen und Wiedersehen	169
73	Al-Qamas Krallen über Asturien	170
74	Ein Volk entsteht	171
75	Auf dem Weg zur Grotte	175
76	Kriegshochzeiten	178
77	In der Nähe der Höhle	180
78	Oppas Rufe	183
79	Die Schlacht beginnt	185
80	Der Krieg: Das Schicksal spricht	189
81	Gerechte Rache	192
82	Es hagelt Steine	196
83	Der ärgste Feind ist der innere	198
84	Die Ellipse des Generals	202
85	Gaudiosa und der König	205
86	König eines freien Volkes	208

Das Licht des Nordens

Der Geweihte

In der Krypta wartete die Brüderschaft. Sieben Kapuzenmänner, darunter, den Stimmen nach, zwei Frauen. In der Dunkelheit glichen ihre Schemen einer nächtlichen Landschaft in Flammen, denn eine einzige Fackel machte die Schatten flackern und verlieh den Körpern etwas Gespenstisches. Ihnen gegenüber, weißgewandet in festlicher Tunika, trat ein junger Mann auf: hoch, schlank und kräftig, mit schönem langen Haar. Er wirkte nicht erregt bei dem Ritual, obgleich die Bedeutung dessen, was vorging, ihm auf der Seele lag. War er doch erwählt für eine Sendung, und gab es für ihn nichts andres, als ihr erhobnen Hauptes entgegenzusehen.

Zuerst sprach eine der vermummten Frauen:

„Du hast alle Prüfungen bestanden und bist nun eingeweiht. Gott hat gewollt, dass du ins Heilige Land kamst aus deiner fernen Heimat."

Jetzt war's die Stimme eines Alten, die sich aus einer der Kapuzen vernehmen ließ:

„Wir haben die allwissenden Sphären befragt. Sie ließen uns ihre Geheimnisse schauen. Du stammst ab geradewegs von einem Heerführer, der einst Kaiser Octavian Augustus die Schlacht geboten. Geradewegs, das meint in deinem Falle: mütterlicherseits, aus der Linie, die bei den Asturern zählt. Nun muss die Kraft deines Geschlechts sich vereinen mit der Macht des Glaubens. Für Christus, nicht für dein Volk allein, hast du zu streiten."

Da nahm der Geweihte das Wort:

„Die jetzt das Heilige Land verheeren, sind es Dieselben, die auch den Boden meiner Heimat schänden werden?"

Der Alte antwortete:

„Sie sind's. In der Mehrheit Araber. Sie kommen aus der Wüste, und die Glut des heißen Sandes hat ihre Händler- und Nomadenherzen in Flammen gesetzt. Sie glaubten an denselben Gott wie Christen und Juden, den einzigen Herrn des Himmels und der Erde, doch ihr Glaube hat sich vereint mit dem Feuereifer für Schwert und Eroberung. Die Byzantiner vermögen nichts, sie in Schranken

1

zu weisen, und andre einst mächtige Völker erliegen ihnen rettungslos. Schaue dir das Land an, darin einst Jesus wandelte, und bedenke die Heimlichtuerei, zu der unser Orden gezwungen ist, um ihren Blicken zu entgehen."

Der Geweihte erwiderte:

„Die meisten Hispanier sind Christen, und das Königreich der Goten hat tapfere Soldaten, den Glauben zu verteidigen. Aber mein Volk – ich meine die Asturer – hängen nicht alle Christus an."

Die Verhüllte von vorhin antwortete:

„Bald aber werden sie's tun. Vertraue nicht den Goten, die allzuviel gelästert und gesündigt haben und jenen, die sie schützen sollten, das Schwert brachten. Wir wissen: die Hoffnung lebt im Norden, wo noch freie Menschen wohnen."

Da sprach der Erwählte:

„Ich werde tun, wie mir befohlen. Ich nehme ein Schiff, fahre zurück nach Hispanien und kämpfe an der Seite dessen, der jetzt mein natürlicher Herr ist: Roderich, König der Goten und Hispaniens. Unterliegen wir, so bereite ich unverzüglich den Widerstand vor."

Ein andrer Bruder nahm das Wort:

„Zieh hin, Pelagius, ‚Der vom Meere kommt', zieh hin und kämpfe für die Freiheit deines Volkes. Wir erstreben die Harmonie aller Menschen, ungeachtet ihrer Rasse, Sprache und ihres Glaubens. Was wir nicht dulden: dass man Bünde erzwingt und übereilt. Unser Erdendasein fordert seinen eignen Schritt, solange es währt, um schließlich der Ewigkeit zu weichen."

Pelayo, der fortan so sich nannte, sprach:

„So sei's!"

Und im Chor wiederholten alle:

„So sei's!"

Der Knabe und der Jude

F̲lüchtig überblickte Teud die Straßen, als er vor Hast in den

Laufschritt fiel. Auch um ihn herum fingen die Leute an zu rennen. Am Boden legen Leichen, noch bevor die Barbaren die Stadt betreten hatten. Soldaten schrien, aber niemand kümmerte sich drum. Alles schien verrückt geworden, alle: Juden, Romanen, Goten.

Teud hatte es nicht wahrgenommen, doch an Häuser war Feuer gelegt und es ward geplündert. Es hieß, die Magnaten seien alle geflohen. Das einfache Volk würde die Mauern Toledos nicht halten können, man brauchte die adligen Granden, doch die waren davongestoben wie die Hühner.

Teud hatte sie gesehen: ihre blitzenden Helme, die stolzen Banner, die Federbüsche. Geboren, ihr Volk zu schützen, zogen sie's vor, nach dem Norden zu fliehen. Wohin? Einige sagten: ins Land der Franken, andre raunten von den nördlichen Gebirgen, wo man eine Verteidigung aufbauen konnte. Vielleicht war Gegenwehr möglich bei der Festung von Amaya am nördlichen Limes. Das Volk aber war allein gelassen.

Die Romanen Hispaniens verzogen sich flennend in die Winkel. Niemand lief herbei, die Feuer zu löschen. Die Garnison fluchte ihren Führern. Von den Zinnen herab verkündete Einer, was er sah: Schon waren die Barbaren zu Tausenden zu erblicken; weder der Tajo noch Toledos Mauern würden sie aufhalten. Das bedeutete das Ende. Am schlimmsten aber waren die Dolchstöße, die Plünderungen, die wahnsinnige Lust, einander gegenseitig zu berauben, wo doch bald, sehr bald fremde Truppen alle vernichten, zumindest aber versklaven würden.

Teud stieg zur Stadtmauer hoch. Der Wachgang war leer.

Von der Zinne aus übersah er die Menge.

Rauchwolken, Feuer, Geschrei. Manch Einer wollte seine geringe Habe verstecken. Unterm Turm nicht weit vom Haupttor stand mauschelnd eine Gruppe von Juden. Darin ein Alter mit langem weißen Bart, Jehuda genannt. Er galt als Hexenmeister. Trotz des Hasses, den sein Volk gegen diese Art von Leuten bekundete, hatte Teud dann und wann mit ihm gesprochen. Teud, obgleich ein Gote, war arm.

Noch war er nicht ins Heer eingetreten, da seine Jugend und

der Witwenstand seiner Mutter ihm das verwehrten.

Nachdem er in die Ferne geschaut über die Hügelketten, die Toledo umgaben, stieg er eine Wendeltreppe hinab. Ja, die Eindringlinge waren da, und niemand in der Stadt schien sie aufhalten zu wollen.

„Grüß dich, Jehuda."

Sofort machten die übrigen Juden sich davon. Wenn auch in zerlumpter Kleidung, war Teud doch ein Gote. Besser sich fernhalten von solch einem. Der Magier aber blieb erwartungsvoll stehen.

„Teud, mein Lieber, suchst mich in solcher Verwirrung. Was kann ich für dich tun?"

„Alter", erwiderte Teud, „wer sind die, die uns da angreifen? Man sagt: ein Heer aus Afrika, Barbaren, die den König vernichtend geschlagen und schon Herren der Bética sind."

„Teud, die Zeiten ändern sich auf immer. Du fragst mich, was zu machen ist, nicht wahr?"

„Ich will kämpfen, Jehuda, aber ich habe kein Schwert und weiß nicht, wo Mutter und Schwester sind."

Der alte Magier schaute ihm tief in die Augen. Ohne ein Wort winkte er, ihm zu folgen.

Sie schritten durch die begierige Menschenmenge. Goten und Romanen von Toledo schrien durcheinander. Die gotischen Männer führten Schwerter in der Absicht, die Ordnung zu bewahren und die Garnison zu unterstützen, aber auch andre Leute zweifelhafter Herkunft schwangen wild ihre Waffen, und viele Augen senkten sich vor Angst.

Schreckliche Dinge erzählte man sich über die Chaldäer. Es waren Ungläubige, die die Köpfe der Besiegten aufhäuften in jeder Stadt, die sie im Sturm nahmen. Ganz Hispanien fiel vor ihnen in den Staub, und Toledo würde keine Ausnahme machen. Es war die Hauptstadt des Westgotenreiches, doch seine Herren waren getürmt. Roderich, so hieß es, war in der Schlacht gefallen, da unten im Süden. Viele Goten waren übergelaufen zu den Barbaren und ritten nun Seite an Seite mit den fremden Heeren als Verbündete und Ratgeber. Die Moral war mit Füßen getreten auf dem städtischen Pflaster. Es fehlte nicht an Romanen, die ihre alten Herren verfluchten: „Ist das der Schutz, den ihr spendet?" Gewiss, dem Volk fehlten seine Väter. Kirchenmänner beschworen Ruhe, doch selbst Würdenträger entbehrten des Geleitschutzes. Jeden Augenblick wuchs die Empörung.

Ohne nach rechts und links zu schauen, bahnten Teud und der Alte sich den Weg zu dessen Schlupfwinkel. Um Zugang zum Verschlag zu finden, mussten sie die schrecklich zugerichtete Leiche eines Mädchens beiseite schieben. Sie betraten eine Höhle voll von Ungeziefer, vollgestellt mit seltsamen Apparaten. Jehuda begab sich in einen langen Gang, und der verwunderte Knabe folgte ihm, wobei er sich Mund und Nase bedeckte gegen den ekelhaften Gestank, der ihm gleich beim Eintritt entgegengeschlagen.

Im Herzen der Höhle zeigte der Jude ihm eine große, matt glänzende Kristallkugel voller Funken und schwingender Figuren, die den Betrachter wie gespenstische Augen anzublicken schienen.

„Das Fenster in die Zukunft", sprach der Zauberer. „Hüte dich, angesichts seiner zu fluchen oder geheime Gedanken zu hegen. Es wird uns zeigen, was du zu tun hast. Was die Stadt betrifft, kann *ich's* dir verraten: Die Juden werden die Verwirrung nutzen und dem Feind die Tore öffnen. Sie stehen schon in Verbindung mit denen, die ihr Chaldäer nennt. Es sind Leute, die von weither kommen, mit einer Religion, die sowohl euch, den Anhängern Jesu, wie auch meinem Volke fremd ist. Aber ich sehe voraus, dass viele von euch nicht zögern werden, zum neuen Glauben überzutreten.

Bisher sagte ich dir, was ich weiß, ohne die Sphären zu befragen. Du bist ein hübscher Knabe, Teud, und von noblem Herzen. Nur deshalb helfe ich dir und vergesse, wer du wirklich bist: ein Feind meines Volkes, ein Gote, der, besäße er Geld, Grund und Boden, Leibeigene und ein Schwert, mich zweifellos töten würde meiner Wissenschaft wegen, die du Magie nennst, und wegen meines Glaubens, den du für gottesmörderisch hältst. Bedaure, dir das sagen zu müssen, aber du hast keine Familie mehr."

Der Junge erblasste; sein Gesicht verzog sich zur schmerzlichen Grimasse.

„Deine Mutter wurde vor einer Stunde erschlagen, ich selbst hab's gesehen, und man nahm das Wenige an Habe mit, dass ihr geblieben war. Deine Schwester entführten im Fluge ein paar Juden, und die werden nicht anstehen, sie als Sklavin den Fremden anzubieten, sobald sie sich der Stadt bemächtigt haben."

Teud wollte aufschreien, aber Jehuda legte ihm mit einer Energie, die ganz unerwartet war für sein Alter, die Hände auf den Mund und suchte ihn zu beruhigen.

Dann fuhr er fort:

„Dasselbe machen sie mit andern Mädchen, auch adligen; sie haben das Bett zu teilen mit den neuen Herren. Und frag' mich nicht, welche Wege die Räuber deiner Schwester genommen haben – das kann niemand wissen. Vertrauen wir auf die Kugel."

Ein paar fremdsprachige Worte, ein wenig seltsames Gebaren, und der Alte hatte Erfolg: Der Kristall erglühte.

Die Augen voller Tränen, sah Teud, wie es in ihm wuchs, sich aufblähte, Formen annahm wie von lebenden Wesen. Prompt stellten Bilder sich ein. Große Bilder. Szenen von Panik und Krieg. Da drangen stolze, dunkelhäutige Reiter mit ihren Lanzen auf die wenigen Verteidiger der Stadt vor. Die Kugel zeigte, wie die Juden vor den dankbaren Blicken der Krieger aus Afrika und dem fernen Arabien die Stadttore entriegelten.

Dann die Jagd auf Frauen und Knaben. Die flohen entsetzt, wie kleine Tiere vor Trophäenjägern. An den Straßenecken der Stadt, in den engen Gassen war die Geilheit der Rohlinge nicht zu bezähmen; sie übten aus, was sie für ihr Kriegsrecht hielten: den Besitz schöner Körper. Jeder Widerstand erstickte im Blut, – die feigen Magnaten, die Blüte des Gotenheeres, waren fort.

Und schließlich erblickte Teud sich selbst. Sah, wie er sich das Schwert eines gefallenen Kriegers verschaffte und einen Umhang, seine Blöße zu bedecken. Sah sich auf ein Streitross springen, einen Schimmel mit schönem Schweif und langer Mähne, und auf der Flucht durch die Nacht in kaltem Mondlicht galoppierend den maurischen Wachposten ausweichen, die die Stadt belagerten, in der Brust versteckt ein paar sonderbare Briefbögen, die der alte Jehuda ihm anvertraut.

Nach all diesen Gesichten sprach der Greis nur:
„Nun zieh' hin und gehe deinem Schicksal nach!"

Und das Schicksal folgte unerbittlich den Vorgängen in der Kristallkugel.

Die Rückkehr des Eingeweihten

BEDECKT VON KOPF bis Fuß nach Art der Einheimischen, durchschritt der Wanderer die Straßen. Arabische Soldaten überall; das Heilige Land ward beherrscht von dauerndem Krieg. Es gab die Weisung, die „Römer" in Schranken zu halten, das hieß: Griechen, die im Dienste des Byzantinischen Reiches spionieren konnten. Die Mohammedaner fürchteten nicht die müden und auf dem Rückzug befindlichen christlichen Truppen, wohl aber fürchteten sie Aufstände der unterworfenen Christen.

Der Wanderer musste auf Gottes Gunst vertrauen, dass er nicht angehalten und zum Sprechen gezwungen würde. Seine fremde Sprache und sein Äußeres konnten Verdacht erwecken. Seine Gesichtszüge waren nicht die eines griechischen Christen, und noch weniger die eines Hebräers, Arabers oder Syrers. Drum suchte er sich, soweit es ging, zu verhüllen. In der Vorstadt wartete ein Verbindungsmann, ein griechischer Christ.

„ ‚Der vom Meere kam' wirst du genannt", sagte der.

Pelayo neigte das Haupt und nahm schweigend das Pferd, das der andre ihm anbot. Ein Gefolge, das nach einfachen Kaufleuten aussah, stand schon bereit, die Reise zum Hafen anzutreten.

Unterwegs wechselte der Wanderer nur wenige Worte mit seinem Helfer, der seinen Namen nicht nannte.

„Du hast die heiligen Orte gesehen, aber dir wird auch das Martyrium vieler der Unsrigen nicht entgangen sein."

Der Christ meinte seine Glaubensbrüder, die auf öffentlichen Plätzen zu Tode geprügelt wurden, Männer, Frauen und Kinder, entsetzliche Szenen. Zweck dieses Mordens schien allein der, das

Volk zu unterhalten. Der Pöbel der Heiligen Stadt lief mit Wonne hin und forderte die kalifale Obrigkeit auf, den Handlungen beizuwohnen.

Pelayo verriet seinen Abscheu vor dem, was er gesehen. Sein Begleiter, ein Ordensmann, fuhr fort:

„Leute wie du müssen eines Tages von fernher kommen und diese Orte zurückerobern für Christus. Doch bis dahin vergehen Generationen. Vorher aber wird das Heilige Kreuz in vielen Ländern niedersinken, verloren an die Hände der Ungläubigen."

Als wenige Meilen fehlten, um das Meer erblicken zu können und einen kleinen Hafen zu erreichen, erschien von weitem eine lange Reihe von Leuten, geführt von einzelnen Reitern und Aufsehern. Als Pelayo und seine Begleiter näherkamen, schnitt ihnen ein grausiges Schauspiel schmerzlich in die Seele. Peitschen knallten auf nackte Rücken. Männer, Frauen, Kinder in Ketten, angebunden an ein langes Seil, kamen landeinwärts von den Schiffen, um den Markt von Menschenfleisch zu bedienen, den das Kalifat ins Leben gerufen. Byzantinische Christen, gefangen in der Schlacht, blonde Barbaren aus der weiten europäischen Ebene im Norden, von Juden ihren Feinden abgekauft, Christen aus von Arabern besetzten Städten, bestraft für ihren Trotz gegen die neuen Herren. Ganz unterschiedliches Volk, aber vereint durchs gleiche Schicksal: die Unfähigkeit, den schrecklichen Sturm aus den arabischen Wüsten aufzuhalten.

Pelayo dachte an seine Heimat. Die war weit weg, doch der gleichen Gefahr ausgesetzt. Die Fackel Mohammeds hatte einen Weltenbrand entfacht.

Flucht aus Toledo

A<small>LS UNTERM</small> S<small>CHUTZE</small> der Nacht der Schimmel Teud in gestrecktem Galopp aus der Stadt heraustrug, waren Trommeln und Getöse der Eindringlinge in ihrer ganzen Gewalt zu hören. Im Augenblick, da Teud an einen Durchlass der Mauer kam, der üblicherweise geöffnet und von Juden bewacht war, drangen die ersten maurischen Soldaten durchs Haupttor. Jehuda hatte dem Jungen das Lösungswort genannt, auf welches hin die Wachen, Brüder des Alten von Geblüt und Glauben, ihn ziehen lassen würden. Der Verfolgungen durch den gotischen Adel überdrüssig, waren die Juden in Verbindung zu den Fremden getreten und hatten ihre Teilhabe an der Invasion des Königreichs ausgehandelt: sie öffneten die Stadttore und legten, nachdem sie von den Eindringlingen mit Waffen versehen waren, in jede eroberte Stadt Garnison. So blieb das Gros des maurischen Heeres erhalten. Eines Heeres, das als Gefolge des Propheten Mohammed galt, voller Inbrunst für seinen neuen Glauben an einen einzigen Gott, der nicht gar so verschieden war vom Gott der Israeliten.

Wild klopfenden Herzens und voller Schmerz um Mutter und Schwester suchte Teud einen Weg in die Freiheit. Auf seinem Weg nach Norden, den der alte Magier ihm gewiesen, stieß er am Fuß eines kahlen Hügels auf etwas Schreckliches: ein Dutzend abgeschlagene Christenköpfe, aufgehäuft um eine Lanze, und aufgespießt an deren stählerner Spitze das zerschundene Haupt eines Mannes. Dieser Bauer war vielleicht würdig gestorben mit dem Schwert in der Faust. Anders als die wenigen Granden, die in der Stadt verblieben waren und, wie Teud in der Zauberkugel geschaut hatte, vor den Invasoren niederknieten, um dennoch enthauptet zu werden, aber ehrlos. Anfangs, in der Umgebung von Toledo, erblickte der Knabe im Dunkel der Nacht verbrannte Dörfer, umgestürzte Karren, von Pfeilen und Messerstichen durchbohrte menschliche Körper. Aber je weiter ihn sein Ross nach Norden trug, umso seltener wurden die Hinterlassenschaften der Eindringlinge. Das Mondlicht wies ihm einen Pfad, der geradewegs auf ein alleinstehendes Wäldchen zulief: der von dem Alten angezeigte Punkt. Weshalb der Zauberer ihn hatte beschützen wollen, war Teud ein Rätsel.

Endlich, nach kräftigem Galopp, ein Licht. Es schien menschliches Leben zu geben in einer bessren Hütte am Wegesrand. Alles stimmte mit den Angaben des Alten überein. Der Knabe sprang vom Pferd und klopfte an, wobei er nach rechts und links sah.

Die Mission beginnt mit der Niederlage

Roderich ließ Pelayo in sein Zelt rufen.
„Du bist treu, Sohn des Fávila. Ich weiß nicht, ob ich's erlebe, dir vergelten zu können. Seit deiner Rückkehr aus dem Heiligen Land hast du unermüdlich versucht, unsre Goten zu einen. Die Anhänger Witizas sind auf unsrer Seite. Trotz aller Gegensätze sind wir *ein* Volk. Die Heimat wurde überfallen, und nun gilt's, zusammen zu kämpfen, um die Eindringlinge zum Teufel zu jagen."

Pelayo, schon vor der Morgendämmerung gewappnet und gespornt, sah seinen König besorgt an.

„Wir sind versammelt, Herr. Doch fürchte ich neuen Verrat. Bei meiner Landung in Hispanien habe ich den Riss im Gotenvolke bemerkt. Und die Hispanier misstrauen diesem Volk, weil es sie nicht mehr verteidigt, noch die gerechten Gesetze der Väter befolgt. Wenn du erlaubst, Herr Roderich: Du bist aus dem Baskenkrieg zurückgekommen, ohne Vorsichtsmaßnahmen zu ergreifen. Es gibt keine Nachhut, die den Ismaeliten trotzte für den Fall, dass die Schlacht hier am Rio Lacca ungünstig ausgeht. Erleiden wir eine Niederlage, so liegt die ganze Bética frei."

Der König hörte seinen *Spatharius* – so hieß der Schwertführer oder Leibgardist – ohne Ärger an.

„Für eine Nachhut fehlen uns Truppen. Wir müssen die Feinde mit allen verfügbaren Männern hier aufhalten."

Pelayo schaute nach dem Zelteingang, als besorge ihn etwas.

„Willst du auch Witizas Leute an deiner Seite haben?"

Der König runzelte die Stirn.

„Wir müssen verzeihen können."

Sein Schwertführer aber befürchtete das Schlimmste:

„Mein König! Julian, jener Grieche, dem du Befehl über Ceuta erteilt hast, hat seine Flotte in den Dienst der Invasoren gestellt. Ich bin vom Heiligen Land auf einem byzantinischen Schiff gekommen und habe die Matrosen reden hören, denn ich verstehe ihre Sprache. Ich weiß genug von diesem Julian und seinem Verkehr mit den Ungläubigen Afrikas."

Der König übte mit dem Schwert, während er sprach:

„Ich kann mich nicht um Gerüchte kümmern. Er ist verärgert wegen der Angelegenheit mit seiner Tochter. Wenn ich ihn abgelöst hätte wegen etwas, das im Bett einer jeden verführten Frau geschieht..."

Aus Achtung vor seinem König verfolgte Pelayo den Gedanken nicht weiter. Karminrot war der Himmel am Morgen vor der Schlacht bei Lacca, was Blut verkündete.

Der treue Leibgardist wusste: sein Herr hatte Fehler begangen. Er wollte gegen eine Invasion kämpfen. Gewiss, sie zählten nicht viele, die paar Tausend Fremde, wie sie gelandet mit Hilfe des Grafen Julian, der selbst ein Fremder. Auch wenn das Gotenheer, nicht eben motiviert, aus vielen Leibeigenen bestand, die ihren Herren abgeneigt waren, konnte es die Afrikaner ohne Schwierigkeiten zurückschlagen, ... immer unter der Bedingung, dass es vereint blieb. Aber, dachte Pelayo, der Feind steht im Innern.

Als die Flügel der gotischen Reiterei sich aufstellten, suchte Pelayo sich in die Verwandtschaft Witizas zu versetzen. Diese Heuchler hatten jüngst König und Kreuz der Goten geküsst. Eine eigne Flagge mit dem Adler darauf flatterte im Wind für ihr scheinbar gewaltiges Heer.

Es geschah, als der fürchterliche Angriff der Chaldäer erfolgte, dass Roderich den Befehl erteilte. Die Reiterei Witizas musste eingreifen, um den Feind zu umfassen, der jetzt Breschen in die Reihen schlug, die direkt vom König kommandiert wurden. Doch die Verwandtschaft Witizas zog sich seitlich zurück auf eine Hügelkette. Da brach die Katastrophe herein. Angesichts der Verräter erlagen Roderich und der Großteil seiner Getreuen dem muselmanischen Eisen. Pelayo sah seinen König sterben, und viele tapfre Krieger dazu. Das Fußvolk, rekrutiert aus leibeigenen Hispaniern, löste sich auf, stob in wilder Flucht auseinander, um nicht erschlagen oder versklavt zu werden.

Pelayo floh allein und dankte dem Himmel, dass er eins der kräftigsten und schnellsten Pferde der Welt besaß.

Es begann eine Zeit von Exil und Dunkelheit. Er schwor, den Verrat zu rächen. Und gedachte seiner Sendung. Der Orden der Verborgenen Brüder hatte ihm genaue Anweisungen gegeben. Jetzt, da die Niederlage Wirklichkeit geworden, begann die heilige Mission von Roderichs Leibgardisten.

Adalsind

„Im Namen des Allmächtigen: Öffnet einem Christenmenschen!"

In der Tür erschien ein Mann, in der Hand das Schwert. Er war jung, doch im Vergleich mit den Jahren Teuds war alles an ihm Härte und Reife. Ein blonder Bart und ein goldnes Band, das das lange Haar zusammenhielt, verrieten den Adligen. Der Mann musterte den nächtlichen Besucher. Kaum ein Knabe, schlecht bekleidet in der Kälte, von heller Haut und festem Blick. Er erkannte in ihm einen der Seinen, und nachdem er aufmerksam die Landschaft hinter dessen Rücken durchspäht hatte, ließ er den Jungen den Stall betreten, um dem Pferd Unterstand zu bieten. Von dort ging's gleich in die bescheidene Wohnstube.

Das Feuer besorgten eine Greisin und ein junges Mädchen. Dessen goldne Zöpfe reichten bis zur Hüfte, und ihr Engelsgesicht war voller Glanz. Teud hatte niemals ein so schönes Mädchen gesehen, strahlend, obgleich in den blauen Augen auch die Angst lauerte.

Sehr ernst wandte sich der Krieger, der Haus und Frauen beschützte, an den Reisenden:

„Junge, du fliehst mit Eile und Schrecken im Gesicht. Mit Eile, denn du scheinst von weither zu kommen ohne Mundvorrat und Kleidung bei der kalten Nacht. Und mit Schrecken, da dein Gesicht nicht lügt. Du suchst jemanden?"

Vom Magier vorbereitet, war Teud um die Antwort nicht verlegen.

Das Licht des Nordens

„Den Sohn Fávilas suche ich, den edlen Pelayo, Schwertführer unsres Königs Roderich, der gefallen ist vor dem Eindringling."

Der feste Blick von Pelayos Augen bohrte sich in die des Knaben: „Wer sendet dich?"

„Jehuda, Arzt und Sterndeuter in Toledo. Er hat mir den Weg gewiesen zu diesem Haus und mir Schriftstücke für dich gegeben."

Und Teud überreichte die mit einem Bindfaden zusammengehefteten Pergamente.

Pelayo sah sie eilig durch, während die Alte dem Knaben einen heißen Teller und ein paar Decken reichte. Bei ihrem Auf-und-ab-Laufen nannte sie, die wohl eine treue Dienerin war, die Jungfrau „meine Herrin", und bei einer Gelegenheit sprach sie sie auch mit Namen an: Adalsind. Während der Knabe wieder zu Kräften kam, begann Adalsind ein Gespräch mit dem neuen Besucher:

„Mein Bruder hat dich erwartet, dich und die Briefe, die du bringst. Nun sag: Toledo ist gefallen?"

„Ja, Herrin." Teud redete sie an, wie es einer Adligen zukam.

Adalsind berührte seine Wangen. Der Junge wurde kupferrot: Sie, das Edelfräulein, betrug sich ihm gegenüber ganz frei.

„Wie heißt du und wer sind deine Verwandten?"

Bedrängt von den Blicken Pelayos und der Alten traute Teud sich nicht, ihr in die Augen zu schauen.

„Ich bin Teud, der Sohn Sonnas, welcher auch der ‚Hammer' genannt ward, und Enkel des Teudes, eines Kriegers vom Geschlecht der Balten, aber ich bin arm und von dunkler Herkunft. Man hat meine Mutter erschlagen in Toledo, wie mir der Magier sagte, der mich hergeschickt. Und meine Schwester sollen sie zur Sklavin gemacht haben."

Da fiel Pelayo, der Bruder der schönen Adalsind, ein:

„Ich kannte Sonna, deinen Vater, der ehrenhaft gefallen ist. Die Hunde Witizas erschlugen ihn hinterhältig, als er wehrlos war. Mit solch würdelosen Bestien geht die gotische Ehre dauerhaft verloren. Du, Teud, hättest mit Anstand gestritten, in Lacca, in der Bética oder in Toledo. Aber du wirst noch Gelegenheit erhalten, deine Heimat zu verteidigen."

Pelayo legte die Schriften beiseite und betrachtete den Jungen eingehender. Dasselbe tat er dann mit seiner Schwester. Sie waren gleichen Alters, Jugend klaren, wenn auch angsterfüllten Blickes. Ihre Leiber, wohlgestaltet, waren noch nicht gestählt im Totengeläut der Schlachten. Pelayo, etwas älter, hatte bereits viel Blut gesehen. Brüderblut, denn zum Untergang des Gotenreiches hatte der Bürgerkrieg gegen die Parteigänger Witizas geführt. Ganz Hispanien blutete in Bruderkämpfen, während das breite Volk von der Pest dahingerafft ward. In Teud und Adalsind, in ihm selbst und seinem Schwert könnte die Hoffnung auferstehen. Die Hoffnung auf ein neues Geschlecht von Menschen, die entschlossen waren zum Kampf, entschlossen, das weite Königreich ihrer Vorfahren aufs neue erblühen zu lassen.

Hispaniens Romanen und die Westgoten hatten einander achten gelernt als einträchtige Nachbarn, lebten, belehrt durch die Kirche Christi, unterm gleichen Zepter auf gemeinsamem Boden. Aber es war zu Missständen gekommen: die Anmaßungen des Adels, heftige Thronstreitigkeiten, Hass und Rache, die Art, wie man die Armen überging, das Fehlen von Rechten. Pelayo sah Teud elend eingehüllt in Lumpen. Ganz sicher war sein Blut besser als das der reichen und stolzen Magnaten, die im Galopp das Weite gesucht und ihr Volk kopf- und herrenlos im Stich gelassen. Sonna, der Vater des Jungen, war in Ungnade gefallen, weil er sich der Bande Witizas verweigert hatte, aber er kam aus einem unbeugsamen Geschlecht treuer und selbstloser Krieger.

Pelayo erwachte aus seiner Versunkenheit, und, als erinnerte er sich der Dringlichkeit seiner Sendung, sagte er:

„Leert die Teller; unsre gute Marcela hat alles für die Abreise vorbereitet. Du wirst uns begleiten, Teud. Der alte Hebräer hat dich vorm Tod gerettet, denn viele von uns fallen vielleicht gerade dem Messer zum Opfer. Du musst mit uns nach Norden reisen. Dort sind meine Ländereien, und dort gibt es sichren Unterschlupf. Nicht weit von dieser Hütte erwartet uns eine Abteilung Getreuer."

Wirklich hatte Teud keine Wahl. Ob es nun in den geheimnisvollen Pergamenten geschrieben stand oder nicht, Tatsache war, dass er auf andre Freunde nicht mehr zählen konnte. Seine Stadt war eingenommen von wilden Heerscharen, Barbaren, die die Christen hassten und einen Pakt geschlossen hatten mit den gehässigen Juden.

Zum Abschied küsste Adalsind der alten Marcela die Wangen. Dann sprang sie mit der Gewandtheit mehr eines erfahrenen Kriegers denn eines Mädchens auf das Pferd, das Pelayo ihr aus dem Stall gezogen. Teud bestieg sein weißes Streitross und Pelayo einen Braunen. Die mitzuführende Verpflegung reichte für eine lange Reise.

Pelayo setzte einen glänzenden Helm auf mit langer roter Mähne und Nasenschutz, über dem ein seltsames Symbol eingraviert war, das sich später als das Wappen der königlichen Leibgarde erwies. Auf dem Rücken trug er einen Rundschild mit den Insignien des Hauses von Roderich, dem König, der vor den Truppen der Mauren gefallen war. Das Kettenhemd reichte ihm bis unter die Knie, und der schöne Überwurf der gotischen Noblen vervollständigte sein Ehrfurcht gebietendes Aussehen.

Marcela reichte Teud einen Helm, der nicht sehr verschieden war von dem Pelayos, sowie einen hübschen juwelenbesetzten Dolch.

„Mehr können wir dir jetzt nicht geben, Teud", sagte Don Pelayo, „beizeiten aber wirst du besser versehen. Auch meine Schwester muss Waffen tragen, denn wenngleich du's kaum glaubst: sie weiß sie zu führen, und an Gelegenheit wird's nicht mangeln."

Nachdem er das Haar seiner alten Dienerin geküsst, spornte er sein Pferd zum Galopp an. Adalsind und Teud folgten ihm. Die Jungfrau, die neben dem Knaben ritt, sagte:

„Marcela ist zu alt, uns zu begleiten. In ihrem Heimatdorf hier in der Nähe ist sie sicher, vorerst zumindest. Wir, die wir Waffen führen, wir sind es, die sich in acht nehmen und den Vereinbarungen gemäß handeln müssen."

Teud dachte nach über ihre Worte. „Die wir Waffen führen." Adalsind schloss sich tatsächlich ein, wenn sie von jenen sprach, die zum Streit ziehen wollten. Und dann diese „Vereinbarungen". Was war damit gemeint? Enthielten vielleicht die Schriften, die der alte Jehuda ihm anvertraut, die Schlüssel zu seinem Leben? Das Königreich war verloren, die großen Städte hatten sich unterworfen oder machten feige gemeinsame Sache mit den Barbaren. Pelayo schien in seinem Herzen andre Pläne zu hegen als allein die Flucht. Zunächst aber hieß es einfach reiten, nur reiten.

Die Eroberung ging mit Riesenschritten voran. Wenn die Chaldäer, wie Pelayo sie nannte, erst Herren von Toledo waren, würden sich die schwächeren Städte im Norden unverzüglich ergeben. Viel weiter droben, in den rauhen Bergen, gäbe es Hoffnung. Hoffnung aufs Überleben und nicht in die Versklavung zu fallen. Versklavung! Ein scheußliches Wort für Teud, das sein Vater ihn zu hassen gelehrt. Ein Mann war frei, solange er ein Schwert schwingen konnte wider seine Unterdrücker. Er dachte an seine arme Schwester, Brunhild, die zurückgeblieben war als Sklavin in den Händen von Barbaren, von denen man sich die wildesten Greuel erzählte.

Verwüstung, Pest und Feinde

Sie ritten ohne Unterlass. Am Himmel wichen die rosigen Fetzen der Morgenfrühe azurblauer Klarheit. Der Horizont der unermesslichen Ebene, die kaum bewohnt war von Menschen, wich vor ihnen zurück im Takt, in dem die Pferdehufe die Erde zertraten.

Nicht immer folgten sie der alten Chaussée; Pelayo erwies sich als Kenner des Weges, denn sonst wäre er nie von der Trasse abgewichen, die die Alten im Boden hinterlassen.

Einmal trafen sie auf eine Ansammlung brennender Hütten und halbverhungerter Leute mit entstellten Gesichtern, die hilfeflehend ihre Arme ausstreckten. Es wäre Christenpflicht gewesen, sich ihnen zu nähern, als aber Pelayo in diesen Gesichtern die Zeichen der Pest erblickte, gab er Befehl, unverzüglich weiterzureiten.

„Schon bevor die Plage der Chaldäer über uns gekommen ist", sagte er, „hat der Allerhöchste uns schreckliche Strafen und Zeichen unsrer Schande gesendet. Bürgerkrieg, Unrecht und Stolz des

Adels, die Pest und die Sünden der Menschen hätten das Reich zerstört, auch ohne dass Feinde von jenseits des Meeres kommen mussten."

Die Felder lagen brach. Nur selten zeigten sich Spuren des Anbaus von Getreide, meist dem Erdboden gleichgemacht. Adalsind erzählte Teud beim Reiten, dass in diesen Breiten Banden von Straßenräubern lagerten, die ihr Bruder an der Seite Herrn Roderichs unermüdlich bekämpft hatte.

Endlich brauchten die Pferde Ruhe, und bevor sie oder die Menschen auch nur einen Bissen zu sich genommen, brach die Nacht herein. In einem Gehölz an einem Bach, der – Gott sei Dank – durch Ödland floss, hielten sie an, um auszuruhen. Adalsind entfaltete ein Ledertuch und entnahm ihm eine Art von Fladen, gefüllt mit Fleisch, die Marcela für sie bereitet hatte. Die Tiere der Nacht schwiegen still in Gegenwart der Fremden. Am Himmel zitterten die Sterne wie vor blankem Entsetzen.

Sie aßen in Stille. Pelayo schaute noch einmal in seine Pergamente. Verstohlen bemerkte Teud, dass sie nicht in jenen lateinischen Lettern verfasst waren, wie er sie kannte. Fremde Symbole und rätselhafte Zeichnungen bedeckten die zerknitterten Blätter. Aber die schlichte Mahlzeit und die heikle Ruhepause wurden unterbrochen durch das Knicken eines Zweiges. Es klang hart und gewaltsam und kam ganz aus der Nähe. Die Drei griffen zu den Waffen.

Alles schwieg, selbst die Eule, die ihnen einen Augenblick zuvor Gesellschaft geleistet. Im Mondlicht blitzte Metall auf. Es waren Feinde da. Blut würde fließen.

Brunhild

Die Stadt hatte den Verstand verloren.

Den Hunger zu stillen, bereitete Mutter Helga, so gut es ging, eine karge Mahlzeit zu. Brunhild und Teud waren noch nicht gekommen. Brunhild war zu den Marktständen gegangen in der vergeblichen Hoffnung, dass man ihr etwas Essbares geben würde. Die Juden, die sich dort eingerichtet, verweigerten's ihr stets, wenn auch einer, der Geilste von ihnen, ihr was angeboten unter der Bedingung, dass sie ihm zu Willen wäre. Helga fiel es schwer, sie davon abzuhalten, sich mit einem Dolchstoß zu rächen, sowie die Sache vor ihrem Bruder geheimzuhalten, der zweifellos den Markt mit dem Blut dieser Sünder getränkt hätte. Die schöne Brunhild, Tochter des Sonna, hatte die letzten Monate in Tränen und Verzweiflung zugebracht.

Und der Junge war zur Festung gegangen, seinen Dienst anzubieten. Er wollte ein Schwert tragen, denn der Feind war nahe. Von den Nachbarn hatte Helga gehört, dass Teud mit dem alten Hexenmeister bei der Stadtmauer verkehrte, was die Mutter besorgte, denn instinktiv misstraute sie dieser Art von Leuten.

Im morgendlichen Aufruhr jagten Boten durch die Pflasterstraßen und verkündeten die Ankunft der feindlichen Truppen. Zugleich lief das Gerücht um, dass die Tore schlecht bewacht waren, die zu ihrer Verteidigung fähigsten Magnaten geflohen, und dass die Garnison schwach und befehlslos dalag.

Von ihrem eignen Fenster aus ward Helga Zeugin von Raub und Mordtaten, wie sie im Schutz der allgemeinen Verwirrung geschahen.

Auf der Treppe erhob sich der Lärm von Schritten. Antonia, eine alte Nachbarin, schrie: „Flieht, Helga!" Aber die Witwe des großen Sonna, des „Hammers", verfügte über den Mut ihres Volkes. Ein Messer in der Hand, erwartete sie die Angreifer.

Da drang der herzzerreißende Schrei Antonias herauf. Die Alte ward gemordet ein paar weniger Habseligkeiten zuliebe, denn im Viertel wohnten nur die Armen, seien's nun Romanen oder Goten.

Mit einem Fußtritt gegen die Tür stürmten vier Bestien in Menschengestalt herein. In den wilden Zügen des einen, geschwollen von Lüsternheit, erkannte die Mutter den jüdischen Krämer, der zwei Tage zuvor gegen ein paar trockne Kanten Brot die Gunst ihrer Tochter verlangt hatte. Ihn begleiteten drei rohe Burschen fragwürdiger Herkunft. Sie trugen Pfähle und Messer.

„Das Mädchen! Wo ist es?", fragte einer mit blödsinnigem Blick.

„Wenn's nicht da ist: Die Mutter ist auch nicht zu verachten, Ariel!"

In einem Anfall von Wut stürzte sich Helga mit dem Messer auf besagten Ariel. Die andern Zweie ergriffen sie bei Haar und Hüfte, doch für Ariel war's zu spät: Der Stahl stak bereits in ihm.

Die Frau verfocht ihre Ehre wie ein wahres Raubtier und verwundete einen Zweiten schwer, einen Riesen mit dunkler Haut und Glotzaugen, aber angesichts der Gefahr erstach sie der Krämer, ein Schwein namens Gideon, und ließ sie liegen in einer Lache von Blut, dass nicht aufhören wollte zu rinnen.

Inzwischen wartete auf der Straße der vierte Verbrecher, um die Dreie dort oben warnen zu können. Als das Mädchen von seinen vergeblichen Gängen zurückkam und sich dem Hause näherte, ergriff der Kerl sie beim Arm.

„Dieser blonde Bissen ist für mich!"

Vergeblich versuchte Brunhild sich loszumachen. Sie schrie, doch auf der Straße lief alle Welt ihren eignen Sorgen nach. Die Gebote Gottes waren begraben in Vergessen und Schande. Eilends kamen die beiden Angreifer herab.

„Ein Toter, Fabio! Die Sau hat ihn kaltgemacht, und auch der hier wäre um ein Haar zur Hölle gefahren."

Der Kumpan hing blutüberströmt an seinem Arm.

„Los, zum Karren!", schrie Fabio.

Das Mädchen fest gepackt, stiegen die Übeltäter auf einen Karren, dessen Kasten mit Zeltplane gedeckt war. Ein weiterer Kerl, der darinnen steckte, knebelte dem Opfer brutal den Mund. Der Karren verschwand in den Gassen Toledos. Einen Steinwurf entfernt drangen die Feinde gegen die Mauern vor.

Die kriegerische Jungfrau

Die Angreifer fühlten sich entdeckt. Da es keinen Grund mehr gab, heimlich zu tun, fielen sie mit wildem Geschrei von allen Seiten über die drei Reisenden her. Aber Pelayo ließ sein Schwert tanzen. Zu Boden fiel ein abgetrennter Arm. Sein Besitzer stöhnte. Im Rücken ihres Bruders ließ Adalsind ihren Stahl gegen einen andern fahren, sehr geschickt, denn sie nahm ihm jeden Raum zur Verteidigung. Zwei weitere Mitglieder der Bande drangen auf Teud ein. Sie schwangen mit Nägeln bestückte Keulen. Zu seinem Glück hielt der Junge, der in der Fechtkunst nicht sehr erfahren war, trotz der Gefährlichkeit ihrer Schläge mit seiner Klinge sie so lange sich vom Leibe, bis Pelayo, der sich von seinem Gegner freigestritten, seiner Schwester und Teud zu Hilfe kam. Ein paar Schwerthiebe waren entscheidend: Die Kerle ließen ihre Deckung fahren, was Adalsind und Teud sofort benutzten, ihnen den Todesstoß zu versetzen.

Laufschritte und Pfiffe versteckter Feinde verrieten, dass nicht alle bei dem Treffen umgekommen, sondern dass ihrer noch mehr waren, wenn auch schlecht bewaffnet. Es stand zu erwarten, dass der Rachedurst sie mit neuer Wut zurücktreiben würde.

„Wir müssten schnell verschwinden", sagte Don Pelayo, indem er sein Schwert am Kleid eines der Angreifer vom Blut reinigte.

„Was sind das für Leute? Straßenräuber?", erkundigte sich Teud und tat es ihm nach. Allerdings nutzte er Gras zum Säubern.

„So ist es. Unser König hat sie nach Kräften bekämpft, doch nahm ihre Zahl stets zu, weil die großen Herren sie immer weiter auspressten und frei geborene Menschen in Hunger oder Sklaverei trieben. Und bei der Unterdrückung der Schwachen war es gleich, ob der Herr Gote oder Romane war. Die Großen missbrauchen die Kleinen, und so fallen Königreiche und triumphiert das Unrecht. Doch genug: Steigen wir zu Pferd!"

Damit setzten die drei Reisenden nach der unterbrochenen Rast ihren Ritt durch die Dunkelheit fort, wobei sie Augen und Ohren weit offen hielten vor jedem möglichen Hinterhalt.

Der Mond schien ihnen freundlich gesonnen, und die Pferde folgten schnell dem Weg, den Pelayo ihnen wies. Teud sann der traurigen Wirklichkeit nach, in die jenes Reich versunken, von dem ihm, da er ein Kind war, der große Sonna, sein gefallener Vater, Sohn des Teudis, so stolz erzählt hatte. Es gab nicht nur die Armen in den Gassen Toledos, bei den Juden verschuldete Waisen, Witwen und Bettler, die fühlten, wie ihre Ehre vom Gespenst des Hungers bedroht ward. Hier sah Teud diese unermessliche Ebene, die verbrannt schien, die vernichtete Ernte und die Überreste von Feuern, wie sie vom Kampf gegen die Pest oder von Raubüberfällen kündeten. Doch bei all diesen Gedanken bedrückte ihn am meisten die Besorgnis um das Los seiner Schwester Brunhild.

Als der Morgen dämmerte, zeigten die Pferde sich nicht sonderlich ermüdet, übers Gesicht Pelayos aber zogen finstre Wolken. Er schien unschlüssig zu sein, obwohl Teud nicht wusste, weshalb, denn es war offenbar, dass der *Spatharius* diesen Ritt nicht zum erstenmal unternahm.

„Dein Bruder hat dir gezeigt, wie man so trefflich mit dem Schwert kämpft, Adalsind?", wagte Teud das Mädchen zu fragen.

„Ein Volk, das vergisst, wie man kämpft und sich verteidigt, hat die Sklaverei verdient", antwortete sie stolz. „Und zum Volk gehören auch die Frauen. So denkt Pelayo, und so denke ich. Unser Vater Fávila unterrichtete uns beide gleichermaßen in der Kriegskunst wie auch in der Heiligen Lehre, und in vielen andern Dingen."

„Ich sehe, dass nicht der gesamte Adel verweichlicht ist", sagte Teud.

„Die Würdigsten sind vielleicht die Ärmsten, und dein Betragen, junger Teud, spricht nicht von schlechten Anlagen", erwiderte das Mädchen.

Diese Worte schmeichelten Teud ungemein. Er wurde rot.

„Meine Herrin, du bist sehr edelmütig zu mir."

„Ich bin nicht deine Herrin; ich bin deine Freundin. Wir sind von gleichem Alter und vom gleichen Volk, und du bist der Sohn Sonnas, des Hammers."

Beim Dahinreiten bemerkte Teud, wie in den Augen der jungen Dame etwas wie Zärtlichkeit keimte. Und ihrerseits bemerkte Adalsind denselben Glanz im hübschen Gesicht Teuds.

Carlos X. Blanco

Menschenware

Über Leichen hinweg bahnte sich der Karren seinen Weg durch den immer noch wachsenden Tumult und gelangte endlich ins Judenviertel. Tote Soldaten der Garnison lagen um kümmerliche Hütten herum, die, einst Werkstätten, nun als Bordelle dienten. Aus einem dieser Löcher kroch wilden Blicks eine zahnlose Alte. Ihr blauschwarzes Gesicht verzog sich zum Grinsen.

Die Kerle verschwanden ins Innere. Eingehüllt in eine Decke, hing dem Stärksten das Mädchen über der Schulter. Drinnen in der Dunkelheit war zunächst nur Stöhnen und Weinen zu vernehmen. Später wurden Gefangene aller Art erkennbar, meist Frauen und Kinder. An ihren Kleidern ersah Brunhild, dass alle Christen und die meisten von ihnen Goten waren. Man warf sie hart aufs Stroh zu den andern. Bewacht wurde das behelfsmäßige Gefängnis von Spitzbuben und Juden, die mit Pfählen und Keulen, Messern und andern gemeinen Waffen hantierten.

Was hatte man vor? Zweifellos sollten sie als Sklaven verkauft werden. Brunhild hatte von Leuten gehört, die auf rätselhafte Weise verschwanden, vorwiegend junge, besonders hübsche. Es hieß, man ergriff sie bei irgendeiner Unachtsamkeit, und die Juden oder andre Händler verfrachteten sie als Sklaven nach Afrika wo sie dem Vergnügen der dortigen Barbaren zu dienen hatten. Die gotischen Monarchen wussten vom Schwarzhandel, vermochten aber bei dessen Verfolgung nicht zu unterscheiden zwischen den schändlichen Juden und denen, die mit ehrlicher Ware handelten; so waren Ungerechtigkeit und Rachedurst über eine ganze Rasse gekommen. Brunhild und die Ihren hatte diese Verdammung und Verfolgung eines Volkes ohne Unterschied nie gebilligt. Ihr Glauben an Gott, an denselben Gott, wie ihn auch jene verehrten, verlangte, alle Menschen als Brüder zu betrachten. Der Irrtum, den Menschensohn verraten und den wahren Heiland nicht erkannt zu haben, durfte nicht von unschuldigen Leuten bezahlt werden, egal welcher Herkunft sie waren.

Aber diese Männer hier waren gottlos. Im Augenblick, da der Feind in die Stadt eindrang, Personen zu fangen, um sie als Sklaven zu verkaufen, war eine perfide Gemeinheit, eines beseelten Wesens unwürdig. Jetzt wurde Brunhild Zeugin von Schlägen und Fußtritten. Bald würde sie dran sein.

Von der Straße her erhob sich Lärm. Herein drang ein Trupp Soldaten, fremdartig aufgeputzt. Sie trugen weite Hosen, breite Armringe, Kopftücher und Turbane, und die Juden redeten mit ihnen in einer fremden Sprache. Einem von ihnen ragte ein Spitzhelm aus dem Turban, was ihn als Anführer auszeichnete. Die Invasoren waren also schon in der Stadt. Sicher gibt es Absprachen zwischen ihnen und den Entführern, dachte Brunhild.

Und Teud? War er ihnen in die Hände gefallen? Wäre auch er ein Opfer dieses entsetzlichen Handels? Oder kämpfte er an der Mauer, ein Schwert in der Hand? Teud, ihr einziger Bruder, was war mit ihm?

Und ihre Mutter, wo steckte sie, wie war's *ihr* ergangen bei dem Unglück, das über Toledo hereingebrochen?

Die Weissagung

DER ALTE JEHUDA saß vor seiner Kristallkugel. Sie leuchtete, was besagte, dass sie mit der Befragung einverstanden war. Glanz und Gestalten wuchsen in ihrem Innern und offenbarten die ereignisschwangere Zukunft.

Die Truppen der Mauren rückten vor. Ein sehr heller Knabe, arm und fast nackt, sprach mit ihm, Jehuda, am Fuße der Stadtmauer. Einer von jenen Goten, denen die blutigen Kriege Unglück gebracht, vaterlos und der falschen Partei angehörig. Er war hübsch und hatte schon bei andrer Gelegenheit ein paar Worte mit ihm gewechselt. Neugierig und aufgeweckt, hätte er sich in der Wissenschaft nützlich machen können, wenngleich er als Christ erzogen war. Schließlich, dachte Jehuda, hatten große Gelehrte wie Isidor von Sevilla dem Königreich zum Ruhm gereicht, obwohl sie Sektierer im Namen Jesu Christi gewesen.

Dann tauchten die Mauren auf, die von den Goten hartnäckig Chaldäer genannt wurden. Ein seltsam barbarisches Volk, kommandiert von Arabern, mit denen Jehudas Synagoge in Verhandlung getreten war. Gekommen – sagten sie –, um am Bürgerkrieg der Goten um die Thronfolge teilzunehmen. Julian, der Romane, der im Dienste Toledos Ceuta regierte, hatte ihnen seine Schiffe zur Verfügung gestellt, und dieser Julian stand auf Seiten Witizas. In tausendundeiner Überfahrt trugen die Boote des afrikanischen Statthalters Leute aus der Berbersteppe herbei, viele unter ihnen Christen, die andern frisch zum Glauben eines neuen Propheten bekehrt: Mohammeds, dem in fernen Wüsten der Allmächtige sich offenbart hatte. Jehuda vernahm von den Rabbinern Toledos, dass die Anhänger dieses Propheten die Kinder Israels und auch Christen, die die gotischen Despoten – sei es nun der jüngst gefallene Roderich oder ein andrer seiner Art – unterdrückt, besser behandelten als jene. Die Berber aber kamen daher in Stammesverbänden mit leichter Bewaffnung und einer Wildheit ohnegleichen in ihren trübseligen Gesichtern. Sie trachteten nach Land und Weibern, und Jehuda entnahm seiner Kristallkugel, dass die Liebe zu Gott in sehr wenigen dieser Herzen hauste, in den übrigen aber solche Ströme an Blut forderte, dass es den Alten schauderte. Auch er hielt sie für Barbaren. In Menschen voller Kriegslüsternheit bei so wenig Geisteslicht gab es kein Vertrauen.

Vor Jahren hatte Jehuda im Heiligen Lande geweilt und sie mit eignen Augen geschaut, die Araber, wie sie entflammt waren vom neuen Glauben: ungebildete Leute, die aber schnell lernten. Unter ihren Säbeln starben die Kenntnisse von Juden und Heiden dahin, um, getränkt mit ihrem Blute, alsbald wiedergeboren zu werden. Jehuda, damals ein junger Rabbiner, hatte die Texte der Letzten Offenbarung erhalten und wusste um zukünftige Dinge, wie sie auch der größte Gelehrte sich nicht ausmalen konnte. Schon damals, im fernen Judäa, ward ihm Kunde vom Ende des gotischen Königreiches, das wie Gog und Magog der eignen Fäulnis erliegen sollte. Die Araber und die andern Stämme in ihrem Gefolge waren nur

Vollstrecker des himmlischen Willens.

Und Jehuda wusste auch um seine eigne bescheidene Rolle: für niemanden Partei zu ergreifen, weder für sein eignes Volk noch das der Christen und schon gar nicht für das neue, das der Prophet Mohammed geformt. Niemand war der Bessre; alle trachteten sie nach Blut. Jehuda kannte die Absichten der Seinen, teils gerechtfertigt, denn die Unterdrückung durch die Goten war groß gewesen; andre Zweige des Plans aber waren schrecklich und beleidigten den Herrn des Himmels. Der Alte sah den Leidensweg Unschuldiger wie der schönen Brunhild und vieler mehr, beladen mit Ketten und zurückgeworfen auf den Stand von Tieren. Jehuda, der geglaubt hatte, alles erlebt und die Rätsel des Lebens um und umgewälzt zu haben, beweinte die Unschuldigen, wie ein Kind weint, das selbst unschuldig ist.

Und die Zauberkugel zeigte das entschlossene Antlitz Pelayos, jenes Goten der zweiten Reihe, der aber bestimmt war, der Menschheitsgeschichte eine neue Richtung zu geben. Er war's, der die Schriften der letzten Offenbarung bei sich trug, und er würde handeln im Einklang mit dem Willen des Allerhöchsten.

Athala

Ein Pfiff durchschnitt die Luft. Nicht der eines Vogels, sondern ein menschliches Signal. Don Pelayo antwortete auf gleiche Art. Da tauchten Reiter auf, hochgewachsene Männer, schwer bewaffnet, mit schönen Panzerhemden und großen Federbüschen auf den blitzenden Helmen. Blonde und rötliche Haarmähnen schmückten herrschaftliche, kampfgewohnte Gesichter. Teud staunte sie an. In Toledo hatte er viele Gotenkrieger gesehen, darunter prächtige der königlichen Leibgarde, aber nicht solche, wie sie jetzt Don Pelayo begrüßten.

„Du kommst zur rechten Zeit, Herr", sagte der kräftigste unter ihnen.

„Schnell sind unsre Pferde, und groß die Eile, Freund Athala."

Pelayos Antwort blieb ein wenig unbeachtet, denn Athala betrachtete verwundert den Knaben.

„Ich wusste von deiner Schwester, wen wir ins Land der Asturer begleiten sollen, und grüße ihn mit Hochachtung. Aber diesen Jüngling kenne ich nicht."

Athala verneigte sich vor Adalsind und hielt dann vor Teud an. Indem er sein Ross näher herbei drängte, fuhr er fort:

„Der Bursche hält dem Blicke stand und ist tapfer, wenn er auch aussieht wie ein Habenichts. Seine Haut aber, sein Haar und die Art, wie er mich anschaut, sagten mir: Er ist einer von uns."

Pelayo wollte reden, doch Teud kam ihm zuvor:

„Ich besitze ein Schwert und habe auch bereits Feinde erschlagen. Ich bin arm an Gütern, nicht aber von Geschlecht: Von Sonna, dem Hammer, stamme sich ab und vom großen Teudes."

Athala musste lachen:

„Na, wenn du so reich bist, brauchst du dich nicht ums Geld zu sorgen. Überlass' dass den Juden oder den Leuten Witizas, die gottlos sind in ihrer Habgier."

Und auch Don Pelayo lachte. Da konnte Adalsind, die bereits große Achtung vor dem Knaben hatte, nicht schweigen. „Ich habe an seiner Seite gegen Räuber gestritten; ihm fließt nobles Kriegerblut in den Adern", sagte sie.

Athala, der bisher eher wild dreingeschaut, wandte sich ihr zu und sprach sanft und höflich:

„Ganz wie auch in deinen, edle Schwester meines Herrn Pelayo. Es ist Blut, darin sich Mut und Schönheit mischen."

In Teud kroch Argwohn hoch wider diesen Athala und seine Absichten. Vielleicht auch war's Eifersucht auf den Krieger und die Art, wie er Adalsind anblickte. Eifersucht, zu der er bei Licht besehen kein Recht besaß: Welchen Anspruch hatte schon er, ein Habenichts, auf die edle Adalsind?

Das Licht des Nordens

Legio (León)

Um Athalas Männer verstärkt, setzte der Trupp seinen Ritt fort. Es ging über verheerte Felder. Hier und da trafen sie auf Bauern, die von fern in der Zeichensprache vor der Pest warnten, doch im übrigen glich das Land einer Wüste. Brauner Boden lief unter den Hufen der Pferde dahin. Teud beobachtete die Ehrfurcht gebietende Haltung der Krieger und sann lang und breit nach über dieses Hispanien, das gerade im Begriff war, den Barbaren zu erliegen. Adalsind hatte ihm gesagt, dass die Barbaren Ungläubige waren, die Christus leugneten und aus Afrika und dem Orient kamen. Sie waren angeheuert von den Leuten Witizas, die sich wieder zu Herren des Landes machen wollten. Die Jungfrau, die sich gut unterrichtet zeigte über die Vorgänge, erklärte, die Gefahr sei größer als zunächst befürchtet. Nun ging es nicht mehr um eine Bande von Goten, die ihre Macht wiederherstellen wollten über die Getreuen Roderichs. Das hätte den Bestand des toledanischen Reiches nicht berührt. Aber indem das Gleichgewicht durch das Erscheinen der Fremden dahin war, wurde die Lage fatal. Denn die Truppen der Ungläubigen konnten Witizas Partei durch einen Federstrich beseitigen und sich selbst zu Herren aufwerfen. Botschafter und Zeugen hatten sie wissen lassen, dass genau das geschehen war in den Städten des Südens, die kapituliert hatten. Die Magnaten brachten für den Augenblick ihre Pfründe in Sicherheit, das einfache Volk aber sah sich getäuscht vom Versprechen, seine Religion und seine Bräuche fortleben zu dürfen.

Die Herren zu wechseln, war kein großes Problem für Leute, die die Missbräuche des Adels zur Genüge kannten. Aber Komplizenschaft und Untätigkeit vieler Hispanier hatten eine neue Lage geschaffen: die Invasion der Fremden. Und die Goten, denen alle Hispanier den Schutz ihrer Güter, ihrer Religion und ihres Lebens anvertraut hatten, waren unfähig, die chaldäische Walze aufzuhalten.

Am Horizont zeichnete sich Hochgebirge ab. Die Ebene ging zu Ende, und das bedeutete die Nähe einer Stadt: *Legios*, des späteren

León. Athala meinte:

„Ein kleiner Galopp, und wir erblicken die Stadtmauern."

Und so war's. Vor ihnen strotzten mächtige Mauern, die noch von den Alten stammten, und dahinter, fern im Norden, nicht weniger mächtig, die Berge.

Adalsind lenkte ihr Pferd an die Seite Teuds, um ihm freudig mitzuteilen:

„Wir nähern uns unsrer Heimat, Teud. Wir betreten das Land der Asturer, wo wir geboren sind und woher unsre Eltern stammen."

Und sie erzählte ihm, dass Asturien zwei ganz unterschiedliche Landesteile umfasste: eine trockene Ebene, über die sie soeben ritten, und einen sehr grünen und regenreichen Norden, der jenseits des Gebirges zum Meere hin abfiel. Im Schoße dieser nördlichen Hänge hatten ihre Vorfahren gelebt, und dort würden sie jederzeit Getreue und Unterschlupf finden, denn ihr Geschlecht besaß dort Land und Gefolgschaft.

Die starken Mauern von Legio aber konnten wenig Hoffnung machen. Hinter ihnen sah es trostlos aus. Überall hatte die Pest ihre Spuren hinterlassen. Es gab Haufen von Leichen, aber kaum Männer, die einen Kampf hätten bestehen können. Den mutlosen Gesichtern der spärlichen und schlecht ausgerüsteten Garnison war anzusehen, dass diese Stadt sich nicht würde verteidigen können.

Athala wandte sich, ohne vom Pferd zu steigen, mit finstrer Miene an Pelayo:

„Wie es scheint, sind auch hier die Granden geflohen."

Don Pelayo schien das traurige Bild erwartet zu haben, denn er antwortete beinahe gelassen:

„Manche werden ins Land der Franken geflohen sein, andre ins sichere transmontane Asturien. Ich weiß auch von einigen, die hierher kommen müssten; die aber sind Freunde der Partei Witizas und der Chaldäer geworden."

Der Kommandant der Festung, Gustaf, fast schon ein Greis und einer der wenigen Adelskrieger, die treu in den Mauern verblieben waren, wies ihnen Quartiere, darin sie ausruhen konnten und machte sie mit der Lage bekannt, indem er sagte:

„Unsere Spähtruppen haben ganz in der Nähe eine Abteilung Chaldäer entdeckt. Hättet ihr eure Reise ein wenig verzögert, so hätten sie euch überrascht. Sie sind zahlreich genug, dass Legio nicht widerstehen kann, denn obwohl wir starke Mauern haben, fehlt es doch an Männern. Binnen Tagen, vielleicht Stunden, wird die Stadt fallen."

Pelayo ergriff Gustaf beim Arm und fragte ihn:

„Gibt's hier einen Juden, der sich Bartolomeo nennt?"

„Diesen Hund kenne ich; wir beobachten ihn. Wir wissen genau, was die Hebräer in den Städten des Südens gemacht haben", war die Antwort.

Doch Pelayo hob warnend die Hand:

„Sei nicht ungerecht. Nicht alle von dieser Sorte sind schlecht, und du findest zweifellos Schlimmere unter den Christen. Diesen muss man gut behandeln. Ich will ihn sehen, denn er wird uns helfen."

Gustaf neigte den Kopf und verschwand sogleich, um Anweisungen zu geben.

Nachdem die Reisenden sich gereinigt hatten, brachte man ihnen saubere Kleidung, Speise und Trank. Die beiden Jüngsten ließ der Alte mit Kettenhemden und Helmen versehen.

„Gustaf", sagte das Fräulein, „wo ist mein Bruder?"

Gustaf verneigte sich und gab zur Antwort: „Er wollte unverzüglich einen Mann in der Stadt treffen, Herrin."

Eine Unterhaltung zwischen Toledo und León

Nachdem Jehuda all diese Geschehnissen in seiner Zauberkugel verfolgt hatte, geisterte im Kristall ein ihm bekanntes Gesicht empor. Jemand, der im Besitz einer andern Kugel war, trat in Verbindung zu ihm:

„Sei gegrüßt aus Legio, weiser Jehuda! Ich folge deinem Ruf, obwohl es schon ziemlich spät ist."

„Dir muss Schlimmes widerfahren sein, Bartolomeo", antwortete der Toledaner.

„Gewiss, Meister. Auch hier herrscht Konfusion: Wir erwarten die Ankunft der Barbaren. Man hat Israeliten totgeschlagen, als unsre Verbindung mit den Fremden bekannt ward. Ein paar Goten wollten auch mich töten, und ich musste hierbleiben. Bald werden die Christen sich nach alter Gewohnheit gegenseitig umbringen."

Jehuda ließ ein dumpfes Stöhnen hören.

„Ich verstehe", sagte er schließlich. „Toledo ist bereits gefallen, und die Gefahr nimmt jetzt zu. Bald wird dich Rodrigos *Spatharius* besuchen. Du musst die Rätsel zur Auflösung bringen. Er führt die Blätter aus dem Heiligen Lande mit sich, doch die Schlüssel zu ihrem Verständnis liegen bei dir, denn dieser Teil der Prophezeiung hat nie deine Hände verlassen."

Bartolomeo schaute besorgt über seine Schultern.

„Meister", sagte der Rabbiner von León, „jemand nähert sich meinem Haus. Ich weiß nicht, ob meine Stunde geschlagen hat, oder ob dein Gesandter kommt, mich zu suchen."

„Verdunkle deinen Kristall!", befahl der alte Hebräer. „Dass sie dich nicht mit ihm erwischen!"

Und im Gehäuse ward es wieder dunkel. Auch Jehuda löschte sein Glas und versank, umgeben von den Schatten seiner Toledaner Höhle, in Gedanken.

Arme Verlierer!

A<small>LS DIE</small> M<small>AUREN</small> kamen und vor sich all die Ware ausgebreitet sahen, stimmten sie ein grauenvolles Gelächter an. Einige der Berber, gekleidet in Ziegenfell und mit schrecklichen Ohrringen, begannen die gefesselten und wehrlosen Körper der armen Christenmenschen zu befingern. Der arabische Hauptmann, der sich durch eine elegante Haltung und blasse Haut auszeichnete, begann mit einem der Menschenhändler zu verhandeln. Brunhild verstand so viel, dass dieser Jude, einer der üblichen Marktschreier, Säcke voller Gold erwartete, und der arabische Gegenpart sich darauf beschränkte, Versprechen für die Zukunft zu geben. Bei dem Gezänk verrieten die Gesten genug; es war nicht nötig, die dazugehörige Sprache zu verstehen. Verschiedene maurische Soldaten griffen sich bereits Stücke der Ware, besonders Kinder beiderlei Geschlechts und junge Mädchen. Ein fürchterlicher Riese mit brauner Haut und grünlichen Augen bemerkte Brunhild. Breit grinsend liebkoste er ihre Brüste und die goldnen Zöpfe. Er beschloss sie mitzunehmen, und der Hauptmann willigte ein. Unterm entrüsteten Blick des Händlers griff er sie sich und schleifte sie durch die Gassen.

Die Stadt war ein Hexenkessel. Mord, Plünderung, Vergewaltigung. Diese Hölle nannte sich Toledo. Das Königsbanner und andre Symbole der Gotenmonarchie warf man auf Plätzen zusammen, um sie zu zertrampeln. Auch Kirchenleute und das Kreuz wurden geschändet. Brunhild, gefesselt und geknebelt, sah, wie man einen Mönch schlug und ihm mit brennender Kohle fremde Worte auf Brust und Rücken schrieb. Die sich in die Kirchen geflüchtet hatten, wurden von den maurischen Soldaten und den mit ihnen verbündeten Juden unter Schlägen herausgeschleift. Vor der Basilika der Heiligen Leocadia türmte sich ein Haufen von Menschenköpfen auf. Viele davon hatten gotischen Adligen gehört.

Der Barbar schleppte Brunhild in eine stille Gasse, wo er ihre Kleider zerriss, die zuvor schon nur Fetzen gewesen, und, ohne sie loszubinden, seine Geilheit an ihr befriedigte. Die bleiche, blonde Schönheit sank in den Straßenkot, ohne dem afrikanischen Riesen wehren zu können, der gierig seine fleischliche Kriegsbeute genoss.

Krieger in Erwartung

Im selben Augenblick erwachte Teud aus einem fürchterlichen Albtraum. Gesichte waren ihm gekommen, die sich nicht sehr unterschieden von dem, was viele Meilen südlich in Toledo vorging. Er dachte an seine Schwester und machte sich Vorwürfe, sie nicht in allen Ecken der Stadt gesucht zu haben. Doch nun erschien im Halbschatten seines Lagers die Gestalt Gustafs, des Festungskommandanten von Legio.

„Fräulein Adalsind erwartet dich, Teud, Sohn des Sonna. Beide werdet ihr dringende Anweisungen bekommen."

Noch ganz erregt von seinen Gesichten und in Unruhe über das Schicksal seiner Schwester, rüstete Teud sich als Krieger und begab sich in einen Saal, wo ihn bereits andre Männer verschiedenen Alters erwarteten mit Helmen, Schilden, in Kettenhemden und dem übrigen Kriegsschmuck. Inmitten all der Leute aber erstrahlte die schöne Adalsind: auch sie war als Kriegerin gerüstet, und über den Eisenringen, die ihren Leib bedeckten, ergoss, glänzend wie die Sonne, ihr goldnes Haar sein Licht durch den Saal. Dem Jungen blieb nicht der zufriedene Blick verborgen, den sie ihm schenkte. Ohne Zweifel beeindruckte es sie, ihn so für den Krieg bereit zu sehen. Er war kein dummer Knabe, kein Milchbart mehr: Er war ein Krieger, einer der Ihren. Der Austausch der Lumpen, die kaum ihn bedeckt, gegen die Kriegsrüstung, hatten der jungen Dame die Augen geöffnet und vielleicht auch das Herz. Oder waren beide von Anfang an offen gewesen?

„Don Pelayo hat in der Stadt mit jemandem zu reden und wird bald kommen, uns Befehle zu erteilen", verkündete Gustaf.

Bartolomeo

„Bartolomeo, wenn diese Weissagung wahr ist und die Verborgenen Brüder sie aufrechterhalten, dann muss ich unverzüglich nach dem jenseitigen Asturien aufbrechen. Die Reise duldet keinen Aufschub."

Der Rabbiner warf einen letzten Blick in sein „Buch der Schlüssel", ohne das die Blätter aus dem Heiligen Land unverständlich geblieben wären. Schließlich stimmte er Pelayo zu.

„Gewiss", sagte er, „dieses Legio ist nicht mehr sicher, und durch andre Medien weiß ich, dass die Truppen der Afrikaner im Eilschritt vorrücken. Ihr Glaubenseifer ist unwiderstehlich. Sie wollen mehr als das gotische Hispanien. Ihr Ziel ist es, das Land der Franken zu erobern und womöglich noch mehr. Aber sie kennen die Prophezeiung der Verborgenen Brüder nicht und wissen nichts vom Grab des Apostels."

„Das haben sie mit Juden und Christen gemein", erwiderte Pelayo.

„Notwendigerweise, Pelayo. Selbst du solltest vergessen, was die kommenden Jahrhunderte erwartet, und deine gegenwärtige Sendung erfüllen", bekundete der Jude.

„Aber unser Heer hat sich aufgelöst, und der Verrat der Juden wie der Leute Witizas hat Hispanien auf immer verdorben. Es wird Jahre dauern, alle wieder zu vereinen und eine Truppe aufzustellen, die den Barbaren Einhalt gebietet."

In Bartolomeos Augen glomm ein merkwürdiges Licht:

„Ein neues Volk wird sich erheben mit dem Kreuz, und das Kreuz und der Himmel werden auf seiner Seite sein."

„Du sprichst nicht wie ein Jude, sondern als glaubtest du selbst ans Kreuz", sagte Pelayo leise.

„Mein Glaube kommt nicht in Betracht, Pelayo. Ich will lediglich der Zukunft zu ihrem Recht verhelfen, auf dass das Gesetz Gottes sich erfülle", war Bartolomeos Antwort.

Der Rabbiner wandte sich einem Fenster des Turms zu, in dem sie saßen, und schaute auf das Gebirge, hinter dem sich das jenseitige Asturien verbarg.

„Dort ist deine wahre Heimat, zwischen jenen Bergketten und dem nördlichen Meer, Herr. Dort wurden deine Vorfahren geboren, dort erwartet dich Land, das dir gehört, und Asturer, die treu zu dir stehen. Die Asturer müssen kein neues Heer aufstellen: Sie selbst sind ein Volk in Waffen. Dich sehen sie als einen der Ihren, denn bist du auch väterlicherseits Gote und Schwertführer Roderichs, stammst du doch in der Mutterlinie von einer ihrer Fürstinnen ab. Das entspricht der Verschmelzung der Völker, ohne dass dabei eines von ihnen verkürzt würde. Die Asturer vergeben ihre Herrscherrechte auf dem Weg über die Frauen nach einer Wahl durch das Volk, während die Goten auf die männliche Linie setzen und die Wahl Sache des Adels ist. Ihn aber haben die Anhänger Mohammeds in die Flucht geschlagen."

Auch Don Pelayo betrachtete die Kette gewaltiger Berge. Von Legio aus wirkten sie wie ein Zeichen des Himmels, wie Mauern, die nur Gott hatte errichten können, und die von Menschenhand nicht zu schleifen waren. Hingegen umgaben die Mauern, mit denen die Römer das einst große Legio umgürtet, jetzt eine entvölkerte Stadt, deren dürftige Truppe keiner Belagerung standhalten würde. Das diesseitige Asturien war verloren; Pelayo hatte ins Herz seiner Heimat zu flüchten. Jetzt musste der Entschluss gefasst und den Seinen, die auf ihn warteten, verkündet werden.

Reiseziel Süden

IM SCHMUTZ DER EINSAMEN Gasse schrie die junge Brunhild vor Schmerz und Wut. Aus ihrem Körper floss Blut, und ihr Gesicht war verschmiert von Straßenkot. Der Maure hatte noch seine Lust an ihr, und flüchtig gelang ihr ein Blick in seine bestialische Visage: ein riesiges, vor Geilheit tiefendes Maul mit Pferdegebiss und vom niedersten Instinkt berauschte Tieraugen.

Unterdessen durchsuchten die Truppen der Invasoren sämtliche Ecken und Winkel der Stadt, und der Maure fürchtete, von seinen Hauptleuten überrascht zu werden. Sie würden nicht billigen, dass einer ihrer Soldaten so voreilig seine Pflicht vernachlässigte. Der Genuss der Kriegsbeute hatte zu warten, bis Ordnung und Unterwerfung der ganzen Stadt sichergestellt waren. Als Schritte sich hören ließen, bekam es der Kerl mit der Angst zu tun, ließ das Mädchen fahren und machte sich davon.

Es dauerte eine Weile, bis die hebräischen Händler, die jetzt eskortiert wurden von maurischen Soldaten, sie wieder auf ihren Karren luden. Zusammengepfercht mit andern Frauen und Kindern, die alle gefesselt waren, stillte man im Innern einer Kirche, die jetzt als menschliches Warenlager diente, notdürftig ihre Blutung. Die Händler reichten den neuen Sklaven Wasser, Nahrung und Decken als Vorbereitung auf eine, wie es schien, längere Reise. Dann wurden die Gefangenen in mehrere Gruppen geteilt: Zur Ergötzung der Soldaten sollten einige Frauen und Kinder in der Stadt bleiben, andre würden nach Sevilla und Córdoba gebracht. Als Brunhild, die Hölle in ihrem Körper, zu sich kam, erfuhr sie, dass sie für den Süden bestimmt war.

Die Asturer

Don Pelayo suchte wieder seine kleine Kriegerschar auf. Er wurde bereits erwartet von Adalsind und Teud, Athala und Gustaf.

„León ist nicht sicher. Wenn wir widerstehen oder wenigstens ein Stillhalte-Abkommen mit den Fremden schließen wollen, müssen wir uns ins transmontane Asturien begeben. Dort warten meine Leute, dort finden wie Verbündete oder erhalten Nachricht von einem neuen König der Goten und der Christen."

Und eilends setzte sich die Reiterschar in Bewegung auf die Pässe zu, die ins nördliche Land führten.

Bald bemerkte Teud, wie sich die Landschaft veränderte. Nachdem sie die steilen Hänge erklommen, die zur Ebene hin in blässlichem Grün abfielen, ging die Färbung ins Dunklere und Sattere über. Zunehmend machte sich Feuchtigkeit bemerkbar; es war, als könne man das Meer wittern, ein Meer, das der Junge nicht gesehen hat.

Die Wege wurden schwierig für die Pferde, aber Pelayo bewies, dass er mit ihnen vertraut war. Auf einen Pfiff hin tauchten aus dem Dickicht am Wegessaum schwer bewaffnete Männer auf. Ihre Panzerhemden und die Wappen ihrer Schilde unterschieden sich nicht sehr von denen des Gotenheeres, aber sie waren obendrein in Tierfelle gekleidet.

„Freunde sind wir, Abieno", sagte Pelayo erhobener Hand. „Du siehst vor dir Pelagius und seine Getreuen, die zur Heimat zurückkehren."

„Ich erkenne dich, Herr, und deine liebliche Schwester, denn in deinem Hause habe ich glückliche Tage verbracht, bevor du gingst, dem König zu dienen. Aber seltsame Nachrichten kommen aus Hispanien, und vielleicht bringst du noch merkwürdigere. Wir wachen über die Pässe, denn es heißt, der König und sein Heer seien gefallen und auch die Kirche sei in Gefahr."

Pelayo nickte bestätigend.

„Abieno, treuer Hauptmann", sagte er, „du irrst dich nicht. Das unheilvolle Schicksal der Goten ist das aller Christen, und ich komme, mich den unbesiegten Asturern zum Widerstand anzubieten."

Abienos Blick verfinsterte sich:

„Die südlichen Pässe hier sind gut verteidigt, aber im Osten haben die Fremden Einfälle gemacht; dort sind sie schlecht abzuwehren."

„Lass uns irgendwo Schutz suchen; dann entscheiden wir, was zu tun ist", beschloss Pelayo, der bemerkte, dass die Nacht hereinbrach.

Teud betrachtete sich diese asturischen Krieger. Sie waren von starkem Körperbau und schönen Gesichtszügen. Ihre Haut war weiß und das Haar rötlichblond. Man hätte sie für Goten halten können, doch wiesen sie einen unvertrauten Zug um Gesicht und Augen auf, der eine andersartige Seele, geprägt von andersartigen Landschaften und Erinnrungen, verriet.

„Sind das Asturer, Adalsind?", fragte er.

Mit Mühe drängten sich die Pferde durch einen Engpass, der die Reiter zwang, aus dem Sattel zu steigen.

„Ja, es sind Einwohner dieses Landes, zu dem auch mein Bruder und ich gehören. Lange Zeit galten wir den Königen von Toledo als Barbaren. Einige Stämme waren verbündet mit unsern Feinden, den Sueben, andre blieben unabhängig. Aber dann bekehrte sie die Kirche, und aufgrund von Verträgen verschafften sich gotische Krieger Ländereien und Wohnsitze unter den Asturern und Kantabrern. Von ihnen stammen wir ab."

Teud, dem das alles neu war, fragte weiter:
„Aber Adalsind, es ist nicht Brauch bei den Goten, sich mit Besiegten zu vermischen. Und auch wenn's nicht verboten ist, sind Ehen zwischen unserm Volk und den Hispaniern sehr selten."
Das Fräulein klärt ihn auf:
„Es sind keine Hispanier. Wenn auch viele getauft sind und lateinisch sprechen, sind sie sehr verschieden von den Leuten, die du in Toledo oder in andern Teilen des Reiches triffst."
Abieno führte sie in ein kleines Dorf von runden und elliptischen Hütten mit hohen kegelförmigen Strohdächern. Er wies ihnen die größte an, und als sie eintraten, fanden sie ein bequemes, sauberes Haus vor. Über der zentralen Feuerstelle hing ein Kessel, der seine Wärme im ganzen Raum verteilte.
Alle nahmen Platz auf einer Steinbank, die an der Innenwand entlanglief und nur die Öffnungen der Eingangstür und des Durchgangs zum Stall freiließ. Den Vorzugsplatz erhielt Pelayo und den an seiner Seite Adalsind. Neben das junge Fräulein setzte man Athala, und Teud bemerkte das gefällige Lächeln, das der Kavalier ihr schenkte. Der zeigte sich froh über die ihm erwiesene Gunst, anders als Teud, der sich von dem Mädchen getrennt an der Seite des alten Gustaf wiederfand. Die Verteilung der Sitzplätze schien einer strengen Ordnung zu folgen. Es warteten da schon andre Männer, asturischer Adel, wie es schien, gekleidet auf etwas ungewohnte Art für jemanden, der in Toledo aufgewachsen war. Auch Frauen saßen da, darunter einige sehr schöne, mit gelöstem Haar und in Roben, die in jeder beliebigen Stadt Hispaniens die Zensur des Klerus auf den Plan gerufen hätten. Doch waren's einfache Kleider ohne jeden Anspruch auf Prunk. Ihre Trägerinnen blickten nicht weniger entschlossen drein als die anwesenden Krieger. Der Empfang, den sie besonders Pelayo bereiteten, war froh und herzlich, und es fehlte nicht an Zeichen der Ergebenheit.
Ein Mundschenk hatte die Ehre, ein Getränk in eine Schale zu gießen und, nachdem er's selbst gekostet, im Kreise umgehen zu lassen. Siebenmal machte der Nektar die Runde, bevor jemand, vielleicht eine Art Dorfältester, das Wort ergriff:

„Wir haben dich dringend erwartet, Pelayo, aber weder zu Wasser noch zu Lande Nachricht von dir erhalten. Nun erscheinst du in Person mit einem kleinen Trupp zu einer Zeit, da uns aus dem Osten die Kunde erreicht, dass die Invasion vorrückt und dass an der Küste bereits ein fremder Statthalter Tribut von den Unsrigen fordert. Und es heißt, dieser Statthalter sei kein Gote, sondern sei aus weiter Ferne gekommen und habe Barbarentruppen bei sich, Feinde Christi und jedes Bekenntnisses, das nicht das ihre ist. Er soll versprochen haben, alle Bräuche und Riten zu respektieren, solange gemäß seinen Verordnungen fristgerecht bezahlt wird."

Daraufhin nahm Pelayo das Wort, wobei er bald den Ältesten, bald die Versammlung anschaute.

„Tapfre Asturer! Toledo, die Stadt unsrer Könige, ist gefallen. Wie ich erfahren habe, sind die Eroberer nicht stark an Zahl, aber es sind grausame Krieger, und fest ist ihr Glaube an den Sieg. Das Reich ist im Chaos versunken ohne Führer, die es wieder auf die Beine stellten, und wäre auch im Volk der Wille vorhanden, die Freiheit zu verteidigen, so fehlt es doch an den Schwertern der Granden. Die sind geflohen. Mit einigen, die ich benachrichtigen konnte und die nicht zur hinterhältigen Bande der Söhne Witizas gehören, ist verabredet, dass sie hierher kommen zu uns in den Norden, um die Verteidigung vorzubereiten. Andre haben die Botschaft nicht abgewartet, sondern sich auf den Weg gemacht ins Reich der Franken, denen sie sich unterwerfen müssen, wenn sie dort leben wollen, obwohl sie den dortigen Christen mit ihren Schwertern willkommen sein werden. Eigentlich dachte ich, dass wir in diesen Bergen unsre Freiheit bewahren würden, doch dann vernahm ich, dass irgendwo an der Küste ein chaldäischer Statthalter eingesetzt wurde, in Gijón oder einem andern befestigten Ort nicht weit von der Mündung des Sella. Wenn die Goten dachten, die Festung Amaya im Osten böte ihnen Schutz, so haben sie sich getäuscht."

Hier unterbrach ihn Abieno, jener Krieger, der sie unterwegs abgepasst und ins Dorf geleitet hatte.

„Munuza heißt der Statthalter, und er treibt bereits Steuern ein in der Gegend von Gijón. Seine Lanzen und Schwerter sind rot vom Blut derer, die sich weigerten zu zahlen. Grausam und kriegserfahren sind seine Soldaten, doch verlieren sie im ihnen unbekannten Gelände ihre Gewalt. Die erstreckt sich auf die Ebene und in zugängliche Täler, aber bis in die Berge reicht sie nicht."

Pelayo wusste: die Asturer wollten kämpfen. Nie hatten sie gutwillig Tribut gezahlt oder Steuergesetzen gehorcht, die ihnen missfielen. Sie hatten's den Goten verweigert und würden bei den neuen Herren nicht anders verfahren. Doch konnten sie nicht offen in den Kampf ziehen. Die Asturer lebten zerstreut in einer wild zerklüften Gegend mit schwierigen Nachrichten- und Verkehrsverbindungen, wiewohl solche seit unvordenklichen Zeiten bestanden. Von Kindheit auf waren sie der Natur verhaftet und fürchteten den Tod nicht, wenn's darum ging, ihre Freiheiten zu verteidigen.

Aber sie waren nicht zahlreich genug und es fehlte an Ausrüstung, einem organisierten Heer entgegenzutreten, das die Knotenpunkte Hispaniens besetzt hielt und den Befehlen eines Kalifen gehorchte, der, wenn auch weit weg, Truppen aus aller Herren Ländern, die ihm unterstanden, rekrutieren und als Nachschub herbeisenden konnte.

Drum riet Pelayo zur Vorsicht, aber Mitglieder der Versammlung erhoben sich von der Bank und riefen:

„Krieg!"

„Es wird schwer", sagte Pelayo, „sie zu vertreiben, indem wir ein paar wenige Gebirgsclans zusammentrommeln. Ich schlage einen Aufschub vor."

Der Saal schrie:

„Wozu? Wie? Was tun?"

„Einen Aufschub, bis wir unsere Lage und unsre Feinde besser einschätzen können. Ich werde diesen Munuza aufsuchen und erfahren, mit welcher Art Feind wir's zu tun haben. Ich muss seine Truppen in Asturien aus der Nähe sehen."

Athala sprach mit tönender Stimme:

„Pelayo, wenn du zu ihm gehst, wird er dich festnehmen. Als Geisel bist du viel zu wertvoll, als dass er darauf verzichtete."

Er schaute flüchtig nach Adalsind. Selbst in seiner Eigenschaft als Krieger kreisten seine Gedanken um sie.

Der Schwertführer Roderichs ließ sich nicht beirren.

„Zu wertvoll vielleicht auch, als dass er versuchte, mich zu vernichten, zunächst wenigstens. Wenn der Statthalter von Gijón das Land beherrschen will, muss er seine Rechnung mit dem Adel machen, wie man's auch in der Bética und vielen Städten getan hat."

Pelayo hatte sich schon entschieden:

„Und ob ich mich in diesen Bergen und Wäldern verberge, er wird mich finden. Solange ich ihm nicht mit einem Heer entgegentreten kann, muss ich's mit einem Pakt versuchen. Verstecken werde ich mich nicht!"

Durch die Versammlung ging ein Murren. Es triumphierte die Kampfeslust, und keinesfalls war man bereit, sich zu unterwerfen und Tribut zu leisten. Doch das Urteil Pelayos galt immer als klug und weise. Unheilvolle Tage kamen auch auf Asturien zu.

Zwei Hebräer

Bartolomeo saß vor seiner Kugel und erwartete neue Gesichte. Legio würde fallen, und er konnte nicht fort. Niemals hätte er Pelayo begleitet, auch wenn er sein Freund war. Im jenseitigen Asturien gab's keine Juden, und die dortigen Krieger hätten nicht einmal sein Abbild sehen mögen, so groß war der Hass der Goten auf seine Rasse. Diesseits der Berge hingegen, in antiken Städten wie Legio, gab es sehr wohl Glaubensbrüder. Doch meist beharrten sie auf ihrem Groll gegen Christen und auf Geschäften, die das Gesetz verletzten. Viele dieser krummen Operationen verfolgte Bartolomeo in der Glaskugel, die er mitgebracht aus der Wiege seiner Väter, dem Heiligen Land.

Für einen Augenblick sah er Sklavenkarawanen, wie sie aus den Städten aufbrachen. Mauren und Araber wussten genau, dass dies der größte Reichtum des Landes war: schöne Frauen und Knaben, neben dem Gold, das adlige Goten und christliche Kleriker zusammengerafft. Flüchtig erschien im Kristall das schöne, aber schmerzverzerrte Gesicht eines blonden Mädchens in Halseisen und Handfesseln, das inmitten Hunderter andrer in langer Reihe nach Süden zog. Als mitleidiger Mensch teilte Bartolomeo den Schmerz des Opfers und verfluchte das Los so viele Unschuldiger. Bald aber verschwammen diese Bilder, und statt ihrer stellte sein Freund und Meister Jehuda sich ein. Vergrämten Gesichts sprach er zu ihm:

„Mein Bruder Bartolomeo! Bei den Barbaren hat jemand Wind bekommen von der Existenz unsrer magischen Kugeln, den Handschriften, die ich dir anvertraut, und von der Prophezeiung selbst. Die Geheimen Mönche ließen mich's wissen, und ich muss dich warnen. Ich fühle mich überwacht. Ich glaube, dass irgendein Araber aus dem Orient Gerüchte über die Existenz des Ordens mitgebracht hat."

Der Rabbiner Bartolomeo unterbrach ihn:

„Meister Jehuda, hast du gesehen, was in Asturien geschieht? Von Legio ist Pelayo mit den Seinen aufgebrochen. Und sie haben nicht, wie die andern Goten, den Weg nach Amaya genommen, sondern sind in die Transmontana hinübergestiegen. Anhand der Schlüsseltexte habe ich ihm die Handschriften aus dem Heiligen Land deuten können, aber die Dokumente sind noch in meiner Obhut."

Da mahnte ihn der alte Toledaner gequälten Gesichts:

„Hör zu, Bartolomeo. Verstecke sie an einem sichren Ort. Und halte auch du dich verborgen. Für Jahre, vielleicht Jahrhunderte darf die Schriften niemand zu Gesicht bekommen. Ihr Zweck ist erfüllt. Du musst dich von ihnen trennen und dich vor den Blicken der Eindringlinge verbergen. Ich fühle, dass ich nur noch wenige Tage leben werde, weiß aber, dass *du* noch deinen Part zu spielen hast. Du wirst in fremden Ländern Aufgaben erfüllen, die wir uns bislang nicht vorstellen können. Nimm ein Pferd und verlasse Legio. Gib dich als Händler aus. Wenn sie dich als Rabbiner erkennen, wirst du stärker bewacht, ja es kann dich sogar irgendein Israelit bei einem arabischen Heerführer verraten."

Bartolomeo neigte das Haupt:

„Ich werde tun, Meister, was du verlangst."

Jehudas Antlitz verflüchtigte sich. Die Kugel barg nur noch undeutliche Schatten.

Álvaro

Die Sklavenkarawane verließ die Stadt. Ihre Anführer waren Juden, die in der Bética, wo die neuen Herren große Kasernen eingerichtet hatten, auf gute Geschäfte hofften. Noch waren die Ankömmlinge aus Afrika nicht zahlreich, aber man erwartete die Landung vieler weiterer Araber und Mauren, die die Lage sichern sollten. Die Berber waren ein Hirtenvolk, grob im Auftreten und in hohem Maße kenntnisarm, was Geld und Handel betraf. Den Juden hingegen hatte die arabische Oberschicht, deren Generäle ganz vom Krieg in Anspruch genommen waren, gewisse Geschäfte, darunter den Sklavenhandel, erlaubt. Hispanien war jetzt Teil eines riesigen muselmanischen Reiches, das sich von Afrika über Persien bis fast nach China erstreckte. Schon dachte man daran, nach „Frankistan" vorzustoßen. Dem Schwert folgte der Handel auf dem Fuße, und an schlauen und erfahrenen Köpfen fehlte es nicht bei der Verwertung der unermesslichen Kriegsbeute.

Abwechselnd auf Karren oder zu Fuß, in Schichten, damit die Karawane nicht anhalten musste, zogen die Gefangenen über die Chaussée nach Córdoba. Brunhild wechselte dann und wann ein paar Worte mit Genossen ihres Unglücks auf der höllischen Reise.

An ihrer Seite lief barfuß ein ganz junger Knabe mit, fast noch ein Kind. Er war kaum bekleidet, und über seinen Rücken liefen die Striemen von Peitschenhieben.

„Wie heißt du, Kleiner?", fragte Brunhild, um ihm seine Niedergeschlagenheit zu nehmen.

„Álvaro, Sohn des Liuwa", war die Antwort.

„Álvaro, mein Freund, an deinem Betragen und deinem Namen erkenne ich, dass du von meinem Volke bist. Sei nicht verzweifelt. Vielleicht retten uns die Christen noch. Vielleicht sammelt sich irgendwo in Hispanien das Heer unsres Königs neu."

„Ich habe keine Hoffnung, denn ich habe die Granden fliehen sehen. Mein Vater und ich dienten einem von ihnen und wir sahen, wie sie feige, schreckhaft wie die Hasen das Weite suchten und uns im Stich ließen. Ich selbst habe das Reitgeschirr für Gundemar angelegt, einen herausragenden Edelmann, damit er verschwinden konnte. Dank seiner Peitsche – nicht der Peitsche eines Mauren – trage ich die Marke im Gesicht."

Tatsächlich war das hübsche Gesicht des Knaben von den Augen bis zum Kinn von einer Wunde durchschnitten. Álvaro fuhr fort:

„Das war der Lohn für treue Dienste noch im Augenblick seiner Flucht, bei der er uns wehrlos dem Feind überließ. Seine Ungeduld, aus dem Stall zu kommen, hat mir diese Erinnrung fürs Leben hinterlassen. Aber was für ein Leben?"

Der Junge begann zu weinen. Brunhild wäre ihm gerne mit der Hand durchs Haar gefahren, doch die Fesseln verwehrten's ihr.

„Weißt du, was sie mit mir vorhaben?"

Der Knabe sah sie mit einer Eindringlichkeit an, die für sein Alter unerhört war und die Brunhild ins Herz schnitt wie eine Lanze.

Beinahe flüsternd sprach Álvaro:

„Sie wollen mich zum Eunuchen machen."

Jehuda wahrt das Geheimnis

JEHUDA BISS SICH auf die Zunge, um kein Wort zu sagen. Ein Schlag hatte ihn zu Boden gestreckt, und Muzzas Stiefel presste seine ehrwürdigen Schläfen. Der Hauptmann ging nur seiner Weisung nach. Er hatte die Wahrheit herauszuholen aus dem Alten. Man hatte ihm gesagt, es gebe da einen alten Hebräer, der eine Geheimorganisation leite, die gegen die Moslems konspirieren könnte. Das war alles.

„Du bist ein Hund, und wie ein Hund wirst du krepieren, wenn du mir die Namen der Deinen nicht nennst."

Muzzas Krummschwert näherte sich den blauen Augen des Alten; der aber fürchtete es nicht. Gott würde ihn bald aus dieser Welt holen, denn seine Zeit war abgelaufen. Ob es das Schwert eines Ungläubigen war oder ein Altersanfall, was machte das? Entscheidend war, dass er ins Jenseits gelangte, ohne die Geheimnisse zu verraten.

Auf Muzzas Befehl hin verabreichten die Soldaten dem Alten Fußtritte: ins Gesicht, in den Magen in den ganzen Leib.

„Wo sind die Papiere deiner Organisation, sag' schon: wo?"

Unhörbar betete Jehuda zu seinem Gott.

Neue Fußtritte folgten, und Stockschläge dazu.

„Du bist ein Zauberer, ein Ketzer. Wo hast du das Werkzeug für deine Hexereien?"

Jehuda stieß seinen letzten Seufzer aus und empfahl sich Gott. Einem Gott, den er für wahr und einzig hielt für Juden, Christen und die Anhänger des Propheten Mohammed. Derselbe Gott für alle Menschen, die Brüder sind. Und Jehuda begab sich an die Seite des Herrn ohne Groll gegen seine Mörder, im Bewusstsein, seine heilige Sendung erfüllt zu haben. Die Sendung, mit der er einst beauftragt worden von den Geheimen Mönchen in der fernen Heimat, dort in Judäa.

Die Zauberkugel aber ward nie gefunden.

Nicer und der Rat unter der Eibe

Teud bestaunte die Landschaft. Ungeheure Feldwände ragten gen Himmel, dichte Wälder bedeckten die Berghänge. Überall quollen Rinnsale. Der ungebändigte Pflanzenwuchs und die Feuchtigkeit der Luft weckten seltsame Empfindungen in ihm, als hätte er in einem andern Leben in ähnlichen Gegenden geweilt. Er war ein Bewohner der Hochebene, war geboren in den *Campos Góticos* im Herzen des Toledanischen Reiches, wo es kaum Hügel gab, wo spärliche Bäume keinen Schatten spendeten. Der Sohn Sonnas war in jungen Jahren nach Toledo gezogen. In dieser Stadt, trocken und eiskalt im Winter, noch viel trockener aber und extrem heiß im Sommer, war Teud aufgewachsen, einem Labyrinth von Gassen, eingefasst von Mauern. Unter Stein und Menschen verschiedenster Herkunft hatte er seine Knabenjahre zugebracht. Juden, Hispanier, Goten, alle lebten unterm Glanz der Könige und Kirchenkonzile, die die Einheit des Staates behauptet hatten. Aber das Reich war gegründet auf Ungerechtigkeit und Spannungen. Religion, Herkunft, Besitzverhältnisse: von Anfang an gab es Bevorzugte und Benachteiligte. Die Frömmigkeit der Christen war nicht immer vorbildlich, und in der Stadt herrschte jede Art von Unmoral.

Hier und nun, in dieser wilden Gegend von unvergleichlicher Schönheit, schien Teud eine Luft von Freiheit und Reinheit zu atmen. Tief sog er sie ein und war glücklich dabei, denn ihm war, als sei dieses Land auch seines.

Adalsind sah ihn zärtlich und wohlwollend an:

„Ich weiß, wie du dich fühlst. Etwas in deiner Seele sagt dir, dass wir aus Gegenden stammen, die dieser hier ähnlich sind. Unser Volk hat sich durch viele Länder geschlagen ohne Könige oder Gesetze, unbelehrt über Gott und Staat. Wir haben gestritten untereinander oder für Fremde, bis wir uns eine eigene Krone aufgesetzt haben und keinem fremden Imperium mehr gehorchten. Von weither kommend, haben wir einen eignen Herd gesucht, und in den *Campos Góticos*, fern dem Ozean und fern dieser grünen Pracht, fanden die meisten unsrer Vorfahren ihre Heimstatt. Dieses Land hier, das der Asturer, war uns verwehrt; es schien uns wild und bewohnt von unbezähmbaren Menschen. Viele von ihnen waren zudem Verbündete unsrer Rivalen, der Sueben, und eine Eroberung war unmöglich. Doch nach dem Fall der Sueben haben wir uns mit den Asturern und Kantabrern vertragen. Unsre Könige billigten ihnen ihre Volksversammlungen zu sowie das Recht, sich weitgehend selbst zu regieren, die Asturer aber versprachen Treue zum Souverän und gestatteten gotischen Geschlechtern, sich anzusiedeln in Gegenden, die Ackerbau erlaubten."

„Und von einem dieser Geschlechter stammen Pelayo und du?",

fragte Teud.

„Ja, seit alten Zeiten. Wenn du mich fragtest, ob ich Asturerin oder Gotin sei, könnte ich dir nicht antworten, denn meine Familie stammt von beiden Völkern ab, und ich habe Verwandte und Rechte über viele Ländereien", antwortete Adalsind.

Ihnen entgegen kam ein Trupp asturischer Krieger. Teud achtete auf die Wappen der Schilde. Es waren nicht die Adler des Gotenheeres, sondern Sonnenscheiben und eine Art Kreuz mit verdoppelten Armen. Doch es waren auch lateinische Kreuze darunter, wie man sie bei den Christen gewohnt war.

Pelayo stellte sich ihnen vor. Der Anführer der Asturer erkannte ihn sofort:

„Ich bin Nicer, das Sippenhaupt", sagte er, „und erkenne dich, Don Pelayo, wie ich auch Abieno kenne. Du kommst rechtzeitig zu unsrer Versammlung. Das Kriegshorn tönt, denn in Gijón sitzt ein Fremder, der uns Tribut abverlangen will. Und es ist kein gotischer Statthalter, sondern ein Barbar – Munuza heißt er –, dem wir keinerlei Recht über uns einräumen."

Pelayo erwiderte:

„Über diese Dinge müssen wir reden, Freund Nicer."

Als sie zur Ortschaft kamen, einer Art kleiner ummauerter Stadt, die auf der Höhe eines leicht zu verteidigenden Felses von Wall und Graben umgeben war, wies Nicer auf eine Eibe von riesigen Ausmaßen. Diesmal ward unter freiem Himmel beraten unter dem Baum, der den Asturern heilig war.

Sie stiegen von den Pferden und wurden freundlich bewirtet mit Speise und Trank. Alle Einwohner des Lagers – so musste die kleine Festung genannt werden – waren gesund und schön. Ihr blondes Haar wehte frei im Wind. Der Eindruck, den diese Leute auf Teud machten mit ihrer einfachen und sauberen Kleidung, ihren weißen und rosigen Gesichtern, ihrem schlanken und kräftigen Körperbau, bewegte ihn tief. Mit alldem schienen sie Glieder höchsten Adels, und doch waren's nur einfache Leute, Viehzüchter und Gebirgsbewohner.

In der Runde hätten Wenige sich geweigert, gegen die Soldaten Munuzas zu kämpfen, und niemandem lag daran, Steuern zu zahlen. Doch versicherten Botschafter, an der Küste und in den bevölkerten Tälern sei die Herrschaft der Chaldäer nicht zu brechen.

„Mehr noch:", erklärte Nicer weiter. „Diese Eindringlinge fragen nach dir, Pelayo. Anscheinend fühlen sie sich nicht fest im Sattel Asturiens, solange *du* nicht unterworfen – oder tot bist."

Nach längerer Verhandlung bat Pelayo um Zeit.

„Lass deine Männer uns begleiten, Nicer. Und du selbst kommst auch mit, um diese Chaldäer auszuspähen. Wir müssen vorsichtig sein und schauen, welcher Art Heer wir entgegentreten. Schwer wird's, sie zu besiegen, wenn sie sich erst zu Herren von ganz Hispanien gemacht haben und vielleicht auch noch des Reichs der Franken."

Nicer pflichtete ihm bei und die andern Sippenhäupter auch.

Nach einer Ruhepause von einigen Tagen, während der sie Erkundigungen einzogen und Pläne schmiedeten, brachen sie auf zum Treffen mit den Chaldäern.

Die Mauren

Aus ihrem Versteck heraus erblickten sie sie: eine Abteilung von hundert oder mehr Reitern und ebensoviel Fußvolk. Viele der Infanteristen waren von eher dunkler Haut, hoch und stark. Gekleidet waren sie in Umhänge, Ziegenfell und Turbane. Helme hatten nur die Anführer, und auch sie waren in Tuch eingeschlagen, mit hoher Glocke, die in eine Spitze auslief. Viele trugen weite Hosen, andre kurze Tuniken. Am elegantesten wirkten die arabischen Anführer der Reiter, in Kettenhemden und vollständiger Kriegsrüstung. Ihre Köpfe bedeckte ein Tuch, das mit roten, schwarzen und goldnen Schnüren auf der Tonsur gehalten ward. Die Lanzen waren mit scharlachroten Bannern geschmückt und glichen in ihrer Vielzahl von weitem einer langen Schlange.

So, in einer Reihe, erblickten sie Pelayo und seine Leute. Er selbst stieg, begleitet von Nicer, den Hang hinab und vertraute die

Gefährten, die oben blieben, Athala an. Teud begehrte, sich den beiden anzuschließen, und Pelayo, der Einspruch erheben wollte, musste es schließlich gestatten. Auch Nicer war nicht erbaut, denn ein unerfahrener Knabe konnte ihnen wenig nützen, außer sie den Mauren zu verraten. Aber Teud, der Sohn Sonnas, setzte seinen Willen durch.

Heimlich stiegen sie einen Pfad hinab. Wucherndes Grün deckte sie vor feindlichen Blicken. Unten versteckten sie sich in einem Gebüsch, um zu warten. Immer vernehmlicher ward beim Näherrücken der Truppe der Lärm der Waffen, Pferdegeschirre und Schritte. Endlich bogen sie um eine Krümmung und ließen sich eingehend betrachten.

Diese harten Gesichter, diese großen weißen Augen in brauner Haut, begierig nach Land, Sklaven und Gold..., sie kamen ganz nah herbei. Pelayo blickte streng nach Teud. Eine Unvorsichtigkeit, ein leichtes Geräusch musste sie verraten. Doch alles ging gut. Als der Zug vorüber war, befahl Pelayo, wieder hochzusteigen zum Felsen, wo die andern sie erwarteten.

Heimliche Worte

Droben nutzte Athala die Unterbrechung des Ritts, indem er von seiner Warte aus das Vorrücken der Mauren verfolgte. Der Gote näherte sich Adalsind, die ebenfalls beobachtet hatte, was aus der Ferne sich ausnahm wie der Zug winziger Ameisen.

„Adalsind", sagte er, „dein Bruder ist nicht der tapfre Krieger, den ich zu kennen meinte. Es scheint, dass er sich den Chaldäern beugen, Tribut zahlen und am Ertrag teilhaben will. Vielleicht aber sind Land und Leute nicht das Einzige, was er an Gijón ausliefern wird."

Adalsind sah ihn zornig an.

„Was willst du mir andeuten, Athala?", ging sie ihn mit unterdrückter Stimme an, um bei den andern keinen Argwohn zu wecken. „Wärest du nicht irgendwie meinem Bruder nützlich, so würdest du jetzt mein Schwert schmecken."

„Du bist schön, Adalsind, und schöne Frauen gehören an die Seite von Kämpfern und Siegern, sei's nun des großen Athala oder eines dieser Mauren. Dein Bruder wird dich nicht zurückbehalten können, wenn er vor dem neuen Statthalter katzbuckelt."

Die blauen Augen Adalsinds blitzten noch wütender, als sie sagte:

„Du machst dich an mich heran in Abwesenheit meines Bruders und meiner Eltern? Verwechselst du mich mit einer Prostituierten in den Gassen Toledos? Du willst wohl meine Ehre in den Schmutz treten!"

Athala spielte den Gelassenen, als er antwortete:

„Dein Bruder will nicht kämpfen, und das bedeutet das Ende deines Jungfernstandes. Er wird dich als Pfand hergeben, drum vertraue lieber auf mich!"

Adalsind kehrte ihm den Rücken, als sie zischte:

„Du Schwein!"

Doch bevor sie sich weit genug entfernen konnte, versetzte ihr Athala mit seinen Worten folgenden Dolchstich:

„Vielleicht taugt der Knabe, den du immer an deiner Seite hast, dir mehr zur Erquickung als eine würdige Heirat mit dem noblen Athala. Das Bürschchen gefällt dir wohl?"

Adalsind verließ ihn. Mit einer Antwort hätte sie die ganze Gesellschaft in Gefahr gebracht. Und mit den Mauren in der Nähe konnte sie sich das nicht erlauben.

Teuds Schwur

„SIE SIND GUT BEWAFFNET", sagte Nicer. „Und die Truppen verstehen zu kämpfen. Die wir gesehen haben, treiben Tribut ein. Sie nehmen die Richtung zum Meer hin, wo sie sich mit Sklaven und Zahlungen fett machen."

„Hast du schon gesehen, wie sie das tun?" erkundigte sich Teud. Der Aufstieg war mühsam, doch das Gröbste war geschafft. Nicer nickte:

„Ja, das habe ich. Eine lange Reihe, alle an Ketten und Stricken, – und Peitschenhiebe. Die Aufseher verkünden in unsrer Sprache: Wenn nicht schnell das ganze Land übergeben wird, werden sie ihre Dörfer nie wiedersehen."

Pelayo, der geschwiegen hatte, sagte endlich:

„Zweifellos gibt es Verräter. Die muss man umbringen!"

Und seine Faust schloss sich um den Schwertgriff. Von oben herab winkte Athala.

Als alle wieder beisammen waren, erklärte Pelayo die Lage. Wahrscheinlich gab es einige Meilen im Umkreis der Festungsstadt Gijón muslimische Truppen, die jedoch über die Gebirgsgegenden keine Gewalt hatten.

„Wir müssen uns Gijón weiter nähern, das Gelände erkunden und uns mit den Sippen vereinigen, auf die wir treffen."

Sie stiegen nieder zu Tal und danach hinauf zu neuen Pässen. Unterwegs trafen sie auf entmutigte Asturer. Ein Sippenhaupt schilderte ihnen, welche Verwüstungen die Eindringlinge angerichtet, indem sie ihm Frauen und Vieh entführt.

Adalsind ritt unverändert ernst einher. Teud suchte ein Gespräch mit ihr zu beginnen:

„Warum, Adalsind, sehe ich dich so traurig? Es gibt etwas, das dich quält. Ist es der Zustand, in dem du dein Volk siehst?"

Das Mädchen lächelte ihn an:

„Das ist es *auch*, Teud. Eben haben wir von einem Clanchef schreckliche Dinge gehört. Pelayo sagt, dass diese Ungläubigen ihr Imperium ungeheuer ausdehnen, indem sie Frauen fangen, die sie zwingen, ihren Glauben anzunehmen. Dann vermischen sie ihr Blut mit ihnen und gewinnen so aufs schnellste neue Adepten."

Ein Schrecken verdüsterte Teuds Gesicht, der ihm eingab zu versprechen:

„Ich schwöre dir hoch und heilig, Adalsind, dass ich jeden Fremden, der es wagt, sich dir zu nähern, töten werde!"

Das Mädchen strich Teud durch sein Blondhaar. Dieser Knabe hatte ihr schon Mut, Treue und Achtung bewiesen. Er war für sie wie ein Bruder..., mehr als ein Bruder. Und nun fühlte sie im Nacken etwas wie einen Nadelstich. Jemand beobachtete sie von hinten, jemand, dem ihre liebevolle Geste nicht entgangen war. Sie sah sich um nach dem, der hinter ihr ritt und schaute in das finstere Gesicht Athalas.

Auf der Suche nach der Zauberkugel

Der Alte war still; aus seinem Mund floss Blut. Um ihn herum lagen seine alchimistischen Apparate zerscherbt am Boden. Begleitet von einem Juden namens Uriel, der sie hergeführt, durchsuchten die Mauren Jehudas labyrinthische Behausung, ohne etwas für sie Brauchbares zu finden. Ihr Hauptmann, Al Azis, beschloss, alles zu versiegeln, denn ihm waren die Bücher und der andre Kram des Hexenmeisters unverständlich. Keine Spur von einer Kugel, mit der, wie es hieß, Jehuda in Kontakt mit dem Teufel getreten war.

Indem er bei der Suche nach etwas, von dem er selbst nicht wusste, was es war, die Leiche mit seinen Stiefeln schüttelte, fragte der Hauptmann den Verräter Uriel:

„Was für Freunde hatte er? Einen besonderen Schüler?"

Ohne nachdenken zu müssen, antwortete Uriel:

„Den Rabbiner Bartolomeo in Legio. Mit ihm stand er immer in Verkehr. Und auch mit Christen."

Al Azis gab ein Zeichen, und ein paar Männer machten sich im Laufschritt davon. „Wir werden ihn finden", dachte er.

Die Hölle im Süden

Die Sonne brannte nieder aufs Tal von Alcudia. So nannten sie jetzt die unermesslich weite Ebene auf dem Weg in die Bética. Während sie an ihren Ketten schleppte, betete Brunhild. Von Peitschenhieb zu Peitschenhieb ward sie gottergebener. Den Berichten ihrer

Begleiter zufolge befand sie sich mit ihren Unglücksgenossen unterwegs in eine entsetzliche Knechtschaft. Wie viele andre Kinder sollte Álvaro kastriert werden, um sich in menschliches Spielzeug zu Dienst und Erquickung der neuen Herren zu verwandeln. Die Araber ergeilten sich an blonden Menschen und nahmen sie bevorzugt als Sklaven. Erreichte die Ware die Pubertät oder gelangte darüber hinaus, so war sie der Fleischeslust noch dienlicher. Man erzählte Brunhild, dass die Moslems sich Ehefrauen und Konkubinen nehmen durften, so viele sie wollten, und dass die orientalischen Krieger auch mit Knaben nicht zimperlich waren.

Wenn ihre gefangenen Brüder und Schwestern nackt oder in Lumpen, beladen mit Ketten in der Gewalt der Invasoren an ihnen vorüberzogen, rührten in Ortschaften am Wege stehende Christen keinen Finger, um ihnen zu Hilfe zu kommen. Vielleicht wussten sie, dass jeder Widerstand nutzlos war, vielleicht fürchteten sie auch Vergeltung, wenn sie den Opfern mit Wasser die Lippen benetzten oder ein Stück trockenes Brot reichten. Álvaro und Brunhild gemahnte die Lage an jene von Lämmern auf dem Weg zur Schlachtbank: Alle warten auf den letzten Augenblick, ohne sich durchs Los der Schicksalsgenossen verstören zu lassen, das sich vom eignen Los in nichts unterscheidet.

Fiel ein Gefangener entkräftet um, so ward er von Soldatenstiefeln oder Karrenrädern zermalmt. Er galt für nichts, höchstens als Warnung fürs Volk, was ihm drohte, wenn es sich widersetzte. Es gab viel Schwund unterwegs, doch was übrigblieb, würde mit großem Gewinn verkauft werden.

Glich's bereits der Hölle, sich als Sklave in der Karawane nach Córdoba schleppen zu müssen, um wieviel schlimmer noch waren die Nächte. Trotz Verbots seitens der Anführer suchten die Schweine sich Opfer aus, um sie zu vergewaltigen. Manche zerrten sie ins Abseits, andre trieben's wie brünstige Tiere vor aller Welt, ohne sich um Zeugen zu scheren. Das Inferno war losgebrochen, und die Gefangenen schlossen die Augen, um nichts zu sehen, andre beteten laut zu Gott, um Schreie zu ersticken und so viel Schlechtigkeit aus der Welt zu jagen.

Brunhild war unter den Begehrtesten, und mannigfach musste sie's erdulden.

Wo ist Athala?

Teud unterhielt sich lebhaft mit Abieno. Sie hatten beschlossen, in einem versteckten Ort eines schönen Tales zu nächtigen. Dort hatten die Asturer reichlich Fleisch und Bier beschafft, denn Wein kannte man im Lande kaum. Abieno hatte sich auf eine lange, muntere Erzählung von Sagen seines Volkes in einem fehlerhaften, aber spaßigen Latein eingelassen und damit Teud zum ersten Mal seit langem zum Lachen gebracht, denn er war ein Meister im Verbreiten guter Laune. Einmal wandte Teud sich um, um nachzusehen, ob Athala mit den andern Männern trank, oder ob er sich vielmehr allein mit Pelayo besprach. Vorhin hatte er ihn noch in Schweigen versunken bei der Wärme des Lagerfeuers sitzen sehen, das etwas abgesondert in der Nähe der Pferde brannte. Nun aber war weder er noch sein Tier zu sehen. Athala war verschwunden.

Durch Schwur vereint

Als sie in der Hütte, die man ihnen angewiesen, zu Abend speisten, sprach Adalsind zu Pelayo:

„Also, du wirst hingehen?"

„Ich habe keine andre Wahl. Wenn wir jetzt, da wir noch gar nicht vorbereitet sind, losschlagen, bedeutet das das Ende unsres Volkes, das Ende all unsrer Hoffnungen", antwortete Pelayo mit Entschiedenheit. „Meine Schwester, all dein Eifer, wie auch der meine, verlangt nach Krieg. Aber der Plan erfordert, dass wir uns unterordnen. Wir zahlen Steuern, und sie lassen uns eine Weile in Ruhe. Sie werden agieren wie in Hispanien: respektieren unsre Kulte und terrorisieren uns nicht, solange sie die Ergebenheit der

Leute gesichert sehen. Inzwischen wählen wir den rechten Augenblick, das Joch abzuschütteln."

Adalsind fasste ihn beim Arm. „Mir scheint, den Plan hast du nicht allein ersonnen."

Pelayo merkte, dass seine Schwester sehr klug war.

„Die Entscheidung ist mein. Aber ich habe Hilfe gehabt."

Und sie musste an den Juden denken, mit dem Pelayo in Legio gesprochen. Doch es war nicht nötig, von überflüssigen Dingen zu reden.

Da erschien Teud in der Hütte. Pelayo empfing ihn herzlich. Adalsind nahm befriedigt zur Kenntnis, dass die Zuneigung ihres Bruders zu dem Jungen ständig wuchs.

„Junge, ich sehe, du hast ein edles Getränk ergattert, auf dass wir in der Nacht wohlig schlafen werden."

Teud trug einen großen Napf mit einer Art Bier darin.

„Ein Geschenk unsres Sippenhauptes, Nicer, dem wir brave Dienste verdanken."

Doch Teud hatte noch etwas auf dem Herzen.

„Ich weiß nicht, ob ich dich etwas fragen darf, edler Pelayo."

„Was gibt's, Freund, nur heraus damit!"

„Schuldet Athala dir Gehorsam?"

Pelayo schien plötzlich tief besorgt.

„Ja, sicher. Er hat's geschworen. Was ist mit ihm?"

Teud blickte zur Tür, wie um sicherzugehen, dass niemand lauschte.

„Er ist fort. Du hast ihn doch nicht mit etwas losgeschickt?"

Pelayo erbleichte. Da erzählte der Junge, dass auch das Pferd verschwunden sei. Adalsind sagte:

„Mein Bruder, als du mit Teud und Nicer den Abhang hinuntergestiegen bist, hat der saubere Athala mir anzügliche Angebote gemacht. Er sprach von Gefahren, die mir drohten, wenn du mit dem Machthaber von Gijón verhandeln würdest: Er behauptete, dass du nicht kämpfen willst, vielmehr mich dem Statthalter auszuliefern gedenkst, um ihn zu besänftigen. Ich habe dir nichts davon gesagt, um in unsrer Gesellschaft Zwist zu vermeiden."

Pelayo schwieg. Teud aber wurde einiges im Betragen des Kriegers Athala klar. Nach einer spannungsreichen Pause sprach der Schwertführer Roderichs:

„Ich habe ihm vertraut. Aber er hat Schimpf über uns gebracht. Mir allein – da unsre Eltern nicht mehr leben –, mir hätte er seinen Antrag unterbreiten müssen. Die Leidenschaft hat ihn mitgerissen. Die Leidenschaft und vielleicht..."

Er sah Teud an. Da sank Teud, der von seinem Winkel aus zugehört hatte, auf die Knie und sprach:

„Vielleicht fürchtete er, dass ihm ein Rivale erwachsen ist, mein Herr Pelayo."

Pelayo blickte finster drein und ward rot vor Zorn, bemeisterte ihn aber, als er ins weiche, edle Gesicht des jungen Teud sah.

„Ich habe Adalsind geschworen, sie zu beschützen gegen Jeden, der es wagt, sie zu beleidigen. Und jetzt schwöre ich vor Gott dem Allmächtigen und vor dir, edler Pelayo, dass ich dir treu sein werde in jedem Augenblick, in Krieg und Frieden, und mein Leben geben werden für euch, meine einzigen Freunde im Unglück. Und ich schwöre auch, dass, wenn ich mich im Kampf als mutiger Gotenkrieger erweise, dann, und nur dann der Hand Adalsinds würdig sein werde."

Die, von der die Rede war, sah ihn sichtlich bewegt an.

Pelayo gefielen die Worte seines Freundes, der durch diesen Eid zu einem seiner Getreuen geworden war.

„Ich nehme deinen Schwur bereitwillig an, guter Teud, Sohn des Sonna. Doch lass uns jetzt nicht weiter davon sprechen, denn ich fürchte, Athala ist zu allem fähig."

Und Pelayo ging hinaus, seine Männer zusammenzurufen. Teud und Adalsind folgten ihm.

Der Jude reist gen Norden

Bartolomeo war stundenlang geritten. Als er bei einer Almhütte ankam, schwindelte ihn. Da er vom Pferd steigen wollte, ward er ohnmächtig. Ein Greis und ein Kind eilten ihm zu Hilfe. Sie legten ihn beim Holzfeuer ab und gaben ihm zu trinken. Der Knabe lief zum Pferd, um es anzubinden. Nach einer halben Stunde kam Bartolomeo zu sich.

„Der Herr segne euch für eure Gefälligkeit", sprach er und griff in seinen Mantel, um sich zu vergewissern, dass die Kristallkugel sich noch darin befand.

Der Alte meinte:

„Wir beten nicht zu deinem Christengott. Wir haben unsre eignen Götter."

Der Hebräer wunderte sich. Er musste weit nach Norden gelangt sein in Gegenden, darin noch Heiden wohnten.

„Auch ich bin kein Christ", erwiderte er, „sondern ein Sohn Israels. Doch wie die Christen bete ich zum alleinigen Gott. Ihr seid wohl Asturer?"

Der alte Hirt dachte kurz nach.

„Nun, die Auswärtigen nennen uns Kantabrer. Man kann sagen: ja."

Diese Antwort verriet Bartolomeo, dass er ein gutes Stück nach Osten abgewichen war. Asturer und Kantabrer waren Verwandte, doch die Kantabrer wohnten östlich des SellaFlusses.

„Du befindest dich im Gebiet der Vadinienser. Wir haben nie vom Volke Israel gehört, doch scheinst du nicht zu den fremden Soldaten zu gehören, die unsre Leute im letzten Monat nicht weit von hier haben vorbeiziehen sehen."

Bartolomeo verstand. Es war bereits eine Abteilung der Mauren durchs Land der Kantabrer gestreift.

„Alter, ich bin ein Städter aus Legio, kein Krieger. Ich will nur vor diesen Mauren fliehen, die bei uns eingefallen sind. Ich fürchte, dass sie mich töten, und möchte den Landesherrn sprechen, denn ein starker Mann muss imstande sein, den Eindringlingen zu widerstehen."

Der Hirt wusste nichts von Landesherren, drum dachte er über seine Antwort nach:

„Wir gehorchen niemandem, Fremder, aber wenn von einem

‚starken Mann' die Rede ist, dann muss das Adelfuns sein, der Sohn eines Gotenherzogs."

„Wohnt er weit von hier?", fragte Bartolomeo.

Da fiel der Knabe ein:

„Nicht weit, aber der Weg ist schwierig. Wenn Großvater erlaubt, kann ich dich ein Stück weit weisen."

Der Alte willigte ein. Bartolomeo betrat mit dem Knaben einen holprigen Engpass zwischen Berggipfeln und Geröllwüsten. Fast die gesamte Strecke musste er das Pferd am Halfter führen, endlich aber schauten sie in ein grünes Tal, wie es sich schön und breit zu ihren Füßen dehnte. Winzig klein erblickten sie einen bedeutenden Holzbau mit zwei steinernen Türmen, umgeben von einer starken Palisade: Das war der Wohnsitz Adelfuns'. Der Knabe verabschiedete sich vom Rabbiner, und der schenkte ihm zum Dank ein Säckchen mit Goldmünzen.

Adelfuns

„Aus Legio also kommst du, um mir *das* zu unterbreiten", sprach Adelfuns von seiner Estrade herab. Seine Getreuen standen Wache im Saal mit der Hand am Schwertgriff. „Und weshalb hast du nicht Pelayo begleitet, den Sohn Fáfilas? Warum hat er die Reise auf eigne Faust unternommen, wenn wir uns schließlich doch mit den Leuten im Westen Asturiens vereinen?"

Bartolomeo stand vor dem hohen Goten, dem Sohn Herzogs Pedro von Kantabrien, und sagte ruhig und gemessen:

„Pelagius musste dringend aufbrechen. Ich hingegen hatte Anweisungen meines Meisters abzuwarten und wollte ihm dann schnellstmöglich nach dem Norden folgen. Mein Meister starb von Hand des Feindes, was dir sagen müsste, dass ich über brisante Dinge Bescheid weiß. Die Goten in Amaya würden einem Stoß seitens der Mohammedaner nicht standhalten. Hoffnung gibt es nur in Asturien, genauer: im Grenzland zwischen deinem Gebiet und dem Pelayos. Nicht weit von hier, bei den Vadiniensern, gibt es einen heiligen Ort, von dem die Gebirgler sagen, dass an ihm die alten Götter wohnen. Dorthin will ich mich zurückziehen, um zu beten. Mir wurden Gesichte zuteil, und ich will die Lehre Christi studieren. Ich bitte dich nur, dass du dich, sobald du meinen Wink erhältst, mit Pelagius vereinst, denn ich werde früher als jeder andre wissen, wann ein Aufstand Erfolg verspricht."

Adelfuns war nicht sehr überzeugt.

„Ein Jude, der Christ werden will und sich prophetischer Gaben rühmt. Ein Wink, den er mir aus seiner einsamen Büßergrotte senden will. Ein Waffenaufstand, der aber aufgeschoben werden soll. Das ist nicht viel, denn ich muss jetzt mit diesem Munuza streiten und ergründen, ob es ratsam ist, ihm Tribut zu leisten als Gegenwert zum Frieden. Es kann ja sein, dass deine Wahrsagungen in ein paar Jahren eintreffen, doch dafür darfst du jetzt keine Gegenleistung fordern. – Einverstanden, Bartolomeo: Ich hindere dich nicht. Geh in deine Höhle und bete. Es kann nicht schaden, wenn du ein Christ wirst und mir berichtest, was dort geschieht. Ich erkenne in deinen Worten keine böse Absicht, aber ich sage dir, dass ich Zaubereien und Vorzeichen nicht traue."

Die Höhle

MAN VERSAH IHN mit Hinweisen und Wegzehrung, und Bartolomeo machte sich auf zu seiner Grotte. Zuweilen traf er Hirten und asturische Krieger, anfangs im Dienste des Herzogssohnes, des Mächtigsten in Kantabrien. Alle sprachen von der Invasion, und viele hatten Verbindung aufgenommen mit den Sarazenen oder mit geflohenen Goten und Hispaniern. Den Flüchtigen aus dem Süden half man mit dürftigen Mitteln; manchen raffte es dahin, kaum dass er freies Land betreten. Die Freiheit aber Asturiens und Kantabriens war heikel, denn Maurentruppen waren bereits auf Eintreibung unterwegs.

Endlich gelangte Bartolomeo zur *Cueva de Nuestra Señora* im Hintergrund eines sehr engen Tales im Laubschatten des Monte

Auseva. Kalt und wasserreich sprudelte dort als Flüsschen die Deva, von den Einwohnern nach einer ihrer Göttinen benannt, und am Fuße der Höhle trat ein Wasserfall aus dem Fels.

Nach einem Gebet, das er an den einigen Gott und – zum ersten Mal – an Jesus Christus, den wahren Messias, richtete, betrat er die Grotte. In der Einsamkeit, die ihn fortan umfangen sollte – nicht unumschränkt, da er dann und wann mit Hirten oder auch mittels der Kristallkugel mit den okkulten Mönchen sprach, – ward aus dem Rabbiner ein heiliger Mann, ein Eremit, vom Himmel ausersehen, zu gegebener Zeit das Feuer des Aufstandes zu entfachen.

In der Stille der Höhle pflegte er die Kugel zu befragen:

„Ihr Brüder, die ihr verborgen bleibt: lasst mich Neues wissen aus dem Heiligen Land."

Die Mönche erschienen nicht sogleich. An ihrer Stelle flackerten wirre Visionen auf. Manche schienen nicht von dieser Welt: Ungeheuer, Katastrophen, unermessliche Wüsten, schwefelgelbe Meere, Augen, die am Nachthimmel anstelle von Sternen über Welten des Entsetzens drohend aufgingen.

Später läuterten sich die Gesichte, und die Bilder zeigten diese unsre Welt, wenn's auch schwerfiel, Gegenwärtiges, Vergangenes und Zukünftiges zu sondern. Abermals durchzog eine Sklavenkarawane die weite Ebene südlich von Toledo auf dem Weg in die Bética. Bartolomeo kannte diese Gegend; er hatte sie oft durchquert. Eine kleine Zahl maurischer Soldaten und jüdischer Händler, an ihrer Kleidung leicht zu unterscheiden, führte eine Herde Christen einher. Die mussten bereits viele Tage unterwegs sein, denn die Erschöpfung hatte ihre notdürftig von Lumpen bedeckten Körper gezeichnet. Die Peitsche war unerbittlich, und die Grausamkeit der Sklavenhändler schrie zu Gott. Ein schönes Mädchenantlitz näherte sich der Kugel. Bartolomeo kam's bekannt vor, und alsbald begann er zu begreifen. Das bleiche Gesicht und das goldne Haar dieses Mädchens waren schon öfter aufgetaucht im Gewirr der Bilder. Ein Knabe, jünger als sie, rief sie beim Namen:

„Halt aus, Brunhild, halt aus. Mir scheint, wir machen bald Rast."

„Brunhild." Eine junge Frau von Volk der Goten also, dem auch der Knabe anzugehören schien. Erschöpft vom langen Marsch fiel das Mädchen auf die Knie, und der Knabe suchte ihm aufzuhelfen. Da näherte sich ein Maure von riesiger Statur und brauner, fast schwarzer Haut, bekleidet mit einer Tunika aus Ziegenfell und einem roten Turban.

„Steh'auf, Hündin! Und dass du mir heut'nacht bereit bist zum Vögeln!"

Den Knaben überkam unbändiger Hass. Mit für sein Alter erstaunlicher Kraft warf er sich gegen den Soldaten und stieß ihn um. Brunhild schrie:

„Álvaro! Nein!"

Sogleich betraten weitere Mauren mit eingelegten Lanzen die Szene, doch lachend hielt der Riese, der vor einem Knaben gestrauchelt war, sie auf:

„Lasst ihn. Bevor er kastriert wird, fick ich auch ihn noch!"

Bartolomeo, der all das in der Kugel mitansehen musste, empfand Übelkeit und befahl sich Gott. Den Herrn des Himmels flehte er an um Erbarmen für die sündigen Menschen und bat Jesus, den Menschensohn, um sein baldiges Kommen. Am Ende der Zeiten musste sein gerechtes Schwert alle Unbill tilgen.

Nach diesen entsetzlichen Visionen kam wieder Dunkel über die Kugel; dichtem Nebel entstiegen schwarze Schatten. Allmählich zeichneten drei Kapuzenmönche sich ab, deren Gesichter unsichtbar waren. Aus der Schwärze heraus wendeten sie sich an Bartolomeo und sprachen zu ihm im Chor:

„Unsre Arbeit im Heiligen Land wird uns schwer gemacht durch gewaltige Veränderungen. Der Kalif wirft sich auf zum Herrn der Welt und glaubt, dass sein Gott ihm das Recht dazu gegeben. Doch schafft er ein Reich aus Völkern und Geblüt so unterschiedlichen Glaubens, dass es nicht als Ganzes Bestand haben kann. Hispanien, wo du lebst und wohin unser Schüler Pelagius zurückgekehrt ist, wird den Glauben ans Kreuz wiedererlangen. Das aber kostet große Anstrengungen, Jahrhunderte des Kampfes, und fordert große Treue zu Jesus Christus. Zur rechten Zeit wirst du unserm geliebten Asturer Pelagius, ‚Der vom Meere kam', zur Hand gehen. Sein Volk, das als vergessener Löwe schlief, nachdem es den stolzen Legionen Roms sich widersetzt, wird brüllend erwachen. Und die Treuesten unter den Westgoten, geflohene wie auch jene, die noch in Galicien, Asturien und Kantabrien wohnen, werden sich mit ihm vereinigen. In diesem Winkel des alten Gotenreiches, beneidet von Franken und byzantinischen Römern, schlummert die Hoffnung.

Du wirst Roderichs Schwertführer ein Ratgeber sein, und aus deiner Höhle wird ein neues Volk entspringen und ein Samen sein der wahren Kirche. Gedulde dich also und bete, Bartolomeo, unser Bruder. Der Tag kommt, da das Licht erstrahlt."

Die Schatten zogen sich zurück. Und der Einsiedler betete abermals in Stille.

Verrat

Der Reiter querte ein Tal, überwand einen Bergpass, ritt durch dichten Eichenwald und näherte sich Gijón. Von der Höhe aus erblickte er das Meer und die Stadtmauer, die eine winzige Halbinsel einfasste.

Zwei andre Berittene, gekleidet wie Goten, versperrten ihm den Weg und hielten ihm ihre Lanzen vor.

„Ich bin Athala und komme, wie vereinbart, mit Munuza zu sprechen."

Einer der beiden kam mit eingelegter Lanze auf ihn zu und forderte ihn auf:

„Nimm den Helm ab und lass sehen, wer du bist. Ich heiße Arnulf, und dort hält Argesind."

Athala tat, wie ihm befohlen.

Arnulf nickte. Er kannte diesen Krieger, hatte Seite an Seite mit ihm gegen die Basken gekämpft.

„Spät ergreifst du Partei für die Sache der Sieger", stichelte Arnulf, dessen Insignien eher die eines Sueben schienen als die eines toledanischen Gefolgsmannes Witizas.

„Es ist nie zu spät, will man nützlich sein, und die gerechte Sache der Söhne Witizas triumphiert."

Da meldete sich Argesind zu Wort:

„Diese Sache triumphiert auch ohne die Hilfe von Verrätern."

Sein Gefährte Arnulf wies ihn zurecht:

„Keinen Zank und keine Vorwürfe! Wenn der große Krieger Athala unsrer Partei beitreten will, werde ich ihn nicht daran hindern und heiße ihn willkommen."

Argesind schwieg. Arnulf aber blickte zurück in Richtung Meer, wo sie unten die ummauerte Halbinsel von Gijón erwartete.

„Munuza hat Kenntnis von unserm Treffen. Seine Truppen kontrollieren schon einen Teil des Landes, aber er weiß, dass viele Asturer in den Wäldern und Bergen stecken und vielleicht ein Angriff droht. Seit ich ihm von dir berichtet, will er dich sehen und mehr über die Eingeborenen und über Pelayo erfahren."

Athala erblasste; er sah sich plötzlich in einer Falle.

„Aber ich habe Botschaft geschickt, um mit dir und den Goten, die loyal zum echten König stehen, zu verhandeln." Arnulf fixierte ihn wilden Blickes. Sich mit seinem Pferd um die eigne Achse drehend, sagte er:

„Die Dinge, Athala, haben sich gewandelt, seit diese Barbaren in Hispanien gelandet sind. Anfangs glaubten wir, es handle sich um einen begrenzten Feldzug von Söldnern, denen wir ihre Hilfe bei der Beseitigung Roderichs vom Thron mit Gold vergelten würden. Sie würden ihre Arbeit tun, indem sie die Goten, die ihm gleich dir treu waren, töteten, und dann auf den Schiffen nach Afrika zurückkehren. Aber jetzt schau sie dir an: Bis zum andern Ende des Landes sind sie vorgedrungen, ans Nordmeer. Nicht nur ganz Hispanien, nein, alle Gebiete der Asturer, Kantabrer, Basken und Franken werden ihnen erliegen. Ihre Macht ist gewaltig; viele von uns, die wir ihnen letztlich die Tür zum Reich aufgestoßen haben, genießen Privilegien, die der Usurpator Roderich uns verweigert hat."

Athala sah sich immer mehr in der Zwickmühle:

„Aber ihr seid von Herren zu Knechten geworden."

Arnulf näherte sich und bohrte ihm seine kleinen grauen Augen ins bestürzte Gesicht.

„Man muss sich anpassen, Athala, und den rechten Augenblick erwarten. Hast du nicht das Gleiche getan, indem du den verrückten Pelayo zwischen Eingeborenen und Bettlern verlassen hast in einem Land, das kaum eine Stadt besitzt, die dieses Namens würdig wäre, einem Zufluchtsort eher für Raubtiere als für Menschen?"

Athala war klar, dass er sich nicht sträuben und wieder zu Pelayo und den Seinen schlagen konnte. Nun musste er die Folgen seiner Entscheidungen tragen. Er hatte lediglich mit den Goten der Gegenpartei reden wollen, doch nun war eine Zusammenkunft mit dem Mauren, dem Statthalter von Gijón, der im Namen des Kalifen seine Macht übers Land der Asturer ausdehnen wollte, nicht mehr zu umgehen.

„Ich sehe, dass der ehrbare Arnulf, den ich als einen Gotenführer treffen wollte, der bezahlte Lakai eines Fremden geworden ist. Führe mich also hin zu diesem Ungläubigen, auf dass er mich anhöre."

Auf diese stolze Art tat Athala, was er gar nicht mehr hätte vermeiden können.

Durch dichte Eichenwälder ritten sie die Hänge hinab. Eine frische Meeresbrise fuhr ihm ins von der Glut des inneren Hispanien gegerbte Gesicht. Als sie sich der Festung von Gijón näherten, erblickte er erstmals einen weiten Sandstrand und starke Wogen, die schäumend und Gischt spritzend an Mauern und Wellenbrechern zerstoben, wie sie zu Glanzzeiten ihres Imperiums die Römer errichtet hatten. Nie hatten die Goten die Kraft dieser Bauwerke nachahmen können, und hatte auch das Reich von Toledo unterm Einfluss der Kirche und der Universalkultur des Heiligen Isidor die vergangenen Tage des Ruhmes wieder aufrufen wollen, so war dies ein frommer Wunsch geblieben. Neigte doch das Gotenvolk zu sehr zu inneren Bruderkriegen; erst durch Fühlung mit den hispanischen Romanen hatte es die Bedeutung ordnungsgemäß verfasster Gesetze, menschlicher wie göttlicher, kennengelernt. Die Schlichtheit einer Kriegernation, bereit zu Opfern und einem Leben ohne Prunk, war bei den Aristokraten ganz in Vergessenheit geraten. Die Asturer um Pelayo erinnerten Athala an die ferne Vergangenheit der Goten: eines Kriegervolkes, das ein hartes und strenges Leben gewohnt und in dem die Adligen lediglich die Ersten waren, das Schwert zu führen, den übrigen freien Männern gleichgestellt.

Die Wachen am Tor der Stadtmauer waren sonderbar herausgeputzt in ihrer weiten Kleidung, den blitzenden Brustpanzern, Spitzstiefeln und in Turbantücher eingeschlagenen Helmen. Schwarzbärtig, mit dunklen Augen, musterten sie Athala argwöhnischen Blickes. Doch er war flankiert von Arnulf und Argesind, bekannten Kollaborateuren Munuzas, und die gekreuzten Lanzen der Wachen teilten sich, auf dass die drei Goten die kleine Stadt am Nordmeer betreten konnten. Im alten Palast, darin vor Zeiten ein römischer Statthalter residiert hatte und der jetzt mit roten Bannern, bedeckt von seltsamen Zeichen, geschmückt war, wartete Munuza. In der Mitte eines stark von maurischen Soldaten bewachten Saales setzte sich der neue Landesherr in einen goldenen Sessel. Junge Frauen, blond und braun, spielten zu seiner Unterhaltung auf Musikinstrumenten.

„Ihr habt also einen Freund Belays, des Schwertführers Roderichs, den ihr Pelayo nennt, gefunden."

Athala neigte respektvoll das Haupt und beeilte sich zu sagen:

„Ich bin aus freien Stücken gekommen, um Arnulf und den Söhnen Witizas beizustehen, falls sie noch leben. Aber ich muss zur Kenntnis nehmen, dass Arnulf und Argesind unter deinem Befehl stehen, weshalb meine Mithilfe sich auf dich erstreckt."

Munuza zeigte sich verächtlich:

„Ich dulde keine Verräter um mich. Und ich habe keine Helfer, sondern treue Männer, die mir dienen und deren Herr ich bin. Küsse diesen Boden, den mein Fuß berührt hat, wie ihn Arnulf und Argesind geküsst haben, und vielleicht nehme ich dich unter die Meinen auf."

Athala hatte nie etwas Ähnliches getan. Es schien ihm schmutzig und eines freien Mannes von Adel unwürdig. Doch mit

Schrecken musste er sehen, wie die andern beiden Goten, Munuzas Kollaborateure, es ihm vormachten: Arnulf beugte sich in erniedrigender Weise zu Boden und küsste den Tritt, der zum Thron des Mauren führte. Worauf Argesind das Gleiche tat. Hatte Athala Verrat an Pelayo begehen wollen, so sah er sich nun gezwungen, diesen Verrat bis zum Ende, bis zum Verrat des eignen Stolzes zu treiben. So kam's, dass er sich zitternd vor Wut unter heftigen Gesichtszuckungen wie ein Sklave zum Boden, den der Statthalter betreten, niederstreckte, ihn küsste und schließlich noch seine Lippen an den Stiefel des Mauren legte.

„Damit lasse ich dich zu meinem Dienst zu, Athala. Und bist Du auch Christ und vom Volk der Goten, so stehst du unter meinem Schutz und bist vom Tode befreit. Mein erster Befehl ist dieser: Sprich mir von Belay, dem Anführer, und allen seinen Leuten. Sage mir, wo er steckt, wie viele Goten und Asturer ihm folgen und welche Pläne er hegt wider die Macht des Islams."

Anweisungen für den Höhlenbewohner

Bartolomeo betete alle Nächte lang. Es war kalt, und sein Übertritt zum neuen Glauben vollzog sich stürmisch. Zweifel und Kämpfe um seine Vergangenheit hinderten ihn am Schlaf und ließen ihn auf Nahrung verzichten. Er vertraute sich ganz Gott an und kümmerte sich nur selten ums Heulen der Wölfe oder andre geheimnisvolle Vorgänge in der Umgebung der Höhle. Es war ein einsamer, verborgener Ort, an dem nur selten einmal ein Hirt vorüberzog.

Eines Nachts ging ein heftiges Gewitter nieder. Das Höhleninnere ward gespenstisch beleuchtet. Der Leoneser war kein Mann, der schnell Angst bekam, doch die Einsamkeit inmitten einer solch wilden Nacht schlug ihm aufs Gemüt.

Da kündigte das Funkeln der Zauberkugel neue Visionen an. Vielleicht auch wollte sich jemand in Verbindung setzen mit ihm.

Wie gewöhnlich irrlichterte zunächst ein Durcheinander von Bildern aus Gegenwart, Vergangenheit und Zukunft. Dann trat ein

Mönch auf, der – ebenfalls absehbar – sein Gesicht völlig bedeckt hielt. Diesmal war er allein.

„Bartolomeo, der Bruder, den ihr Jehuda nanntet in euerm Hispanien, ward ermordet, sein Wirken hienieden aber wird Früchte tragen."

Bartolomeo empfand einen stechenden Schmerz. Der Verhüllte fuhr fort:

„Er war's, der Pelagius auf dessen Pilgerfahrt ins Heilige Land unterwies. Jehuda, dem wir andre Namen verleihen, kämpfte unermüdlich gegen die Dämonen, die die Welt verheeren, indem sie Zwietracht säen unter den Menschen aus Glaubensgründen. In Hispanien werden viele Christen die neue Lehre annehmen, die die Araber aus ihrer Wüste mitgebracht. Den Besiegten wird man zu Anbeginn sagen, dass der Gott, den sie fortan anzubeten haben, wesentlich der gleiche sei, zu dem sie von jeher gebetet, und dass Jesus Christus geehrt bleibe, denn er werde geachtet in seiner Eigenschaft als Prophet. Da aber Gott im Himmel eine einzige Person sei, dürfe es keinen Götzendienst um ihn geben. Um Tribute zu umgehen und gewisse Rechte zu genießen, wird ein Großteil des Volkes zum Islam konvertieren. Doch der Schüler Jehudas, den Gott in seinen Schoß aufnehmen möge, ist von uns unterwiesen worden. Die Christenheit, und darunter die mutigen Asturer, werden Don Pelayo als Kriegshelden ehren, als den Quell, dem der wasserreiche Strom der Heerkönige entspringt, die im Zeichen des Kreuzes ihre Heimat und ganz Hispanien von Invasion und Irrlehre befreien. Deine Rolle aber, Bruder Bartolomeo, wird entscheidend sein in diesem Kampf. Du musst auf lange Zeit unsern Instruktionen folgen, dich dem Himmel anvertrauen, gegen Dämonen kämpfen und schließlich Pelayo und Adelfuns, dem Sohne Pedros, der noch frei in Kantabrien herrscht, den Wink geben, wann sie loszubrechen haben. Scheitert unser Plan und die Asturer rebellieren nicht, so werden auch die Franken ihr Reich nicht verteidigen können und die Christen, anfangs noch geduldet, nach und nach ihren Glauben verlieren und sich dem Gesetz ergeben, das Mohammed erteilt hat."

Als die Nachricht an ihr Ende kam, hatte auch das Gewitter, das um die Höhle von Covadonga getobt, an Stärke verloren. Ferne Blitze drangen noch in die Grotte, in deren Halbschatten nichts zu unterscheiden war als ein ins Gebet versunkener Mann.

Der Eid

IM SCHATTEN einer riesigen Eibe, bei einem schweren Stein, darein heidnische Runen gemeißelt waren, hatte sich ein Kreis von Asturern zusammengefunden, um Pelagius als Anführer zu wählen und ihm den Treueid zu leisten. Die einen schworen aufs Kreuz, andre bei den alten Göttern. Zur Bekräftigung schlugen sie ihre Schilde mit Schwertknäufen oder Lanzenschäften und riefen laut zum Himmel empor.

Dann beeidete seinerseits Pelayo der Versammlung und dem Volk der Asturer seine Treue, woraufhin er den Segen des Senats empfing. Ein Dutzend greiser Männer, stämmig und mit langen Bärten, versahen ihn mit den Insignien der Macht. Der Überlieferung folgend, ersuchten sie den neugewählten Heerführer um eine Ansprache.

„Kurz soll meine Rede sein", begann Pelayo, „denn die Zeit drängt, und was der Feind aus Verrätermund über uns erfahren hat, gibt Anlass zur Sorge."

Hier riefen die Krieger den Namen Athalas und verfluchten ihn.

„Wir müssen mit allen andern Sippen Verbindung aufnehmen und sie mit meiner Führerschaft bekannt machen, doch das hat heimlich zu geschehen, verborgen vor den Blicken der Invasoren. Sie werden schwerlich ins Gebirge heraufsteigen oder in unsre Wälder eindringen. Dort werden wir Waffenlager anlegen und Volksversammlungen abhalten. Außerdem erwarten wir weitere Flüchtlinge, denn viele Christen werden herbeieilen und Zuflucht vor der Unterdrückung suchen. Und wenn wir uns vergewissert haben, dass es keine Spione sind, nehmen wir sie brüderlich auf und versehen sie mit Waffen, falls sie keine mit sich führen. Aber wisset, tapfre Asturer, dass wir noch zu Wenige sind, um einen offenen Aufstand wagen zu können. Vertraut auf mich und folgt dem Plan, den ich ersonnen habe."

Die Krieger riefen:

„Sprich: Erkläre ihn uns!"

„Um die Zeit zu gewinnen, die wir brauchen, reite ich nach Gijón zur Residenz des chaldäischen Statthalters. Ich werde die Festung betreten und mich ihm in Gegenwart seiner Leute unterordnen. Ich werde sagen, dass das asturische Volk mir folgt und dass wir die geforderten Steuern zahlen im Gegenzug dafür, dass die Chaldäer uns die Freiheit lassen, uns selbst zu verwalten."

Und die versammelten Asturer stimmten zu.

Auf dem Weg nach Gijón

Sie ritten. Es waren nur wenige Männer, die Pelayo begleiteten. Nicer, Abieno, Gustaf und ein Dutzend Reiter mehr, fast alle Asturer. Auch Teud und Adalsind waren dabei. Es wäre müßig gewesen, den Jungen überzeugen zu wollen, dass er sich besser in Deckung hielte. Er schien entschlossen, ihnen selbst in die Hölle zu folgen.

„Don Pelayo", sagte Teud, als sie die steilen Hänge zur Küste hinabstiegen, „die wir Chaldäer nennen, was sind das für Leute? Wer sind sie wirklich?"

„Ich habe viele von ihnen im Heiligen Land kennengelernt", erwiderte Pelayo, „das sie seit einiger Zeit beherrschen. Dort dulden sie Hebräer und Christen, fordern aber hohen Tribut, und wenn's ihnen gefällt, unterdrücken sie sie auch. Für ihr Riesenreich benötigen sie eine Menge an Sklaven. Außerdem bedienen sie sich primitiverer Völker, die sie jüngst unterworfen, wie der Mauren, die meinen Herrn Roderich hingemetzelt haben. Die waren einst Hirten, rauh und kulturlos. Viele bekannten sich als Christen und lebten seit Generationen in Frieden; erst als sie die Worte Mohammeds aufschnappten, verwandelten sie sich in furchterregende Krieger. Aber Munuza verwaltet Gijón im Auftrag andrer. Über ihm steht der Gouverneur ganz Hispaniens, der *Wali*, wie sie ihn nennen, Anbasa, wenn ich recht unterrichtet bin. Alles, was wir mit Munuza aushandeln, muss von diesem Anbasa gegengezeichnet werden..."

Pelayo ward jäh unterbrochen in seiner Rede. Ein fürchterliches Heulen erscholl aus dem Wald, mehr tierisch als menschlich, und doch war es ein Signal. Aus dem Dickicht hervor brach ein ganzer Haufen lanzenschwingenden Fußvolkes von dunkler Hautfarbe mit blutrünstigen Fratzen und wildem Geschrei. Die erste, mit der sie zusammenstießen, war die junge Adalsind. Schnell parierend, schlug sie die Lanze eines der Mauren entzwei und zerteilte mit einem zweiten Schwerthieb dem Entwaffneten das Gesicht. Der sank tot zu Boden. Fast zugleich wich Nicer, der Asturer, einem Lanzenstoß aus, und indem er seinen Schild auf den Kopf seines Gegners niedergehen ließ, warf er den Berber zu Boden. Er durchbohrte ihm mit dessen eigner Lanze.

Pelayo hatte bereits Kerben in Arme und Beine zweier Angreifer geschlagen und befreite nun Abieno von einem Feind, der den Asturer von hinterrücks überraschen wollte. Für Danksagungen fand der keine Zeit, denn einer der Mauren erhob seine Lanze zum Wurf gegen ihn. Da fuhr der wackre Teud dazwischen. In voller Karriere trieb er sein Ross gegen den Chaldäer und warf ihn nieder. Teud zögerte nicht, dem Mann seine Schwertspitze zwischen die Augen zu rammen. Der Kopf war in die Erde genagelt, während die Glieder in letzten Zuckungen die Luft umrührten.

Doch blieb dies nicht die einzige Überraschung seitens des jungen Teud. Einige Feinde, die sich bisher beim Klirren und Krachen des Kampfes zurückgehalten, kreisten ihn mit ausgestreckten Lanzen ein. Einer, wie's schien, der Hauptmann, in blitzendem Kettenhemd und weißen Tüchern um den Kopf, schwang ein riesiges Krummschwert und dirigierte seine Leute durch Zurufe in fremder Sprache. Teud aber gelang es, zwei oder drei der Spieße zuschanden zu schlagen und den Kreis zu durchbrechen. Dann nahm er sein Pferd zurück bis an die Seite Adalsinds. Die Kriegerjungfrau verteidigte sich tatkräftig gegen einen Mauren von riesiger Gestalt, der mit einem Krummsäbel auf sie eindrang. Als dieser Feind für einen Augenblick den Kopf wandte, um zu schauen, wer sich ihm näherte, tat er einen schicksalsschweren Fehltritt. Adalsind versetzt ihm einen so gut geschwungenen Schwertstreich an den Hals, dass sein Kopf auf dem Boden davonrollte.

Da bereits viele Männer verloren, von den Christen aber noch kein einziger gefallen war, gab der arabische Hauptmann Befehl, auszureißen, doch das ließ Pelayo nicht zu. Er brachte die Seinen auf Linie und verfolgte die Ungläubigen durchs Unterholz. Wie bei einer Hetzjagd auf wilde Tiere wurden die Angreifer einer nach dem andern abgestochen. Als letzter fiel der Araber, der mit einem letzten Seufzer in seiner fremden Sprache einen Fluch ausstieß.

Die kleine Schar sammelte sich. Don Pelayo blickte anerkennend auf Teud und seine Schwester. Dann sprach er sehr ernst:

„Kinder, ihr seid für den Krieg geboren!"

Und er brach in ein Lachen aus, was zeigte, wie stolz er auf sie war.

Schließlich kehrte auch Nicer zurück, der meldete:

„Ich glaube, keiner ist entwischt; niemand, der seinen Oberen Nachricht über uns zutragen könnte."

Pelayo spähte noch einmal übers Dickicht hinweg.

„Das wäre gut. Besser, wir treten Munuza als Freie entgegen, denn mit Ketten behangen als Gefangene."

Und sie verfolgten weiter ihren Weg nach Gijón. Es war nicht mehr weit bis dorthin.

Demütigung

Córdoba brodelte. Straßenverkäufer liefen auf und ab und priesen schreiend ihre Ware an. Menschentrauben umringten Prediger, die amtliche Losungen ausgaben. Die „Buchreligionen", das hieß: Juden und Christen, durften unter muslimischer Herrschaft in Frieden leben, wenn sie für ihren „Schutz" die geforderten Tribute zahlten. Sehr im Widerspruch dazu sahen die Christen mit Schmerzen, wie ihre Kirchen entweiht und umgewidmet wurden zu Soldatenquartieren und Pferdeställen, Geräte- und Gefangenenlagern. Bestürzt schauen die Bürger auch zu, als durch die Tore an langen Leinen aufgereihte Sklaven in die Stadt hereingetrieben wurden. Die Juden, die mit den Mauren gemeinsame Sache und zuweilen die Dolmetscher für sie machten, behaupteten, es seien Kriegsgefangene und Aufständische, die sich wider den Kalifen gewandt. Doch niemand konnte sich die große Zahl von Frauen an diesen Leinen erklären, vor allem junger Frauen und selbst Kinder. Die Leute tuschelten und verfluchten all jene, die bereitwillig den Eindringlingen die Stadttore geöffnet hatten. Gewiss hätten Ungerechtigkeit und Anmaßung der gotischen Granden eine Erhebung gerechtfertigt, aber die Kollaboration mit Fremden bei deren Eroberungsfeldzug war ungleich schlimmer. Hebräer und unzufriedenes Gesindel waren's, die sie mit offnen Armen empfangen. Andre hatten die Hände in den Schoß gelegt und gehofft, dass die von den Söhnen Witizas zu Hilfe gerufenen afrikanischen Söldner wieder verschwänden und ein neuer König gerechter mit den Armen umgehen würde. Doch es gab keinen neuen König, sondern einen fremden Wali, der vorgab, im Namen eines weit entfernt sitzenden Kalifen zu handeln. Und mit jedem Tag, der verging, wuchs die Empörung der Bürger, die seit antiken Zeiten immer stolz auf ihre Unabhängigkeit, ihr Ansehen und ihre Freiheit gewesen waren. Brüder und Schwestern der eignen Rasse, des eignen Glaubens fast nackt wie ein Vieh getrieben zu sehen, das war schwer zu ertragen.

„Das ist Córdoba", sprach Álvaro zu seiner Freundin und Gefährtin im Unglück. „Hier werden sie uns verkaufen wie Tiere. Hier wollen sie mich zum Eunuchen machen, wie der Maure Udad sagte. Und dich, Brunhild..."

Brunhild fühlte sich wie tot nach all den Erniedrigungen auf der Reise. Von Udad, ihrem Vergewaltiger, hatte sie gehört, dass der Verkauf an Privatpersonen nicht sogleich erfolgen würde. Die Gefangenen mussten erst gereinigt und gut ernährt werden, um wieder ein frisches Aussehen zu gewinnen und als Ware den Preis in die Höhe zu treiben. Es würde einige Wochen dauern, bis sie marktreif wären. Wenn Brunhild ihre traurigen blauen Augen auf die Leute in den Straßen richtete, hoffte sie, unter ihnen ein freundliches Gesicht, einen mitleidigen Blick zu erhaschen, denn viele von ihnen waren ja Christen wie sie. Aber sie fand nur Gleichgültigkeit, ja Verachtung. Dunkelhäutige Hispanierinnen bespien sie beim Vorübergehen aus ihren breiten Mündern oder drangsalierten sie, indem sie ihre Brüste und Hinterbacken betasteten gleich kauflüsternen Männern.

„Wo sind die Brüder deines Volkes, du Hündin? Wohin ist der Stolz der Goten geflüchtet, ekelhafte Dirne? Dein Flachshaar wird ein schöner Schmuck sein im Harem."

Der Pöbel verhielt sich, als stünde er mit den Invasoren im Bunde. Und auch die Aristokraten, seien's Goten oder reiche hispanische Senatoren, wie sich die eingesessenen Gutsbesitzer und Nachfahren der Römer nennen ließen, hatten sich erstaunlich schnell den Mauren angedient. In den Straßen sah man hohe Herren, reich herausgeputzt, wie sie freundschaftliche Worte mit arabischen Hauptleuten wechselten. Meist machten Juden den Dolmetscher.

Brunhild wollte sterben. Sie wollte fort von dieser Welt und wünschte, nie geboren worden zu sein, Sie dachte an ihren Bruder Teud: Wo war er? Hatten sie ihn getötet, als sie Toledo eingenommen? Oder hatten sie ihn zum Sklaven gemacht wie Álvaro und sie?

Schließlich kamen sie bei der Kirche an, die, geschändet und zweckentfremdet, vollgestopft war mit Gefangenen, meist Frauen und Kindern, an Händen und Füßen gefesselt.

Udad der Maure befahl seinen Soldaten, Fladenstücke zu verteilen und Näpfe, die einen schmutzigen Brei enthielten. Den Napf für Brunhild reichte ihr Udad selbst, wobei er ihr mit seinen Pranken übers Gesicht fuhr. Er rieb ihr Kinn und Nase, dann die Wangen und den Hals. Álvaro konnte es nicht mitansehen.

„Lass sie endlich in Frieden!"

Der Maure griff nach seiner Peitsche und ließ sie auf den Körper des Knaben klatschen. Rote Striemen hinterließ das Folterinstrument auf dessen Gesicht, Rücken und Oberschenkeln. Erst die Dazwischenkunft eines Händlers zügelte Udads Wut. Der, offenbar ein Jude, wies ihn darauf hin, wie dumm es sei, „die Ware zu beschädigen". Andre Männer kamen herzu und überzeugten den Mauren. Udad machte sich schnaubend davon, spöttisch nach der schönen Brunhild blickend, die sich vergeblich bemühte, ihren schluchzenden kleinen Freund zu trösten.

Von der Höhle ins Heilige Land und zurück

Am Eingang der Grotte hielt der Knabe und rief nach dem „heiligen Mann". Aus dem Innern trat Bartolomeo hervor, blinzelnd wegen der draußen herrschenden Helle. Der Hirtenknabe reichte ihm einen duftenden Käse. Der Einsiedler nahm in gerne an und küsste den Knaben aufs Haupt. Die Herde weidete unten im Tal.

Im Felsgestein, so erwog Bartolomeo, konnte der Knabe die Brücke zur Außenwelt machen, insbesondere zum Palast Adelfuns', eines der wenigen adligen Goten, die nicht geflohen waren, noch mit den Barbaren paktierten.

„Gott wird dir's lohnen, mein Freund", sagte er, „dir und deinem Großvater, was ihr für mich tut. Ihr seid selber arm und gebt dennoch einem Auswärtigen, von dem ihr nichts wisst. Aber du kannst mir eine weitere Gunst erweisen."

Der Knabe blickte ihn fragend an.

„Ganz einfach: Eines Tages wirst du zum Haus des Goten laufen und ihm eine Botschaft von mir bringen."

Der kleine Hirt dachte sich nicht viel bei diesen Worten und verabschiedete sich.

Wieder allein, nahm Bartolomeo einen Anruf entgegen, mit dem die Kugel ihn erwartete. In ihrem Geisterlicht waren die merkwürdigsten Gesichte zu erahnen, Szenen aus künftigen und weit zurückliegenden Welten. Aber dann schälten sich die Leidensmienen Álvaros und Brunhilds heraus, wurden immer deutlicher und schienen *ihn* anzuschauen, den Bewohner der Grotte. Ohne ihn zu kennen, erflehten sie seine Hilfe. Nach einer Weile wichen ihre

Physiognomien dem Kapuzenschatten eines Geheimen Mönches:

„Bruder Bartolomeo, deine Bekehrung und die Inbrunst deiner Gebete berühren uns tief. Die Zustände draußen in der Welt nehmen Gestalt an, und es naht die Stunde, da es auf dein Eingreifen ankommt. Die Mohammedaner blähen sich vor Stolz. Doch in allem, was der Mensch beginnt, sei's auch im Namen des Höchsten, steckt der Keim des Greuels. Drum halten wir es für verfrüht, dass eine Religion über die andern siege, denn ihre Wahrheit, die einer jeden innewohnt, wird getrübt durch die Sünde, und ihre Mängel sind die Mängel der ganzen Menschheit. Das ist der Grund, warum wir dem Dünkel der Kalifen nicht nachgeben, sondern uns ihren Heeren entgegenstellen. Auch unter den Christen regiert die Sünde, und das Übel schart sich ums Kreuz seit Anbeginn, aber hier und jetzt muss die Botschaft des Menschensohns bewahrt werden, auf dass sie nicht vergehe oder verderbe.

Höre, Bartolomeo, unser Jünger: In Hispanien gibt es eine weitere magische Kugel, die bis heute blind, taub und stumm blieb. Der sie übernehmen wird, ist noch jung, und doch besitzt er, nach allem, was er gelitten, mehr Weisheit als mancher Greis. Wer leidet, der erfährt, was er vom Leben verstehen muss."

„Álvaro!", rief der Einsiedler von Covadonga.

„Du hast's erraten", sprach der gesichtslose Mönch.

„Nicht ohne Grund ist dir sein Bild erschienen. Sein Unglück, wie auch das des Gotenmädchens, ist dem Geschehen tief verflochten."

„Aber der Knabe muss die Kugel ohne Wissen der Moslems finden! Dabei ist er ihr Sklave!", rief Bartolomeo.

„Die Vorsehung bedient sich oft verschlungner Pfade, denen wir Sterblichen nicht folgen können. Álvaro, der Sohn des Liuwa, wird nicht vergeblich leiden. Gott behütet ihn, und auch dem Mädchen steht er bei. Zu gegebener Zeit werden wir sehen, dass sie freikommen aus der Gefangenschaft."

Die Gestalten der Okkulten Mönche – denn inzwischen war eine große Zahl von ihnen versammelt in Bartolomeos Sphärenkugel – verschwammen, und der Bewohner der Grotte widmete sich wieder dem Gebet.

Munuzas Lächeln

„Mein Herr Munuza, wie ich Euch ankündigte, sind Leute gekommen aus unserm Land, Euch zu sehen, sich der Gewalt des Kalifen zu beugen und darüber mit Euch in Verhandlung zu treten."

Der so sprach, war Argesind, der Zuträger des Mauren.

Da standen sie nun; standen vor dem Statthalter von Gijón. Angeführt von Pelayo. Ein wenig hinter ihm Teud und Adalsind. In der dritten Reihe warteten Abieno und Nicer. Keiner von ihnen verneigte sich, keiner hatte den Wachen seine Waffen übergeben, wie es in diesem Palast Sitte war. Sie standen erhobnen Hauptes in einer Haltung, die Achtung zeigte, nicht aber Demut.

„Der Schwertführer Roderichs also besucht uns, wenn auch mit dem Benehmen eines stolzen Alliierten, nicht wie ein Diener, der sich uns unterwirft."

Pelayo sah ihm fest ins Auge. Und es entging ihm nicht, dass die Blicke des Statthalters und seiner Adjutanten an seiner schönen Schwester Adalsind hingen, der jungen Gotin, die einen Schwertgurt trug und unterm Kleid einen Kettenpanzer.

Munuza setzte seine Rede fort:

„Schlecht ist's bestellt um die Christen, was die Zahl ihrer Krieger betrifft. Ihr lasst Jungfrauen Waffen tragen und frei durch die Wälder streifen, als wären's stramme Burschen. So viel Schönheit verdient es nicht, von Stahl und Krieg drangsaliert zu werden."

Da konnte Adalsind nicht an sich halten:

„Ein Mensch, schön oder nicht, Mann oder Weib, muss sich seiner Freiheit mit dem Schwert in der Hand würdig erweisen."

Diese Antwort überraschte alle Anwesenden. Pelayos Schwester war nicht nur schön, sie war auch stolz, und trefflich waren ihre Worte. Nach anfänglicher Verblüffung brach Munuza in lautes Lachen aus.

„Mit Recht seid ihr Goten so tief gesunken. Der Mut eurer Männer ist verflogen; nur eure Weiber scheinen ihn noch zu besitzen. Doch der Platz des Weibes sind Herd und Nachtlager seines Herrn. Es hat dem Krieger zur Erholung zu dienen und ihm Kinder zu schenken. Alles andre ist Torheit. Und du, schönes Fräulein, die du deinen Bruder bei seiner Unterwerfung begleitest, wirst dich einem Krieger fügen, der dich als Gattin nimmt. In den Augen eines Rechtgläubigen ist es Sünde, dass ein Weib, von dem wir annehmen, dass es Jungfrau sei, als Krieger gekleidet und gattenlos durch die Wälder reitet. Vor allem wenn ihr Bruder, bislang ihr Beschützer, uns seine Ergebung anbietet; denn das ist es doch, Belay, um was du uns ersuchst, nicht wahr? Wenn dies deine Absicht ist, so sprich und sage uns: Würdest du dem, der dein Herr sein wird, deine Schwester zur Frau geben? Die Ehre, die wir dir antun, indem wir dich um die Jungfrau bitten, würde dir kein andres Oberhaupt erweisen."

Empört blickte Adalsind abwechselnd ihren Bruder und den Statthalter an. Ihre Hand fuhr wiederholt zum Schwertgriff. Doch Pelayo hielt sie mit einer kaum sichtbaren Geste zurück.

Auch Teud brannte vor Zorn, aber er wusste, dass er Pelayo nicht verurteilen durfte, denn der Plan, den er geschmiedet, war der einzig erfolgsversprechende.

Inzwischen hatte Pelayo sich im Kreise umgesehen und das Gesicht Athalas entdeckt, seines Verräters, der hinter Argesind und Arnulf stand, den zwei Ortsgrößen suebischer Herkunft. Es galt nun, Zeit zu gewinnen. Er hatte die Höhle von Wölfen betreten.

„Groß ist die Ehre, zweifellos", begann er, „aber du musst mich die Frage gründlich erörtern lassen. Ich bitte dich, großer Munuza, die Politik nicht mit diesem Ehevertrag zu verquicken. Unter der einen Bedingung, dass du die Religion und die Bräuche der Asturer achtest, verspreche ich dir Frieden mit den Muselmanen. Die Heere, die in Wäldern und Gebirge stehen, werden stillhalten und sich nicht feindselig wider die Deinen verhalten. Wir werden die Tribute entrichten, wie du sie andern Stämmen auferlegt hast, und nichts dagegen einwenden, wenn unsre Leute zu deinem Glauben übertreten wollen. Hier im Lande wirst du keine großen Städte noch Paläste finden, doch im Maße unsrer bescheidenen Existenz werden wir dem Kalifen und, wer immer sein Stellvertreter sei, das geben, was ihnen gebührt. Die Ehre, Adalsind mit dir zu vermählen, würde mir als Spange dieses Paktes nicht missfallen, unter den Bedingungen, die ich dir dargelegt habe. Doch ist sie Christin wie ich, und ihr Übertritt zum islamischen Glauben muss wohl erwogen werden. Bitte, großer Munuza, gewähre uns Bedenkzeit."

Munuza schaute fuchsschlau mit verkniffnen Augen nach seinen Ratgebern, unter denen auch Athala steckte. Nach kurzer Überlegung sagte er:

„Ich begreife deine Zurückhaltung, denn der religiöse Unterschied würde per Gesetz zugunsten des islamischen Glaubens aufgehoben, zu dem *Adosind* übertreten müsste."

Teud wurde noch wütender. Dass Munuza den, wenn auch verfälschten, Namen seiner Geliebten kannte, zeigte, dass der Maure über sie alle Bescheid wusste. Es war klar, dass der Verräter Athala seine Rolle wirkungsvoll gespielt hatte. Es fehlte nicht viel, und der Knabe wäre dazwischengegangen – und hätte alles verdorben. Aber er dachte an Pelayos Plan: Zeit gewinnen.

Da erhob aus seiner Ecke heraus Athala die Stimme:

„Mein Herr Munuza! Pelayo ist gekommen und beleidigt dich, indem er mit Unverschämtheit und Anmaßung prahlt. Er hat dir die gebührende Ehre verweigert, hat sich nicht deiner Person, noch der Macht des Kalifen gebeugt. Er kommt daher wie ein Aufständischer, nicht um sich zu ergeben als treuer Diener, sondern wie einer, der von Gleich zu Gleich Verträge schließt. Und du duldest das?"

Pelayo war auf dem Sprung, die schwersten Schmähungen gegen diese Ratte loszulassen, doch Munuza selbst kam ihm zuvor.

„Schweig, Athala! In jedem Volk, deinem wie meinem, gibt es verschiedene Sorten von Menschen. Ich halte mein Wort, werde als Ehrenmann immer zu ihm stehen. Belay, der Schwertführer Roderichs, bat mich um eine Unterredung und ist als mein Schützling in meinen Palast gekommen. Ich habe ihm und seinen Begleitern sogar erlaubt, mit den Schwertern im Gurt und aufrecht als freie Männer aufzutreten. Dagegen hast du an den Deinen Verrat begangen. Nun bin *ich* es, der dich beschützt, aber indem du meinem Fuß und den Boden, den er berührt, geküsst hast, bist du mein Diener auf Lebenszeit. Du Christenhund gehörst mir, und nach Herkommen deines Volkes hattest du nur die Wahl, allein und ausgestoßen durch die Wälder zu streifen wie ein Bär, oder dich mir zu Füßen zu werfen, wie du schließlich getan hast. Belay ist frei, solange er dafür sorgt, dass sein Volk die Tribute zahlt und der Kalifenherrschaft nicht im Wege steht."

Da sprach Athala, aufs neue erniedrigt, das Thema an, das ihm zutiefst auf dem Herzen lag: Adalsind.

„Welchen Vertrag hättest du geschlossen, wenn er dir nicht das Mädchen überlässt?"

Munuza fühlte sich vor Pelayo und allen andern Männern beschimpft.

„Hund! Du verstehst nicht, deinen jetzigen Herrn zu respektieren, wie du deinen früheren nicht geachtet, den du verrietest. Der Wechsel des Glaubens fällt einem Menschen nicht so leicht wie dir der Wechsel des Herrn."

Und Munuza erhob sich, schritt auf Athala zu und spie ihm ins Gesicht. Auf ein Zeichen hin packten zwei Wachen Athala bei den Schultern und führten ihn aus dem Raum. Dann wandte sich der Berberführer von Gijón an Pelayo:

„Ihr könnt jetzt abziehen. Doch du musst wissen, Belay, dass auch du in meinem Dienst stehst. Und wenn ich dich eines Tages beauftrage, unter Christen den Botschafter zu machen, dann hast du meinem Ruf zu folgen."

Dies sagte er mit einem fuchshaften Grinsen. Es war Teud, der, hochbesorgt darum, was das Schicksal der jungen Adalsind bescheren könnte, dieses falsche Lächeln bemerkte.

Das Licht des Nordens

Gesichte von Bündnissen

Der Hirtenknabe näherte sich der Höhle. Er war lange nicht dagewesen. Der Einsiedler legte ihm die Hand aufs Haar.
„Dank für deine Gaben, kleiner Freund. Nimm dies Säckchen mit ein paar Tremissen, den letzten, die mir geblieben. Ich brauche sie nicht mehr. Sicher aber kann dein Großvater Nützliches dafür erwerben, obwohl uns Gott eigentlich alles Nötige gibt, wenn wir für die Tiere, die Erde und die übrigen Gaben sorgen. Jetzt habe ich eine Bitte an dich, mein Sohn."
Der Knabe fragte mit großen Augen, was es denn sei.
„Du musst zum Haus des Adelfuns, des Sohnes Herzogs Pedro von Kantabrien, gehen und ihm dieses Papier überreichen. Es ist an der Zeit, dass er die Sippen vereinigt und Botschaften sendet nach Asturien. Er muss es schnell tun, und als Nachweis gib ihm dieses Dokument, das er schon recht zu deuten wissen wird."
Der Knabe brach gleich auf und sprang über Stock und Stein geschickter als die Ziegen, die er zu hüten hatte. Bartolomeo aber begab sich wieder an seine Zauberkugel. Im Halbdunkel wollte ihr Glanz das Eintreffen neuer Visionen melden.
Es waren Schlachtenszenen. Chaldäer luden schwere Steine auf ihre Katapulte und schleuderten sie gegen einen Berg, zu dessen Fuß sich im Fels eine Grotte verbarg. Der Berg entsprach dem *Monte Auseva*, und die Grotte war dieselbe, die Bartolomeo bewohnte: die *Cova Dominica*, Grotte unsrer lieben Frau. Welcher Frau aber? Die Christen sagten, in ihr wohne die Jungfrau Maria. Die Ältesten unter den Asturern und den vadiniensischen Kantabrern meinten, es handle sich um Deva, die keltische Göttin, nach der auch das Flüsschen benannt war, das rein und wohltuend im Tale rauschte. Wie dem auch sein mochte, Bartolomeo spürte, dass die Nähe dieser Frau ihm Trost gab und die Kraft, die Einsamkeit der Klausur zu ertragen. Doch nun erschien sie selbst im Innern des Kristalls. Mit gewaltiger Macht sandte sie alle Steine und Pfeile, die gegen den Fels gerichtet waren, auf die Muselmanen zurück.
Gewiss hatte die Kraft der Höhle sich der Partei der Christen

mitgeteilt, einem kleinen Heer, das eines nicht zu fernen Tages dem mächtigsten Imperium der Welt, dem Reiche des Kalifen, entgegentreten würde.

Mitten im Schlachtgeschehen tauchte – männlicher geworden – das Gesicht des kleinen Álvaro auf, des derzeit Gefangenen in Córdoba. Wie war das möglich? Er trug einen Gotenhelm mit hohem Zimier, Pferdemähne und Nasenschutz, und sein Panzerhemd blitzte in der Sonne. Seine Arme waren stark geworden und hielten ein schweres Schwert gepackt. Abgeschlagene Chaldäerköpfe rollten um ihn auf dem Boden herum, und er widerstand allen Angriffen, mit denen die zahlreichen Feinde ihn bedrängten. Diese Visionen flößten Mut ein. Es gab Hoffnung, und die, die derzeit noch unter dem fremden Joch litten, würden eines Tages ihre todbringenden Waffen wider die Feinde des Glaubens und des Vaterlandes erheben.

Dann erschien Bartolomeo auch Adelfuns, der GotoKantabrer, der ein winziges Territorium regierte, eine gebirgige Insel der Freiheit mitten im Meer der Kalifenmacht. Alfonso und Pelayo sah er gemeinsam im Bild, wie sie Seite an Seite stritten und eine Übermacht an Feinden bedrängten. Brudervölker, getrennt durch Gebirge, vereinten sich vor dem gemeinsamen Feind. Diesmal, so spürte der heilige Mann der Grotte, waren ihm die Gesichte der Glaskugel nicht von den Mönchen gekommen, sondern von der geheimnisvollen Señora, die ihre steinerne Wohnung mit ihm teilte.

Kantabrische Versammlung

Hunderte von Kantabrern hatten Alfonso erwartet. Sie trugen Kriegsbemalung und blitzende Halsreife. Für diese goldnen *Torques* hätte man in Toledo oder Byzanz ein Vermögen bezahlt. Einigen saßen spitze Stoffmützen auf dem Kopf, doch fehlte es auch nicht an Gotenhelmen. Der größte Teil ging in Schwarz, bekleidet mit dem *Sagum*, dem kurzen Soldatenmantel. Indem sie ihre Speere gegen die Schilde schlugen und ein tierisches Gebrüll gen Himmel sandten, riefen sie Alfonso zum Heerführer aus.

Unter einer tausendjährigen Eibe ließ ein Sippenhaupt eine hölzerne Schale umgehen, darin rotglühende Steine ein Trankopfer wärmten. So war's Brauch seit Jahrhunderten bei den Asturern, und so hielten's auch die Kantabrer. Beide Völker hatten einst gemeinsam gegen Rom gekämpft, ein Rom, das Legionen und Flotten nach Norden gesandt, um eine Kriegsmacht zu brechen, die sich jener von Galliern und Germanen überlegen gezeigt. Jemand, der aus dem alten, zivilisierten Süden kam, der Bética oder dem mediterranen Teil der Terraconense, hätte die Rituale eines barbarischen Kriegsvolkes als grausig empfunden. Jeder Gote des südlichen Hochadels hätte sich besser mit Leuten verstanden, deren Boden bespült war von *Mare Nostrum*, als mit diesen Halbwilden. Doch in Kantabrien und Asturien gab es kaum eine Handvoll geflüchteter Goten des niederen Adels oder aus dem Volke wie Teud, noch festverwurzelte, mit den Eingeborenen verschwisterte und verschwägerte Adlige wie Pelayo und Alfonso. Diese Leute, an jede Not des Krieges gewöhnt und von Natur aus Luxus und Verwöhnung abhold, waren schwer zu zähmen. In ihren Adern floss das Blut von Ahnen, die in dichten Wäldern und unregsamem Gebirge ihre Freiheit zu verteidigen gewusst. Kannte Alfonso auch Glanz und Pracht des toledanischen Hofes: sein rechter Ort war dieser hier.

„Sei gegrüßt, Adelfuns. Ich bin Erudino und preise dein Kommen. Meine Männer und die der hier versammelten Sippen stehen dir zu Diensten."

Alfonso tat einen Schluck aus der Schale, um sich herum sah er Vadinienser, Orgenomesker, Salänier und andre Stämme. Es gab keinen noch so entfernten Verband selbst in maurisch besetzten Gebieten, der nicht wenigstens einen Vertreter entsandt hätte.

„Die Fremden, Adelfuns, fordern Tribut und Ehrfurcht. Sie fragen viel nach Pelayo, dem Asturer, und argwöhnen, dass er sich mit uns verständigt. Wenn ein Mann sich ihnen widersetzt, so töten sie ihn. Sie führen Krummschwerter und eifern für ihren Gott wie nur je ein Christ, oder sogar noch fanatischer."

Alfonso legte ihm die Hand auf den Rücken.

„Man sieht, Erudino, dass auch du kein Christ bist und dich diese Inbrunst wundert, mit der in den Krieg gezogen wird für einen Gott, der alle andern Götter für nichtig erklärt."

Offenbar verstand Erudino nichts von der Zivilisation, die nach Norden vorgerückt war bis zu den Wassern des Kantabrischen Meeres.

„Sie sind anders als die Soldaten, die einst aus Toledo kamen, uns zu unterwerfen, obwohl sie ihnen ähnlich sehen. Es heißt, sie seien keine Hispanier, sondern kommen von weiter aus dem Süden her."

Alfonso bestätigte das. Dann aber sprach er zur ganzen Versammlung:

„In der Tat sind die Eindringlinge keine Hispanier. Wisset: die Gotenmonarchie ist gefallen. Wir Asturer und Kantabrer sowie auch Christen aller Rassen müssen uns vereinen gegen diese fremde Macht. Die Gottheit – Alfonso wählte dieses Wort, um weder Christen noch Heiden zu verprellen ,– „wird auf unsrer Seite sein; es gibt Prophezeiungen, die mir das versichern."

Ein andrer Kantabrer, groß, wild und mit Kriegsbemalung im Gesicht, erhob sich und sagte:

„Wenn wir uns Pelayo anschließen, vertreiben wir die Plage aus dem Land. Gemeinsam mit den Asturern sind wir stärker und werden siegen."

Unter der heiligen Eibe erhob sich das Geschrei der bemalten Kriegsschar:

„So ist es!", „So ist es!"

Adelfuns aber bat erhobener Hand um Ruhe:

„Auch im Bunde mit den asturischen Brüdern können wir einem so großen Heer nur dann Trutz bieten, wenn wir die Wehr nach Kräften vorbereiten. Wahrscheinlich müssen wir uns fürs Erste fügen, uns Zeit verschaffen, um Fühlung aufzunehmen mit allen Clans und Stämmen. Es werden inzwischen auch Flüchtlinge aus dem Süden kommen, Christen, die vor Unterdrückung fliehen. Ich habe Bescheid darüber und werde mit diesen Flüchtlingen reden. Die Fremden versprechen, jene, die anfangs unzufrieden waren, milder zu behandeln, alle Religionen zu respektieren, und sichern Städten und Gemeinden zu, sich ihren Sitten und Bräuchen gemäß selbst zu verwalten. Doch ihr müsst wissen, dass Eroberer aller Zeiten und Länder solches behaupten, solange sie in der Unterzahl sind im Verhältnis zur beherrschten Bevölkerung oder der Weite des Landes, das es zu kontrollieren gilt. Hier im Norden können sie uns nicht hinter Stadtmauern einschließen, und da wir zerstreut leben und stets die Hand am Schwert haben, wird es ihnen nicht leicht fallen, uns unter der Knute zu halten."

Mitten in diese Rede platzten zwei Männer, angetan wie Gotenkrieger. Geleitet von kantabrischen Wachen, die in der Nähe der Versammlung aufgestellt waren, nahmen sie ihre Helme ab und ließen ihre Gesichter sehen. Es waren Nicer und Teud. Sie grüßten achtungsvoll.

Pelayos Träume

Unruhig hatte Pelayo sich auf seinem Lager gewälzt. Draußen heulten die Wölfe. Dieser schaurige Gesang war bis in seine Alpträume gedrungen, darin chaldäische Heere Städte verwüsteten, Dörfer verbrannten, Ernten vernichteten und Menschen versklavten. Wie Blitze eines Gewitters blendeten ihn Bilder aus der Zukunft. Da waren menschliche Schädel aufgehäuft. Sie gehörten den Toten der nicht enden wollenden Schlachten, die über Jahrhunderte in Hispanien toben sollten. Und lange Ketten mit Sklaven daran, gefangen im künftigen *Königreich des Nordens*, andre von weiter her kommend aus fremden Waldgegenden, darin schöne Menschenkinder wohnten. In großen Mengen wurden sie wie Vieh in eine Stadt verbracht, die zweifellos Córdoba war. Ein Córdoba, das sich sehr verändert hatte, mit schlanken Minaretten, von denen der Ruf zum Gebet erscholl, und darin die Bürger, welchen Glaubens auch immer, verschleiert und mit Turbanen auf den Köpfen umherliefen, Christen eingeschlossen. Und die Traumgesichte zeigten

Pelayo auch den grauenhaften Tod zahlreicher Märtyrer. Heiliger Männer, die Christus nicht verleugneten und entsetzlichen Foltern ausgesetzt waren vor ihrem Ende, weil sie lieber ihrem Erlöser treu blieben, als dass sie einen fremden Glauben angenommen hätten. Pelayo sah Aufruhr in den Vororten hispanischer Städte, Gemetzel und Blut überall. Er wusste, dass dies erst der Anfang sei eines langen, grausamen Krieges, eines Unternehmens, bei dem Kreuz und Schwert ein und dieselbe Sache waren.

In dieses Tohuwabohu scheußlicher Bilder drang die Stimme Bartolomeos, und allmählich schälte sich auch, wie in einer Glaskugel, immer klarer dessen Gesicht heraus.

„Ich habe einen Hirtenknaben zu Don Alfonso geschickt. Mit ihm wirst du dich verbünden. Dieser Señor rechnet bereits mit dir, und ein wesentlicher Teil des Planes besagt, dass der Bund mit den Kantabrern erneuert werde. In Wahrheit seid ihr *ein* Volk; nur das steinige Gebirge oder die Interessen Toledos haben euch getrennt. Es ist dringend erforderlich, dass einige deiner Leute an der Volksversammlung der Kantabrer teilnehmen. Sende jemanden hin, dem du vertrauen kannst!"

Als Don Pelayo aus seinem Schlaf erwachte, waren's diese Worte des Leoneser Rabbiners, die ihm nicht mehr aus dem Kopf wollten. Er hatte bereits entschieden, wen er entsenden würde, und spürte, dass die Ereignisse die Entscheidungen jetzt vor sich her treiben. Er sprang auf von seinem Strohlager und befahl seine beiden Botschafter herbei.

Teud, der in der Nachbarhütte geschlafen, war auf der Stelle bereit. Indem er ein paar Bissen Eichelbrot zu sich nahm, versicherte er sich des Segens der geliebten Adalsind. Bald gesellte sich ihm Nicer, vollständig gerüstet und mit einem Reisesack voller Wegzehrung. Sie verließen das Dorf in gestrecktem Galopp.

Der Abtrünnige

Der Hirtenknabe spähte aus seinem Adlernest. Den Gebirgspfad erklomm eine lange Reihe maurischer Reiter. Sie trugen scharlachrote Umhänge und Turbane von derselben Farbe. Die Rundschilde auf ihren Rücken wiesen fremdartige Symbole auf. Mühsam stiegen die Pferde die Serpentinen hoch, um den Pass zu überwinden. Ihnen folgte in Ketten eine Reihe Gefangener, vermutlich Bergbewohner, die sich der Zahlung von Tribut widersetzt hatten.

Da, ein Pfiff! Er klang wie von einem Vogel, war's aber nicht. Ein Pfeilregen ging auf die Truppe nieder, treffsicher und mit verheerender Wirkung. Der Hauptmann, ein Araber, zog sein Krummschwert aus der Scheide und stieß laute Verwünschungen aus. Von den Berghängen herab aber stürmten zahllose Krieger mit bemalten Gesichtern und einem Kriegsgeschrei, das nicht weniger bedrohlich war. Von allen Gipfeln ertönten Hörner, und die Zurufe füllten das ganze Hochtal aus.

Die Gesichter der Mauren, die nach oben schauten und in Gestalt von Steinen und Pfeilen den Tod über sich kommen sahen, boten ein Bild des Entsetzens. Eilig befreite ein kantabrischer Krieger die Gefangenen. Der Knabe kroch tiefer hinab, um die Rettung aus der Nähe zu verfolgen. Fast alle waren Kantabrer, Hirten die im Gebirge lebten. Mönche waren darunter und viele Frauen und Kinder. Sie erzählten, dass die Mauren ihre Männer, örtliche Clanhäupter, öffentlich hingerichtete hatten als Warnung für jene, die keine Zahlungen leisten wollten.

Inzwischen hatten die Kantabrer mit den bemalten Gesichtern die Mauren, die sich im Todeskampf wälzten, erstochen. Einer von ihnen, blassen Antlitzes unterm Gotenhelm, lebte noch. Einer der vielen Überläufer.

„Ihr Rohlinge", schrie er, „längst schon hätten wir euch erledigen müssen!"

Der Anführer der Kantabrer setzte ihm die Spitze seines Kurzschwertes ans Kinn:

„Wer? Verräterische Goten wie du, oder die Mauren, denen du dienst? Seht ihr uns in Toledo und den Campos Góticos noch immer als Feinde?"

Der Abtrünnige schaute ihm ins bemalt Gesicht und bemerkte

kein Zeichen von Mitleid. Drum zischte er nur:

„Munuza ist der Herr von Gijón. Viele Orte sind gefallen, auch Amaya. Alles gehört uns, und die Söhne Witizas gewinnen den Thron zurück."

Der Kantabrer unterbrach ihn:

„Nichts habt ihr erreicht, außer die Macht an Fremde abzutreten. Doch Einige von euch stehen auf unsrer Seite."

Der Gote wand sich in Todeskrämpfen. Sein Blick brach sich.

„Ihr werdet kein Glück haben", stöhnte er und starb.

Schnell sprangen ein paar Reiter auf ihre Pferde, um Adelfuns Nachricht zu bringen.

Don Alfonsos Worte

„Wir kommen zu eurer Versammlung", begann Teud seine Rede, nachdem er sich vorgestellt, „in der Absicht, eine gemeinsame Strategie zu entwickeln. Vielleicht, Brüder, seid ihr bereits feindselig aufgetreten gegen Maurentrupps, wie sie durchs Land ziehen. Das aber weckt nur den Zorn des Wali, des Gouverneurs, der im Namen des Kalifen unsre Länder erobert. Möglicherweise entsendet er gegen uns alle ein mächtiges Heer, um ein abschreckendes Beispiel zu geben. Im Namen Don Pelayos, den ihr alle kennt – sein Gebiet grenzt an das von Adelfuns, welcher hier neben mir steht –, bitte ich euch, die Waffen noch ruhen zu lassen. Wir zahlen für eine Weile die Steuer, bis wir einen übereinstimmenden Kriegsplan entwickelt haben."

Viele der Anwesenden wendeten sich an Nicer, da er ihnen schon im Kampf beigestanden hatte.

„Haben unsre asturischen Brüder diesmal Angst, in den Krieg zu ziehen? Woher dieser Sinneswandel, der ihnen gar nicht zu Gesicht steht?"

Nicer war gezwungen, sich zu erklären:

„Wir ersehnen den Krieg, aber wir stemmen uns gegen die Vernichtung unsres Volkes. Beschließt wie wir eine Waffenruhe, und lasst Alfonso und Don Pelayo gemeinsam ein Heer auf die Beine stellen."

Hier ergriff Alfonso das Wort. In seinem Ton lag ein gewisser Argwohn:

„Und weshalb lässt Pelayo, der Sohn Fáfilas, sich nicht selbst sehen?"

Die Antwort fiel dem jungen Teud zu, der seinem Wams einen Brief entnahm:

„Dieses Schreiben stammt von Pelayos Hand. Du wirst es lesen und verstehen, dass unsre Worte die Seinen sind. Ihn halten die Organisation unsrer Truppen und die Einigung seiner Gebiete fest."

Don Alfonso entfaltete das Papier. Tatsächlich war es ein Brief Pelayos, der bestätigte, dass Nicer und Teud seine Botschafter waren. Der letzte Beweis aber, den Teud ihm übergab, war ein Blatt, das mit eigenartigen Symbolen bedeckt war und von der Hand Bartolomeos, des ehemaligen Rabbiners von León, stammte.

„Die Beratung wird morgen abend fortgesetzt", ordnete Don Alfonso an. „Ich muss nachdenken über das, was die Asturer von uns erbeten."

Und, begleitet von Erudino, Nicer und Teud, zog er sich zurück in eine Hütte.

Der Kantabrer zeigte ein ernstes Gesicht, das dem Ernst der Lage entsprach.

„Du bist jung, und dein Akzent stammt nicht aus unsern Bergen. Deinen Augen und Wangen nach zu urteilen, bist du ein Gote und musst schon ein ganzer Kerl sein, wenn Pelayo dich mit dieser Mission betraut hat."

Don Alfonsos Worte stärkten Teud den Rücken.

„Ich hoffe, ihn niemals zu enttäuschen; ihn nicht, nicht Adalsind, und nicht dich, Don Alfonso."

Der Kantabrer betrachtete ihn eine Weile in Ruhe, bevor er sprach:

„Du warst vor kurzem noch ein Knabe. Dein Blick verrät Mut, aber keine Grausamkeit. Wir erleben Tage von Eisen, Feuer und Blut. Ich vermute, du bist von edler Herkunft; dein Angesicht und deine Haltung sind sehr schön."

Stolz antwortete Teud:

„Ich bin zwar Gote, aber arm. Ich müsste es nicht sein, wäre mein Vater Sonna, der unter Kriegern bekannt ist als ‚Der Hammer', nicht in Ungnade gefallen."

Vor Überraschung hellte sich Don Alfonsos Blick auf:

„Du bist der Sohn Sonnas, des Hammers? Ist das wahr?"

Nicer, der Asturer, erschrak ein wenig. Größer aber war das Erstaunen Teuds.

„Du kennst ihn, mein Herr Alfonso?"

Adelfuns drückte ihn in die Arme. Mit Macht, mit überschwenglicher Liebe. Teud war verblüfft.

„Mein lieber Sohn. Sonna war mir wie ein Bruder. Unserm Gott muss unser Sieg im Sinne liegen, wenn er gewollt hat, dass ich in diesem Augenblick auf dich treffe. Du hast aber Mutter und Schwester, nicht wahr?"

Ein Schatten glitt über Teuds Gesicht, als er das Haupt senkte und dem kantabrischen Heerführer berichtete, was er übers Geschehen beim Fall Toledos wusste. Adelfuns fasste ihn abermals bei den Schultern, als er sprach:

„Ich verstehe deinen Schmerz. Es wird dich nicht trösten, doch muss ich dir sagen, dass Sonna von bester Familie war und der kühnste Krieger Hispaniens. Dein Betragen und die Tatsache, dass du dich hier befindest, Pelayo und mir zur Seite, lassen mich ein Vorhaben des Himmels erahnen. Ich glaube, dass dir eine hohe Mission zukommt in dieser Geschichte, und die Zeit wird's erweisen. Vielleicht gibt es noch Hoffnung, und Brunhild lebt, auf dass unsre bewaffneten Arme helfen, sie zu retten."

Nach diesen Worten las der Anführer der Kantabrer die Briefe zu Ende. Und nachdem er in Teuds blaue Augen geschaut, sprach er:

„Teud, Sohn des Sonna, und Nicer, Sohn des Brenno, kehrt zurück zu Pelayo und sagt ihm wörtlich dies: Ich und die Kantabrer sind bereit für den entscheidenden Augenblick. Der Einsiedler erwartet in seiner Grotte, der *Cova Dominica*, höhere Weisung. Meldet dem Heerführer der Asturer, dass ich mit dem heiligen Mann in Verbindung stehe, und dass der Aufstand loszubrechen hat, sobald er das Signal dazu sendet."

Oppa

V︎or der Kirche standen in einer Reihe die Knaben. Maurische und hebräische Soldaten wachten darüber, dass keiner sich vom Seil losmachte oder auf andre verdächtige Schliche kam. Drei, vier Wächter bearbeiteten die wunden Rücken mit der Peitsche. Vergeblich hatte sich Brunhild an ihren Freund Álvaro geklammert, unter Tränen und vor Verzweiflung schreiend, denn nun sollten sie getrennt werden. Die andern Gefangenen wussten, dass die Knaben, alle um die Pubertät herum, für die Kastration bestimmt waren.

Die großen Herren Córdobas umgaben sich gerne mit Frauen, oft Witwen gefallener oder getöteter Goten und romanischer Senatoren. Andre aus dem Volk wurden zu Konkubinen der arabischen Eroberer und – seltener – von Berberführern. Zur Bedienung so vieler Frauen wurden Mengen an Sklaven gebraucht, für den Haushalt, aber auch als Spielzeug für Laster und Mußestunden der neuen Herren. Die machten bei ihrem Vergnügen keinen Unterschied zwischen weiblich und männlich. Um moralischen Skrupeln die Spitze zu nehmen – man lebte schließlich mit einer unterworfenen christlichen Bevölkerung zusammen, die all das abscheulich fand –, umgaben sich die feineren Araber mit Kastraten, die mit den Damen, die sie bedienten, nicht in fleischliche Beziehungen treten konnten.

Wie Brunhild von andern Frauen gehört, starb ein großer Teil der Knaben infolge der Operation, indem er entweder verblutete oder einige Tage später unter unvorstellbaren Schmerzen dahinsiechte. Die Bürger Córdobas schauten teilnahmslos auf diese Knabenriege, die schlimmer behandelt wurde als Tiere. Bei einer Vorhalle befahl ein Wächter ihnen, sich ihrer letzten Lumpen zu entledigen. Von drinnen erschollen markerschütternde Schreie. Etliche Gefangene in der Reihe suchten sich zu befreien, wurden aber von Wächtern rücksichtslos daran gehindert. Von Keulenschlägen oder Lanzenstichen getroffen, fielen zwei oder drei der Knaben zu Boden, bevor sie den Saal, darin sie entmannt werden sollten, betreten konnten.

Durchs Kirchenfenster, bei dem sie angekettet war, sah Brunhild, dass etwas Neues vor sich ging: Aus der Tiefe der Straße näherte sich ein Gefolge. Soldaten befahlen der Menge, den Weg freizumachen für einen fetten Reiter im weiten, prächtigen Bischofsgewand. Er war Christ, und wurde dennoch von Mauren und Arabern eskortiert.

Das Volk auf der Straße rief:

„Oppa!", „Da kommt der Bischoff Oppa!"

Oppa kannte man in Toledo wie in Córdoba. Er war der Bruder des verstorbenen Königs Witiza und von Roderich und dem Senat abgesetzt worden; von daher einer jener christlichen Würdenträger, die nach Afrika geeilt waren, um dort Hilfe zu holen. Einige Treuherzige glaubten noch immer, die Afrikaner seien Söldner im Dienst der Familie Witizas, und hätten sie erst für ihre Auftraggeber die Kontrolle übers Reich wiedererlangt, so würden sie, wie so viele Söldner, die Goten und Romanen ihre Dienste geleistet, nach Hause zurückkehren. Doch Brunhild wusste nur zu gut, dass dem nicht so war.

Obgleich ein Freund der Invasoren, war Oppa Christ geblieben und, mehr noch, hatte sich die Erzbischofswürde gesichert. Seine Mitra, seine goldnen und diamantnen Ringe, sein mit teuren Steinen besetzter Bischofsstab wiesen ihn in den Augen des Pöbels als Kirchenfürsten aus. Und nicht weniger würdig trat er auf als Sohn des angeblich rechtmäßigen katholischen Königs. Dennoch war er den Muselmanen verbunden, ihr wirkungsvollster Bürge in den Ländern der Bética.

Da er ein äußerst fleischiger Mann war, stieg er unter großen Schwierigkeiten mithilfe seiner Dienerschaft vom Pferd und ging dann die Reihe junger Sklaven ab, wobei er die Ware interessiert betrachtete. Offenbar war er zum Einkauf gekommen und wählte eine Handvoll der schönsten Stücke aus. So entging ihm auch nicht der Sohn des Liuwa, dem er seine rundliche Hand ans Kinn legte, um seine Gesichtszüge zu prüfen.

„Du scheinst blutsmäßig einer von uns zu sein, und ich könnte dich vor der Verstümmelung bewahren", sprach der Bischof zu Álvaro.

„Wie heißt du, mein Junge?"

Da dieses ekelhafte Individuum ihn möglicherweise kaufen und damit entweder seinen Tod oder seine Kastration verhindern würde, musste Álvaro höflich antworten.

„Hoher Herr, Exzellenz", sprach er also, „ich bin tatsächlich ein Gote, geboren in Toledo, und nun Gefangener der Ungläubigen. Wenn in deinem Herzen Mitleid wohnt, so könntest du mich retten, und ich würde dein Diener sein."

Aus den in Fleischmassen versunkenen Augen blitzte die Geilheit auf diesen Goten.

„Es wohnt dort, mein Kleiner, denn du bist nicht nur schön, sondern auch wohlerzogen in deinem Benehmen, und das gefällt mir."

Der Bischof befahl, und die Wächter banden Álvaro los. Mit einem halben Dutzend andrer wurde er zu einem Karren geführt. Ein Sohn des Volkes Israel küsste Oppa die Füße, nachdem der ihn für seine Menschenware mit einem Säckchen Tremissen bedacht.

Als das Gefährt an der Kirche vorbeirollte, die jetzt ein Gefangenenlager war, glaubte Álvaro, das Gesicht seiner Freundin, der schönen Brunhild zu erspähen, die aus dem Fenster schaute. Gott allein wusste, ob er sie jemals würde wiedersehen.

Der Sohn des Zebedäus

Bartolomeo vernahm den Ruf der Kugel. In letzter Zeit hatte der Kristall geschwiegen, so als hätten im Heiligen Land, woher der größte Teil der Visionen kam, irgendwelche Ereignisse neue Mitteilungen verhindert. Jetzt strömten sehr alte Bilder herzu. Kleidung, Umgebung, vor allem aber die Atmosphäre verrieten, dass das Geschehen längst vergangnen Zeiten angehörte.

Und es trat auf Santiago, der Heilige Jakob, Sohn des Zebedäus. Man sah ihn bedrängt von einer Menschenmenge, wie er vor ihren Messern floh, die von Blut und Hass trieften. Später dann erschimmerte das Bild des Apostels an fernem Gestade, wie er, eingehüllt in dicke Kleidung, um unerkannt zu bleiben, ein kleines Boot bestieg. Die Nacht hellte sich auf über dem Dreieckssegel, und er trat seine Tagesreise an. Wohin? Die Kristallkugel zeigte abscheuliche Gesichter mit Pusteln bedeckt, Leiber, die über Bord geworfen wurden, eine Meuterei auf offner See und ein Gewitter, das die schwache Barke mit Blitzen erschütterte, wie die Seeleute sie dem Jupiter andichteten. Der Sohn des Zebedäus aber lehrte sie die Wahrheit und verkündete den Triumph des Guten. Erst nach einem Durcheinander unklarer Bilder erschien die Barke bei ihrer Landung an einer grünen, nebelverhangnen Küste. Die Wellen schlugen gegen hohe Steilfelsen. Der kleine Schatten des Bootes lief in eine Flussmündung ein, einen Abschnitt voller Gefahren. Der Kiel streifte an Felsen, denen der Schiffer aber geschickt auswich, um ruhig an einem weiten Sandstrand aufzulaufen. Es näherten sich Fackeln; Einbäume, deren Ruder von je zwei Mann bedient wurden, beschrieben einen Bogen um das Schiff. Und das schöne Antlitz des Heiligen erhellte sich und erhellte auch die Gesichter der andern: kriegsbemalter Barbaren. Ihr Haar war hell und rötlich, ihre Bronzeschilde trugen Sonnensymbole, ihre Helme lange Pferdemähnen.

All das war neu für den Heiligen Jakob. Er war in Barbarengebiet gelangt, jenseits der Säulen des Herkules, um die Frohe Botschaft zu verkünden, und der Heilige Geist half ihm, sich diesen Asturern verständlich zu machen. Doch es warteten neue Verfolgungen. Die bekehrten Asturer wurden massakriert, der Sohn des Zebedäus musste fliehen, indem er sich diesmal mehr nach Westen wandte, ins Gebiet Galiciens. Und als die Feinde – unter ihnen römische Legionäre – ihm den Tod gaben, flammten seltsame Lichter auf im dichten galicischen Wald. Der Ort war befleckt und gezeichnet vom Blut des heiligen Mannes. Die Grabstätte des Apostels aber ward mit der Zeit zum Brennpunkt, an dem die Energien der ganzen westlichen Christenheit sich bündelten. Rom konnte sinken und erniedrigt werden, doch aus dem Dickicht jenes galicischen Landstriches unter der Krone eines asturischen Königs, ganz wie auch in der heiligen Höhle, die jetzt er, Bartolomeo bewohnte, würde sich eine völlig neue Welt erheben. Und die eben geschauten Gesichte gaben ihm das zu verstehen.

Paulo

Oppas Palast war prächtig, und es war nicht sein einziger. Neben diesem in Córdoba besaß er andre: in Toledo, in Sevilla, an verschiedenen Orten auf dem Lande... Hochgerüstete Wachmänner sicherten die Mauern, eine große Dienerschaft sorgte für sein Wohl, und in Nachahmung jener Orientalen, die er gerne seine „festen Verbündeten" nannte, ließ er sich von stämmigen Sklaven in einem Tragsessel fortbewegen. Als Bischof königlichen Geblüts verfügte er über reiche Einkünfte: die eines Adligen und die eines Kirchenfürsten. Städtische Würdenträger beäugten ihn meist mit Argwohn ob seiner Fettleibigkeit, seiner Ausschweifungen, seines Hochmuts. Doch derzeit schien er mächtiger denn je, denn der Wali betrachtete ihn als seine rechte Hand. Muselmanen gingen in Oppas Palast ein und aus, als wären sie dort daheim. Der Bischof empfing sie nicht nur zur Besprechung von Verwaltungssachen, sondern lud sie auch zu Lustbarkeiten, die das sittliche Empfinden eines jeden, der nicht an ihnen teilnahm, beleidigt hätten, gleich welcher Religion er angehörte. Es liefen Gerüchte vom schändlichen Umgang mit Sklaven, wie er zu alten Zeiten bei den Römern üblich gewesen, und das mysteriöse Verschwinden von Mädchen und Knaben weckten den Verdacht, dass die Exzesse mit deren Tod endeten.

Álvaro und die andern jüngst erworbenen Sklaven durften zunächst einmal baden und sich sattessen. Sie erhielten saubere Kleidung und nahmen an Gewicht zu. Nach den durchlebten Nöten kam ihnen die erste Zeit in Oppas Palast vor wie das Paradies auf Erden, doch es gab Gerüchte… Alles deutete darauf hin, dass ihre Lage der von Schweinen glich, die gemästet werden, um hernach den Herrn der Herde umso mehr zu ergötzen.

Ein paar Wochen waren ins Land gegangen, da bemerkten die Palastsklaven, dass einer von ihnen fehlte, ein gewisser Marcio. Er war eines Abends bestellt worden, bei einer der Orgien, die der Bischof mit den Moslems feierte, die Bedienung zu übernehmen. Manche wie Álvaro dachten ans Schlimmste. Neulich noch hatten Marcio und Álvaro, die eine Schlafstelle miteinander teilten, sich unterhalten. Marcio war weinend aus Oppas Gemächern zurückgekommen mit Striemen am ganzen Körper. Der Sohn Liuwas befeuchtete ein Tuch und versuchte, den Wunden Linderung zu verschaffen. Das Fleisch war aufgesprungen.

„Weshalb hat der Herr dich so gezüchtigt?", fragte Álvaro. Marcio zögerte mit der Antwort. Schmerz und unterdrücktes Weinen hinderten ihn am Sprechen. Nach einer Weile riss er sich zusammen:

„Er hat's nur zum Vergnügen getan. Er und seine chaldäischen Gäste wollten ein bisschen Unterhaltung. Sie sitzen auf Teppichen und Kissen oder, wenn's Goten sind, auf Speisesofas und schlemmen, bis sie platzen. Sklaven beiderlei Geschlechts, alle so jung wie wir, müssen nackt in Hundestellung die Tische ersetzen. Auf den Rücken serviert man den Gelagegästen Speisen und Getränke, und an unsern Haaren trocknen sie sich die Hände ab. Wer sich bewegt und ein Getränk vergießt, wird zu Tode gepeitscht."

Álvaro traute seinen Ohren nicht. Kein gesunder Mensch konnte solche Schändlichkeiten ersinnen. Marcio erzählte weiter:

„Vor den Gästen hat der Bischof uns befohlen, den Chiton abzulegen und uns aufzubauen. Oppas Freunde sind alle homosexuell, und die Religion der Ungläubigen kennt wohl auch keinen Unterschied zwischen Knaben und Mädchen."

Marcio holte Atem. Nicht nur sein Körper war verletzt, auch seine Seele.

„Nach andern Schändungen musste ich wieder den Hundetisch

für seine Mahlzeit machen. Als ich mich bewegte und ein Teller überlief, befahl Oppa den Schwarzen Frumentio herbei, mich auszupeitschen. Im Saal liegen die Fußeisen schon bereit. Und Frumentio hat mächtig Spaß daran, die andern Sklaven zu prügeln."

Álvaro dachte: Wenn es wirklich eine Hölle gibt, dann ist sie vorgesehen für den Dämon Oppas, des Witiza-Sohnes.

Wenig später ward Marcio abermals zu einer Orgie befohlen und danach nicht mehr gesehen. Eines Nachts trat der Schwarze, der sich Frumentio nannte, an Álvaros Lager.

„Der Herr ruft dich. Lass ihn nicht warten!'

Mit Schrecken erkannte Álvaro, dass man zu dieser vorgerückten Stunde nicht nach ihm verlangte, um ihn Wein kredenzen zu lassen. Frumentio führte ihn zum großen Saal des Gelages, das bis zum Morgengrauen dauern sollte. Unterwegs erspähte der Sohn Liuwas in einem Seitenraum, wie Bedienstete den nackten, blutüberströmten Körpers eines Mädchens namens Antonia fortschleppten. An sein Ohr drang das teuflische Lachen betrunkener Tischgäste.

Álvaro trat über die Schwelle und überblickte das Schauspiel: Der Saal war die Hölle selbst. Sklaven beiderlei Geschlechts und verschiedenen Alters wurden gequält und erniedrigt von einer geilen Clique von Bestien. Inmitten der Amphitryon Don Oppa, der Bischof, der sich einen Christen nannte. Er richtete ein paar Worte an den Knaben, dem sich der Kopf zu drehen begann. Man forderte ihn auf, zwischen den vollbesetzten Sofas, Kissen und Berberteppichen hindurchzuschreiten, und griff nach seinen Schenkeln. Ein Maure mit enormem Mund und Pferdezähnen betrachtete ihn lüstern aus riesigen Augen, so schwarz wie seine Seele. Er war reich gekleidet und parfümiert, und indem er Álvaro beim Arm packte, rief er seinem Gastgeber zu:

„Verdammt nochmal, Oppa, Glückwunsch zu deinem exquisiten Geschmack! Wenn du zum Markt gehst, so greifst du den andern die besten Knaben und Mädchen weg. Allah sei Dank, dass du kein Egoist bist und sie mit deinen muslimischen Freunden teilst."

Ein Araber mit Adlernase schrie:

„In diesem Königreich gibt's gute Ware, hellhäutig und goldgelockt. Nicht nur unter Hispaniern; mehr noch unter Goten und Heiden, wie man sie aus dem Norden bezieht. Allein dafür hat sich's schon gelohnt, dir zu Hilfe zu kommen, lieber Oppa."

Und beide griffen sich unterm beifälligen Lachen des Witiza-Sohnes den Sohn des Liuwa und zwangen ihn auf alle Viere in die Hundestellung. Diese Demonstration von Muskelkraft über den Sklaven schien sie besonders zu erregen. Der Bischof kam herbei und ergriff sein Kinn:

„Ich könnte schwören, dass mir dies Gesicht vertraut ist. An wen erinnert es mich nur?"

Tatsächlich hatte Oppa nur allzugut den Liuwa gekannt, den tapfren Degen, der sich im Bürgerkrieg gegen die Partei Witizas gestellt. Álvaro biss sich auf die Zunge. Um nichts in der Welt durfte er seine Herkunft verraten. Wenn er in einem günstigen Augenblick entwischen könnte, wäre es wichtig, unerkannt zu bleiben.

Oppa wandte sich an seine Gäste:

„Habt euren Spaß mit ihm. Vorher aber mag er noch als Tisch dienen. Befummelt ihn nicht zu eifrig, sonst bespritzt er euch die Tunika und wirft alles zu Boden!"

Wieherndes Gelächter.

Der Weingeruch und die satanischen Zithern, die Schändlichkeit des ganzen Szenarios verursachten Álvaro Übelkeit. Er konnte an nichts andres mehr denken als an Flucht. Es kam darauf an, einen unerwarteten Augenblick abzupassen. Aus der tiefsten Erniedrigung plötzlich aufzuspringen in einem Moment, da die Mauren ganz unvorbereitet waren, und loszurennen.

Der mit der dunklen Haut wischte das Fett seiner Hände in Álvaros Haar ab. Immer wieder einmal griff er nach der Leine, daran der Knabe mit einem Hundehalsband hing. Es galt zu warten, bis der Maure die Leine unbedacht fahren ließ.

Das geschah, als die Bediensteten Tabletts mit frischen Speisen brachten. Der Maure spielte mit der Leine und ließ sie dann aus der Hand gleiten, um ausgestreckten Armes nach dem zu greifen, was ihm auf Álvaros nacktem Rücken serviert worden. Álvaro sprang auf, warf alles, was sich auf ihm befunden, in Scherben, ergriff ein zu Boden gefallenes Messer und stieß es dem Afrikaner in die Visage. Niemand hatte das erwartete. Niemand konnte rechtzeitig handeln.

Álvaro rannte wie ein Verrückter aus dem Saal und langte nach seinem Chiton. Frumentio befahl ihm stehenzubleiben und gab andern Wachleuten Order, ihn aufzuhalten, aber der Knabe war schneller. Wie ein Wisch fegte er durch die Gänge. Als er den Haupthof querte, stellten sich ihm zwei bewaffnete Wachmänner entgegen. Instinktiv bewarf der Knabe sie mit einer Statuette und schlüpfte zwischen ihnen hindurch, wobei er mit Glück einem Lanzenstoß auswich. Am Tor riss er einen Riegel zurück und huschte auf die Straße, wo er sich den Chiton überwarf.

In den Straßen der riesigen Stadt drängten sich die Menschen. Im Getümmel galt es, langsam zu gehen, Haltung zu bewahren und nicht aufzufallen. Er erwog, sein Kleid zu wechseln, den Chiton, der eine Schulter freiließ und ihn als Sklaven verraten konnte. Doch dann änderte er seine Meinung. Ausgerechnet den Krämern des Marktes, gewöhnlich schlauen Menschen, einen Kleidertausch vorzuschlagen, das konnte erst recht Alarm auslösen.

Álvaro staunte über die Größe und den Menschenreichtum der Stadt, über die vielen Gebäude, die aus alter Zeit erhalten waren. Römische Heidentempel, Basiliken und Säulenreihen erhoben sich mit ihrem weißen Marmor strahlend über hässliche Buden, Schuppen und schmutzige Hütten. In seiner Heimatstadt Toledo gab es weniger architektonische Verquickung; das Stadtbild prägte der militärische und ekklesiastische Geist der Gotenmonarchie, hier aber in Córdoba ließ der Knabe sich beeindrucken von den Gegensätzen einer Großstadt. Unübersehbar waren auch die Spuren der Invasion: Maurentruppen brachen sich rücksichtslos ihre Bahn durch die Menschenmenge, und immer vom hohen Ross herab.

Andrerseits fiel die Menge an Bettlern auf. Abgemagert, mit von tausend Nöten zerfurchten Gesichtern, schleppten sie sich einher in der Hoffnung auf ein bisschen Geld oder ein Stück Brot. Unterernährte Kinder liefen in Lumpen auf und ab und hoben bei Passanten bettelnd die Hand oder verfolgten sie, um Botengänge und andre Dienste anzubieten.

Inmitten dieses Tumults wusste der Knabe nicht, wohin sich wenden. Zur Gefängnis-Kirche, wo Brunhild gefangen war, zurückzukehren war gefährlich, denn das war einer der Orte, an dem Oppa nach ihm suchen lassen konnte. Doch musste er unbedingt etwas für seine Freundin tun. Als er bei der Kirche ankam, waren die Knaben, die ihrer Verstümmelung entgegengesehen, längst fort, aber der Menschenhandel ging weiter. Jetzt waren's die Frauen, die, gefesselt und mit Zetteln am Hals, versteigert wurden. In der Menge von Spöttern und Gaffern zwischen Rücken und Köpfen etwas zu sehen, reckte Álvaro sich hoch. Vielleicht gelang's ihm ja, Brunhild zu erspähen.

Zwei Hispanier, von denen der eine Israelit zu sein schien, redeten miteinander in romanischer Sprache, die der toledanischen verwandt war und die Álvaro verstand:

„Solomon behauptet, hier sei die beste Gelegenheit", sagte der eine.

„Sklaven statt Früchten und Stoffen?", meinte der andre, vielleicht ein Händler.

Der erste bejahte:

„Der Kalif, heißt es, kauft Sklaven und übt sie auf den Krieg ein. Wenn sie noch jung sind, sind sie billiger und werden gute Soldaten. Doch sind die Araber vor allem scharf auf blonde Mädchen, und wenn bei Eroberungen im Norden, in Asturien oder Frankonien, schöne Ware anfällt, können wir ein sauberes Geschäft machen."

Jetzt bestieg die Holztribüne eine neue Reihe von Sklaven, darunter viele Frauen, die man gebadet, in saubere Kleider gesteckt und gekämmt hatte. Die schönsten und jüngsten aber wurden vollständig nackt präsentiert. Dergleichen war unter der Gotenherrschaft niemals vorgekommen, und es hieß, man müsse bis in antike heidnische Zeiten zurückgehen, um dieser Praxis wiederzubegegnen. Wie dem auch sein mochte: Aus der Menge wurde lebhaft geboten.

Unter den Frauen erschien jetzt ein schönes blondes Mädchen:

Brunhild! Álvaro hätte beinahe laut gerufen. Doch bezwang er sich rechtzeitig.

Die beiden Händler kommentierten unter sich:

„Was für ein süßer Honigkuchen!"

„Sie scheint Gotin zu sein. Das verstößt gegen den Befehl des Wali. Diese Frauen sind bestimmt für die Ehe mit Arabern."

„Unsinn. Der Händler muss nur glaubhaft machen, sie sei im Norden bei Asturern oder Kantabrern aufgegriffen worden, so geht sie als Kriegsgefangene durch. Und die dürfen versklavt werden."

Nach einem Stimmengewirr der Bewunderung für Brunhilds Schönheit wurden Gebote ausgerufen. Das Mädchen suchte sein Gesicht im Blondhaar zu verbergen. Mit den Händen aber bemühte sie sich vergeblich, dem unwürdigen Schauspiel beizukommen, das sie zwang, ihren Körper begaffen zu lassen.

Ein hakennasiger Araber war's, der die Ware schließlich ergatterte, nicht ohne dass er zuvor eigenhändig ihr Gebiss, die Glätte ihrer Haut und das Ebenmaß der Gesichtszüge geprüft hätte. Als der Kauf perfekt war, lösten die Versteigerer Brunhild die Fußeisen; zwei Diener des Arabers, ein schwarzer und einer seiner eignen Rasse, hüllten sie in eine Decke und führten sie davon.

Álvaro drängte sich eilends durch die Menge dorthin, wo der Araber seine Kutsche abgestellt hatte. Doch als er die Gasse erreichte, war's bereits zu spät: Das Gefährt mit seiner unglücklichen Freundin war um eine Ecke gebogen und im Gewirr von Straßen und Gassen der Großstadt Córdoba verschwunden.

Wie er mitten in der Gasse anhielt, hörte er jemanden ein Liedchen summen. Er sah sich um und erblickte einen Greis, der eine Toga nach Art der Alten trug und dessen Gesicht zum größten Teil von einer Kapuze bedeckt war.

„Du scheinst in der Stadt nicht daheim zu sein, mein Junge", sprach der Alte, „und erst recht nicht in diesem Viertel."

Álvaro wusste nicht, was er antworten sollte. Der Greis kam näher, nahm ihn beim rechten Arm und untersuchte dann den linken und beide Oberschenkel.

„Dein Chiton ist der eines Sklaven, aber wie ich sehe, hat man dich noch nicht markiert", sprach er in freundlichem Ton. „Kommst du auch aus dem barbarischen Norden?"

„Nein, Herr, ich bin aus Toledo", antwortete der Knabe.

Der Alte fragte weiter:

„Stimmt es, was man sagt? Ist es wahr, dass sie Christen fangen, egal ob Goten oder Hispanier, und sie hier als Sklaven verkaufen?"

Álvaro spürte, dass er diesem alten Mann vertrauen konnte.

„Ich bin einer von ihnen. Ich bin der Beweis, dass das richtig ist."

Der Andre holte tief Luft und sagte:

„Ich heiße Paulo und werde dir helfen. Komm mit zur mir nach Hause, dort gibt's was zu essen."

Sie hatten nicht weit zu gehen zu einer baufälligen Hütte. Der Alte kramte Brot und Schinken hervor und verzog sich in einen dunklen Raum. Als Álvaro gesättigt war, lud er ihn ein, näher zu treten.

„Komm her, ich muss dir etwas zeigen. Doch vorher sag' mir deinen Namen!"

Álvaro, der Sohn des Liuwa, gab ihm ehrliche Auskunft und ward ins Hinterzimmer geführt. Dort glomm eine Kristallkugel.

„Tritt näher und sage, was du siehst!"

Der Knabe staunte. Es war eine Zauberkugel, in der Bilder aufstiegen. Darunter sein eigenes.

„Das bin ja *ich*!", rief er.

„In der Tat. Ich sehe dein Bild schon lange. Und als ich dich in der Gasse erblickte, habe ich dich gleich erkannt. Anfangs war ich mir nicht sicher, drum habe ich dich hergebracht, um dir die Kugel zu zeigen", erklärte der Alte.

„Du wirst mich nicht anzeigen, Herr?", fragte der Sohn des Liuwa besorgt.

Der Alte legte ihm die Hand an die Wange:

„Keine Angst! Ich weiß: dein Herr ist der verhasste Oppa. Ich lasse dich aus der Stadt bringen und schicke dich zu Freunden weit weg von hier, nach Mérida, wo wir über einen Plan der Gegenwehr nachdenken können. Ich habe Bilder von Oppa und seinen Greueln gesehen. Zu Recht hat Gott dein Volk und ganz Hispanien bestraft. Was für abscheuliche Sünden, Herr im Himmel!" Álvaro dankte seinem neuen Freund.

„Und wann brechen wir auf? Was wird aus Brunhild? Können wir sie nicht retten?"

Der Alte legte Kleidungsstücke, Decken und Nahrungsmittel für eine lange Reise zurecht. „Wir dürfen uns vorerst nicht um sie kümmern. Sie muss ihr eignes Schicksal durchleben, über das ich nichts ausfindig machen konnte. Dir aber darf ich versichern, dass du im Kampf ein Mann werden wirst, der ein Gutteil zu unsrer Rettung beitragen wird. Ich habe dich im Kampfgetümmel weit im Norden gesehen, woher vielleicht deine Vorfahren stammen. Wir müssen eilen; Oppas Häscher werden schon unterwegs sein hier im Viertel."

Von der Straße kam ein Pfiff.

„Wirf diesen Mantel über und nimm den Rucksack. Ein Freund erwartet dich: Silvio. Er bringt dich nach Mérida, dort warten meine Ordensbrüder."

Damit warf Paulo den Chiton ins Feuer. Neu eingekleidet und mit wenig Gepäck lief der Knabe los zu Silvio. In der Tür wandte er sich um:

„Weshalb hilfst du mir? Nur weil ich ein verwaister Sklave bin?"

Der Greis mahnte ihn, dass die Zeit dränge.

„Alter", sprach Álvaro mit der Miene eines Erwachsenen, „ich will sagen: mein Freund. Das, was ich bei Oppa gesehen, wird mir im Leben nicht mehr erlauben, glücklich zu sein, auch wenn ich meine Freiheit wiedererlange."

Der junge Gote hatte aufgehört, ein Kind zu sein, nachdem er so viele Schrecknisse durchgemacht. Paulo fühlte tiefes Mitleid.

„Ich hab's selbst gesehen", erwiderte er. „Nun aber musst du eilen. Silvio wartet, und Oppa sucht dich!"

„Ich weiß nicht, wann ich dir je werde danken können, Paulo von Córdoba. Doch sag' mir noch eines: Was ist das für eine Kugel? Bist du ein Zauberer? Wo hast du die her?"

„Zu viele Fragen, Junge, und keine Zeit, sie zu beantworten.

Lauf! Verschwinde!"

Und der Knabe lief hinaus zu Silvio. Der eilte, ohne ein Wort zu wechseln, mit ihm zu nahen Pferdeställen. Dort fragte er:

„Kannst du reiten?"

Auch wenn er noch jung ist, kann der Sohn eines Gotenkriegers vorzüglich reiten. Das erklärte Álvaro mit Stolz, aber Silvio gab keine Antwort.

In großer Eile schlugen die Pferdehufe erst das Straßenpflaster, dann den Staub der Vorstädte. Anscheinend achtete niemand auf sie.

Unterwegs ging dem Knaben auf, was es hieß, in einer großen Stadt zu leben, die ganz anders war als seine Vaterstadt Toledo, eine Stadt der Könige, des Adels und der Kleriker. Hier dagegen ragten reiche Paläste aus einem Meer schmutziger Hütten. Leute jedweder Herkunft sorgten für ein riesiges Durcheinander. Noch hatten die Moslems nicht das hispanoromanische Gesicht der Stadt verändert, einer alten Stadt der Bética, darin sich seit unvordenklichen Zeiten die Rassen gemischt.

Die Reiter suchten sich ihren Weg zwischen Märkten und Aufläufen müßiger Leute, Almosenverteilern und Sklavenversteigerern. Nachdem sie die Stadtmauer und die daran gedrängten Vororte hinter sich gelassen, gewannen sie freies Feld. Unter strahlender Sonne im tiefblauen Himmel ritten sie an Reihen von Olivenbäumen entlang und an Landleuten vorüber, die sie mit ihren immer resignierten Augen anschauten, ohne etwas zu sehen. Es ging nach Norden, jedoch nicht in Richtung Toledo, sondern westlicher. Auf die Felder folgten Gesträuch und Hügelland, die das Reiten erschwerten. Silvio sprang vom Pferd, und der Knabe tat es ihm gleich.

„Hier machen wir halt. Von dieser Höhe aus können wir beobachten, ob Feinde nahen, ohne selbst gesehen zu werden."

Silvio öffnete seinen Brotbeutel und reichte seinem Schützling ein Stück Käse.

„Bist du ein Freund von Paulo, oder dienst du ihm?", wagte Álvaro zu fragen, als er wieder bei Kräften war.

Das Licht des Nordens

„Freunde sind wir alle, die wir den gemeinsamen Vorsatz teilen: die Mauren zu bekriegen."

Der Knabe musste seine Zweifel klären:

„Diese ... Zauberkugel hat's gesagt, stimmt's? Das Volk muss aufbegehren. Es kann nicht zulassen, was wir erleben. Sie versklaven uns."

Silvio schaute unentwegt in die Ebene:

„Das Schlimme ist, dass viele Hispanier mit den Eindringlingen kollaborieren. Schau dir die Granden deines Volkes, der Goten, an. Es gibt sogar solche, die sich Lehrer suchen, um sich in der neuen Religion unterrichten zu lassen."

Álvaro fehlten noch viele Steine fürs Rätsel-Mosaik. Er fragte weiter:

„Du siehst aber doch, dass weder Brunhild noch ich begünstigt sind, und vielleicht gibt's viele meines Volkes, denen es ähnlich ergangen. Liuwa, mein Vater, hätte sich niemals diesen Leuten gebeugt."

Silvio beobachtete jetzt aufrecht stehend mit Adlerblick die Pfade, die in die Hügel führten:

„Mauren und Araber sind schon die Herren ganz Hispaniens. Oben im Norden, in der Nähe des Meeres, wo barbarische Völker wohnen, gibt's vielleicht noch Zufluchtsorte. Nie konnten wir Hispanier und vor uns die römischen Cäsaren die Asturer und Kantabrer gefügig machen. Mein Freund und Lehrer Paulo weiß viele Dinge und sieht sehr weit, auch ohne Zauberkugel. Dorthin, nach Norden, so sagt er, müssen wir gelangen, vorher aber Freunde in Mérida treffen. Die Stadt hat sich den Mauren nicht ergeben. Sie hat einen Pakt mit ihnen geschlossen und gegen Zahlung eines Tributs ihre Unabhängigkeit bewahrt. Eine stolze Stadt, in der es leicht ist, Gleichgesinnte zu finden. Von dort führen Wege nach Galicien, wo in einem Wald verborgen die Reliquien unsres Apostels ruhen, der uns zum Sieg verhelfen wird."

Álvaro, Sohn des Liuwa, begriff noch nicht seine eigne Rolle in dieser Geschichte:

„Und wie sollte *ich* schaffen, was starken und bewaffneten Männern verwehrt ist? Was hat Paulo weiter in seiner Sphärenkugel erschaut?"

Sein Begleiter verzog ärgerlich das Gesicht, bevor er antwortete:

„Du stellst zu viele Fragen, Junge. Vorerst solltest du Paulo und vor allem Jesus Christus dankbar sein, dass sie dich aus der Knechtschaft befreit haben."

In diesem Augenblick verfinsterte er sich noch mehr. Er legte einen Finger an die Lippen und befahl dem Knaben mit der andern Hand, sich zu ducken. Und da näherte sich auch schon der Klang von Pferdehufen. Behend wie ein Kater führte der Córdobeser die eignen Tiere tiefer ins Gebüsch, damit sie von unten nicht erspäht werden konnten. Die Pferde verhielten sich ruhig, ohne zu schnauben oder zu wiehern. Auf die Zeichen hin, die Silvio ihm machte, verkroch sich Álvaro ebenfalls.

Die Geräusche ließen auf eine kleine Abteilung von Mauren schließen. Rote Burnusse und glänzende Rüstungen legten den Verdacht nahe, es handle sich um arabische Elitetruppen. Einer ihrer Hauptleute hatte den Befehl zum Ausschwärmen erteilt. Eine Kolonne verfolgte den Weg aufwärts, während je ein Flügel den Felsen rechts und links umfing.

Als Silvio das Manöver durchschaute, ward er besorgt. Seinem Bündel entnahm er ein leichtes Kurzschwert und reichte es Álvaro:

„Das wirst du brauchen, Sohn des Liuwa."

In die Berge zu entfliehen, dazu war's schon zu spät. Man hätte sie erblickt und verfolgt. Doch dann geschah etwas Überraschendes.

Etwas surrte durch die Luft.

Dann abermals.

Und es surrte von allen Seiten.

Eine Unmenge an Pfeilen durchschnitt den Äther. Viele trafen die Araberpferde, andre verletzten die Reiter. Silvio und Álvaro sahen drei oder vier in den Staub sinken. Die Rüstungen verhinderten, dass noch mehr fielen, doch die nicht sehr weit entfernten Schützen wussten, wohin sie zielen mussten.

Das Licht des Nordens

Der arabische Hauptmann schrie vor Wut. Wie alle von seiner Rasse war er ein mutiger und heißblütiger Mann und befahl todesmutig, den Angriff auf das den Fels umgebende Gestrüpp. Die Hauptkolonne und beide Flügel stürmten empor, aber Wolken von Pfeilen brachten ihnen herbe Verluste bei. So sehr Silvio sich umsah, er konnte niemanden erblicken. Jedenfalls war's aber Zeit, die Flucht zu ergreifen.

Als sie auf die Pferde springen wollten, wurden beide von kräftigen Händen gepackt und zu Boden gerissen. Álvaro erhielt einen schweren Schlag, doch seiner Kehle entrang sich kein Laut. Lanzen und Schwerter zielten auf sein Gesicht, und Silvio erging's nicht anders. Dunkelhäutige Männer mit großen Nasen stierten sie an. Einer, vielleicht der Anführer, näherte sich dem Knaben:

„Was hat in dieser Gegend ein Strohkopf verloren?"

Dann wandte er sich an Silvio, der laut und ruhig sagte:

„Wir sind Freunde. Lasst uns keine Zeit verlieren. Mein Name ist Silvio; ich bin gesandt von Paulo in Córdoba. Du bist Marco Aulo oder einer seiner Untergebenen und hast uns als Vertraute zu behandeln."

Der Mann, klein und dick, aber kräftig, blickte aus schwarzen Augen.

„Lasst sie los! Sie gehören zu uns!"

Die Stimme eines andern Bogenschützen gab Alarm:

„Sie kommen hoch! Sie erstürmen den Hang, und die Pfeile halten sie nicht auf!"

Marco Aulo brüllte wie ein Raubtier:

„Drauf! Drauf auf die Hunde!"

Er hatte die Schreie noch nicht ausgestoßen, da fielen schon Schimmelhengste mit langen Mähnen über sie her. In silbernen Kürassen, mit Turbantüchern umwickelten Helmen, Beinschienen und Rundschilden sprengten die Reiter mit eingelegten Lanzen gegen die Bogenschützen vor. Silvio stieß sein Schwert einem Araberpferd in den Leib. Das knickte ein; sein Reiter fiel zu Boden. Bevor er sich aufraffen konnte, stach der Sohn des Liuwa ihm sein Kurzschwert in den Hals. Es war das erste Mal, dass er tötete, und

Álvaro passte diese Neuigkeit in sein Leben ein, indem er an Brunhild dachte. Sie, Sklavin der Eindringlinge, verdiente, gerächt zu werden.

Weitere Reiter drängten heran, doch die geschickten Bogenschützen holten sie von den Pferden. Marco, Silvio und ein paar andre Männer sprangen herbei und versetzten ihnen den Gnadenstoß. Es war die Stunde des Todes, und den Tod fand der größte Teil der arabischen Reiter an diesem Ort.

Einige wenige ergriffen die Flucht. Silvio lief dorthin, wo der junge Álvaro es mit einem neuen Gegner aufgenommen hatte, einem Riesen, der, das Schwert in der Faust, sich gegen die Wut des Knaben zu verteidigen suchte. Und der Sohn des Liuwa, ohne Panzerhemd noch Helm noch Schild, ließ allein mit seinem Kurzschwert den Vorhang der Nacht über die Augen des Kriegers sinken. Silvio und Marco wollten's nicht glauben: David gegen Goliath. Dieser Knabe, fast noch ein Kind, besaß einen Mut, dem nicht beizukommen war.

„Marco! Sie hauen ab!", rief einer.

Der Anführer bestieg den Fels, um die Ebene und den Weg nach Córdoba zu überblicken: Kaum ein Dutzend Reiter jagten auf dem Rückzug davon. Die Niederlage der Muselmanen war komplett.

„Sie werden schnell Meldung machen", sagte Marco Aulo. „Es gilt, keine Zeit zu verlieren."

So war's. Und die beiden Flüchtlinge aus Córdoba reihten sich dem Trupp der Bogenschützen ein. Aller Augen ruhten auf ihnen, besonders auf dem Knaben. Nie hatten sie solchen Mut gesehen bei einem so jungen Menschen. Viele waren keine „Strohköpfe" gewohnt in dieser Gegend, und noch mehr wunderten sie sich, ihn so wenig gotisch gekleidet zu sehen, nur mit einem leichten Mantel angetan, ohne Hosen oder irgendwelchen Schmuck.

Auf dem Eilritt in Richtung Mérida hörte Álvaro, wie Silvio zum Anführer sagte:

„Ihn beschützt Paulo, und ich tu's in seinem Namen. Er ist auserwählt von Gott."

Marco, der seinerseits den Blick nicht abwandte von ihm, bemerkte:

„Er weiß sich sehr gut selbst zu verteidigen. Doch wir werden ihm helfen."

Athalas Plan

In Munuzas Palast zu Gijón wuchs der Unmut. Die Soldaten trieben zu wenig Tribut ein, die Steuereinnahmen sanken, und der Statthalter besänftigte seinen Zorn mit Akten der Grausamkeit, wobei er auch vor öffentlicher Bestrafung der eignen Leute nicht haltmachte. Die Einheimischen entwischten heimlich, wenn die Steuereintreiber kamen. Es fehlte auch nicht an blutigen Auftritten der Asturer, die die Kompanien auf steilen Bergpässen angriffen, in unwegsamen Wäldern und an entlegenen Orten, wo die Maurenseele von Todesangst gepackt ward.

Den Invasoren gebrach es nicht an Kühnheit, doch das Territorium, das sie beherrschen wollten, war ihnen völlig unbekannt. Es gab keine Städte, in denen sich Verträge abschließen ließen, und keinen reichen Adel, mit dem man Privilegien teilen oder auf den man zählen konnte, wenn's drum ging, das niedere Volk in Schach zu halten.

Über die Asturer machte sich Munuza keine Illusionen: Sie waren ihm letztlich feindlich gesonnen, ein Volk ohne innre Spaltung, anders als der Süden Hispaniens. Er musste diesen Haufen Ungläubiger seiner verdienten Strafe zuführen. Doch murrten seine eignen Truppen ob der Dürftigkeit ihres Soldes. Sie erhielten nicht, was ihnen zustand, denn es gab zu wenig einzutreiben; auf der Eintreibung aber beruhte nun mal die Kalifenmacht. Munuza konnte Aufstände unter seinen eignen Berbersoldaten erwarten, die sich nicht sanftmütig ungerecht behandeln ließen. Man müsste also Al-Qama, seinen Vorgesetzten, der in *Asturia cismontana*, nicht weit von Legio, saß, auffordern, eine Strafexpedition gegen die Asturer zu entsenden. Munuza schwankte noch. Athala aber wusste bei einer Zusammenkunft mit ihm, die Sache voranzubringen.

„Sende mich hin zu ihm, Herr Munuza", sprach er. „Wenn Pelayo bei den Asturern so großes Ansehen genießt, wird deine Ehe mit seiner Schwester den Pakt bekräftigen. Pelayo ist der Sache abgeneigt und hütet die Jungfrau wie einen Trumpf, um dich zu reizen und scharf zu machen. Ich aber weiß, wie du dich ihrer bemächtigen kannst, mit oder ohne seine Zustimmung und im Einklang mit deinem und meinem Gott. Er ist dein Vasall, und er ist ein Aufrührer. Einem aufrührerischen Vasallen darf sein Herr Eigentum und Rechte nehmen. Die Vormundschaft über seine Schwester, die er seit dem Tode Fáfilas innehat, muss ihm wegen Ungehorsams gegen seinen legitimen Herrn entzogen werden."

Munuza blickte ihn gereizt an. Er war Kriegsmann und kein juristischer Prozesshansel. Deshalb sagte er:

„So habt ihr Goten euer Reich verspielt: indem ihr eure Kleriker auf den Konzilen Spitzfindigkeiten austüfteln ließet und dabei den Gebrauch des Schwertes verlernt habt."

Athala war nicht zu beirren:

„Stelle Pelayo auf die Probe. Schicke ihn in irgendeiner Sache fort von hier. Gehorcht er nicht, so hast du allen Grund, von Al-Qama das Eingreifen seines Heeres zu verlangen, um deine Ehre zu retten und deine Befehlsgewalt durchzusetzen. Ist Pelayo erst unterwegs, sind deinen Ansprüchen keine Grenzen gesetzt."

Munuza grübelte wilden Blickes.

„Wirst du selbst gehen, Athala?", fragte er.

„Wenn du es wünschst, Herr, werde ich's tun. Befiehl, und ich mache mich sofort auf den Weg."

Munuza lehnte sich aus dem Fenster und betrachtete die weite Bucht, in der sich die Wellen des Nordmeeres brachen.

Ein weiter Sandstrand reichte bis zu den dichten grünen Wäldern, die er bezwingen wollte und darüber sich riesige Gebirge auftürmten. Klein war dagegen der Platz, den er besetzt hielt und der von Schiffen des Südens angelaufen wurde. Dass von der Seeseite Hilfe käme, dünkte ihn unwahrscheinlich, von den Asturern aber erzählten die Berber schlimme Dinge. Wie oft waren sie schon überfallen worden von Leuten im Sagum, dieser schwarzwollenen Tunika, mit buntbemalten Gesichtern und dem entsetzlichen Kriegsgeschrei.

„Tu's", sprach Munuza endlich. Er musste diesen Anführer loswerden, der imstande war, die „Wildesel", wie er sie nannte, unter sich zu einen.

Athala atmete auf. Er hatte den Mauren dort, wo er ihn haben wollte.

„Erteile ihm den Auftrag, nach Córdoba zu reisen, wo sich der Disput der Christen untereinander zuspitzt. Damit schlägst du zwei Fliegen mit einer Klappe: Du machst ihn zum Mann deines Vertrauens, was seiner Eitelkeit schmeichelt. Und seine Eskorte wird ihn überwachen. Ich mache ihm klar, dass er, wenn er nicht als freier Mann reisen will, es als Gefangener tun wird. Der Vorwand für das Unternehmen wird sein, dass er Christen rekrutiert, die in deinem Auftrag die Heiden dieser Gegend bekämpfen sollen."

Munuza zeigte sich zufrieden:

„Geh und suche ihn auf!"

Das Versprechen

T<small>EUD SAH SIE IM</small> S<small>ONNENLICHT</small>, das Antlitz umspielt vom Blondhaar. Sie schaute ihn an mit einer Sanftmut, die durch in den letzten Monaten gemeinsam durchlittene Strapazen an Tiefe nur noch gewonnen hatte. Adalsind war dem Fluss entstiegen und zeigte sich in ihrer ganzen Pracht. Am Ufer lagen Kleid und Kettenhemd. Trotz ihrer Keuschheit, oder gerade wegen ihr, zeigte sie keine Bedenken, sich von Teud nach dem Bade nackt sehen zu lassen. Die Linien ihres Körpers prägten sich ihm für immer ein.

„Teud, mein Freund und Seelenbruder", sprach sie mit einem übernatürlich scheinenden Glanz ihrer blauen Augen, „Teud, sag', wollen wir nicht heiraten?"

Der Junge sank vor ihr aufs Knie. Er wusste bereits um die Sitten der Asturer und dass es bei ihnen die Frauen waren, die den Eheantrag machten.

Adalsind zeigte ihm einen kleinen glänzenden Edelstein unbekannter Art.

„Immer habe ich dich fragen wollen, und nun hab'ich's getan. Schau, was ich auf dem Grund des Flusses gefunden. Vielleicht ist's ein Zeichen des Himmels. Ich schenke ihn dir, wie ich dir Körper und Seele schenke, wenn mein Bruder einverstanden ist."

Der Edelstein glomm in magischem Schimmer. Auch Teud deutete ihn als Zeichen des Himmels. Er fragte:

„Wird er zustimmen?"

Da erschallten Stimmen aus dem Dickicht und weckten sie aus ihren Träumen. Die Männer der Eskorte riefen einander, und aus der Nähe kam Hörnerschall. Adalsind lief nach ihren Kleidern, und kurz darauf erschienen Nicer und Pelayo.

„Wir müssen eilen. Die Mauren kommen", sagte drängend der Sohn Fáfilas.

Alles griff zu den Waffen und lief zu den Verstecken, die Chaldäer zu erwarten. Die Verschnaufpause war vorüber.

Der Statthalter ruft nach Pelayo

Umgeben von Mauren, trug Athala selbst die weiße Flagge. Er kam als Parlamentär.

„Dies ist die Sendung, mit der unser Herr Munuza dich beehrt. Du bist zu ihr verpflichtet als sein Diener und Tributpflichtiger des Kalifen."

Pelayo hatte die Einzelheiten der Mission schweigend vernommen. Die an seiner Seite: Abieno, Teud, Nicer und andre, schrien vor Wut. Sie sahen klar, was der Verräter Athala als Bote Munuzas im Schilde führte: Pelayo zu trennen von seinem Volk und – von seiner Schwester.

„Verflucht sei auf ewig, Athala", brüllte Nicer, „der du zum Chaldäerknecht geworden bist. Eine Schande fürs Gotenvolk und eine Schande für alle Christen."

Athala wollte den braven Asturer anfahren, doch der wich keinen Zoll zurück. Die Hand am Schwertgriff, musste er sich beherrschen, ihm nicht den Schädel zu spalten.

Pelayo hob die Hand und sagte:

„Nicer, treuer Freund. Wir müssen vergessen, wer heute den Herold macht, und unsern Ekel zügeln. Denn ich habe dieser Botschaft und dem Herrn, der sie sendet, zu entsprechen. Athala ist nicht mehr mein Freund, aber es gibt einen Vertrag zwischen Munuza und mir, und Verträge verpflichten."

Daraufhin ließ er sich die Rolle geben, darin der Befehl Munuzas in arabischer und lateinischer Schrift aufgesetzt war. Er las diese gültige Version mit dem Siegel des Statthalters laut vor. Pelayo hatte nach Hispanien zu gehen und so viele Christen wie möglich zu rekrutieren. Gegen guten Sold und einen beträchtlichen Anteil an der Kriegsbeute sollten sie unterm Banner des Kalifen gegen *al Mayus* kämpfen – das waren die Heiden –, nicht aber gegen ihre eignen Glaubensbrüder. Es gab viel von diesem *Mayus* bei den Basken, weniger in Kantabrien und Asturien.

Pelayo und die Seinen berieten sich, ohne dass ihre Worte vom Verräter Athala gehört werden konnten, der, abseits stehend, auf Antwort wartete. Schließlich beendete Pelayo die Debatte, hob die Hand und sagte laut:

„Ich werde der Forderung deines Herrn Folge leisten. Ich breche auf nach Gijón."

Nicer, Abieno, Teud, seine Schwester Adalsind, alle riefen zugleich: „Wir begleiten dich!"

Doch Athala rückte auf seinem Ross einige Schritte heran und sagte mit Bestimmtheit:

„Habt ihr nicht die Worte des Befehls vernommen? Munuza will, dass du jetzt mit mir kommst, und zwar allein. Dich können höchstens zwei Personen deiner Wahl begleiten."

Teud rief: „Das ist eine Falle. Herr, geh nicht!"

Adalsind ergriff den Arm ihres Bruders, als wollte sie der Überzeugung ihres Verlobten beipflichten.

„Ich muss gehen", sagte Pelayo. „Ich bin Mann eines einzigen

Wortes, und wenn Munuza von gleicher Art ist, hat Gott uns beiden nichts vorzuwerfen."

Die Gesichter seiner Freunde verzogen sich schmerzlich.

In Athalas Augen aber blitzte es. Alles lief für ihn nach Plan.

Bald stand das Pferd des Asturerführers bereit. Der umarmte Adalsind; dann tat er dasselbe mit den andern Anwesenden.

„Dieser Athala will *mich*, mein Bruder", sagte die Jungfrau. „Und ich fürchte, Munuza ebenfalls. Sie wollen uns trennen. Es gilt als Kriegsrecht, die Frauen der Besiegten zu nehmen, mit ihnen Kinder zu zeugen und so die Invasion unumkehrbar zu machen."

Don Pelayo überlegte:

„Es gibt zwei Möglichkeiten, und schlecht sind beide. Wenn du mich begleitest, so trage ich dich in den Schlund des Wolfes. Bleibst du, selbst unterm Schutz von Teud, Nicer, Abieno und den andern, so kann er über euch herfallen und, falls er siegt, dich gefangennehmen und als schutzund herrenlose Jungfrau reklamieren. Ich kenne ihre Gesetze gut, und das ist's, was Munuza tun wird."

Da sagte Teud:

„Also lasst uns Munuza vor den Wolfsrachen laufen. Das Gute ist, dass er uns nicht trennen kann. Ich habe geschworen, für Adalsind mein Leben zu geben. Gemeinsam können wir erfahren, was er vorhat, dieser Barbar. Wir erfüllen den Auftrag und kehren nach Asturien zurück an unsre Aufgabe. Wenn Munuza uns in Gijón oder unterwegs an einem andern Ort auseinanderbringen will, so bricht er sein Wort, und wir haben das Recht, uns zu widersetzen."

Adalsind blickte in Liebe auf ihren Verlobten, um dann zu sprechen:

„Auch ich ziehe es vor, dass wir Drei uns nicht trennen. Und wenn wir ihm geradewegs in den Schlund laufen, so sterben wir gemeinsam im Kampf gegen diese Bestie."

Da fällte Pelayo die Entscheidung:

„Einverstanden. Ihr kommt mit! Wenn Munuza dich anfasst, oder wenn der Hund Athala es wagt, so werden sie sterben, – sie oder wir."

Und zu dritt brachen sie auf, um Athala nach Gijón zu folgen.

Das Licht des Nordens

In Mérida

Die Stadt Mérida war groß, reich an Palästen und nicht weniger stolz als Toledo oder Córdoba. Aufgrund von Verträgen sprang hier die Gegenwart der Mauren weniger ins Auge. Teile der Umgebung wurden wieder bepflügt und beweidet, was alten imperialen Glanz wenigstens erahnen ließ. Die Einwohner trugen sich römisch, und gotischen Kirchen der einfachsten Bauart, die zeigten, wie sehr die Zeiten sich gewandelt hatten, standen noch alte Statuen und Prachtbauten gegenüber. Weit westlich vor den Toren Lusitaniens gelegen, streckte die Stadt zugleich ihre Fühler nach Norden aus, nach Galicien, woher allerdings nur dunkle und verworrene Nahrichten kamen.

Als die Reiter die Außenbezirke erreichten, liefen zerlumpte Kinder zusammen, was Silvio besorgte, denn trotz der Autonomie der Stadt konnten Neuankömmlinge die berberischen Gewalten aufmerken lassen. Álvaro wunderte sich, auch hier Bettlern in großer Zahl zu begegnen, die erhobner Hände um ein Stück trocknes Brot flehten. Reiche Senatoren ließen sich den Weg durch die Menge bahnen von ihrem Geleitschutz, der mit der Peitsche dreinschlug, als handle sich's um Unkraut. Silvio, Álvaro und die andern Reiter bogen in Gässchen ein, darin Bordelle sich breitgemacht und Frauen sich Männern jeden Standes anboten, darunter auch maurischen Soldaten, die auf Urlaub waren. Álvaro verlor sich in düsteren Betrachtungen darüber, wie tief das Königreich gesunken war. Und dachte dabei auch immer an seine Freundin Brunhild. Es war sein glühendster Wunsch, für die Freiheit seines Volkes, das in so große Schande geraten war, mit dem Schwert dreinzuschlagen.

Bei einem Reitstall machten sie halt und stiegen auf windschiefer Treppe ins Obergeschoss einer Bruchbude, wo sie zu Álvaros Überraschung ein dicker Mann im Ordenskleid eines Geistlichen empfing.

„Im Namen Paulos von Córdoba, Padre, bringe ich dir diesen Knaben", sagte Silvio.

Rötlichen Angesichts betrachtete der riesige Mönch Álvaro eingehend von Kopf bis Fuß, bevor er sprach:

„Du hast viel mitgemacht, Junge. Ich kenne dein Los. Oppa ist uns verhasst wie alle Söhne Witizas, die die Fremden ins Land geholt. Ich bitte dich, Sohn des Liuwa, eine Abteilung von Christen, Goten und Romanen auf ihrem Weg nach Norden zu begleiten, dorthin, wo Galicien aufs wilde Nordmeer schaut. In jenen Landstrichen der Freiheit hast du eine wichtige Aufgabe zu erfüllen."

Awa

Brunhild ward zu den übrigen Mädchen gesteckt. Nachdem sie ins Schwimmbad geführt worden, befahl man ihnen, sich ihrer Tuniken zu entledigen und zu duschen. Andre Sklaveninnen rieben ihnen die Körper ab. Die Neuen mussten gut duften und in ganzem Reiz vor den Herrn treten.

Drum ward Brunhild von einer Schwarzen zu einer Liege geführt, gewissenhaft abgetrocknet und mit parfümiertem Öl eingesalbt, auf dass ihr Körper glänze und Wohlgerüche seine Sinnlichkeit steigerten. Um sie herum wurden andre Mädchen ähnlicher Sorgfalt unterzogen. Einige waren fast noch Kinder, die in eroberten Städten ihren Eltern entrissen worden waren oder bei Vergeltungsmaßnahmen gegen Christen, mit dem Ziel, die Bevölkerung einzuschüchtern.

Manche wollten reden, beherrschten aber weder die lateinische Sprache noch das gängige Romanisch. Sie bildeten fremde Worte, was Brunhild vermuten ließ, dass sie aus dem fernen Norden, Asturien, Kantabrien, dem Baskenland kamen. Viele ähnelten ihr in Haar-, Haut- und Augenfarbe, was den Verdacht nährte, den Ausschlag bei ihrer Wahl habe die Lüsternheit ihres neuen Herrn auf diese Rasse von Mädchen gegeben. Endlich richtete die schwarze Sklavin, sehr schön auch sie, doch etwas reifer, das Wort an Brunhild:

„Sprichst du unsre Sprache?"

Brunhild bejahte.

„Wo kommst du her, und wie heißt du?"

Brunhild klärte sie auf.

„Ich werde dich Brunhilda nennen. Die Betonung fällt mir leichter. Ich dachte, du wärst wie die andern, aus den Barbarenländern. Jetzt ist nicht länger Toledo deine Heimat, so wenig wie mein Dorf und mein Wald im Süden jenseits des Meeres noch *meine* Heimat sind. Nun existierst du nur noch, um deinem Herrn zu gefallen."

Die Tochter Sonnas fragte sie:

„Und wer ist dieser Mann, der so viele Frauen braucht zu seinem Glück? Gibt es nicht eine Einzige, die ihm Lust und Gesellschaft bietet?"

Die Schwarze antwortete:

„Du denkst und redest als Christin. Ich sag' dir seinen Namen: Abdullah. Du bist sehr schön. Ich ahne, du wirst sein Liebling."

Brunhild barg schluchzend ihr Gesicht. Man hatte sie gekauft wie eine Hündin oder eine Stute. Die stolze Tochter des Sonna sah sich herabgewürdigt auf den Rang einfacher Ware, Fleisch, das dazu da war, einem Fremden, einem Ungläubigen Lust zu wecken.

Die Afrikanerin fuhr fort:

„Mich nennen sie Awa. Eigentlich habe ich keinen Namen und besitze nichts. Ich bin nichts als sein Spielzeug. Mach dir klar, Goldköpfchen: Du bist nichts mehr, bist ein Besitz und darfst Gott danken, wenn er dich nicht schlägt."

Im Badesaal erhob sich Geschrei. Eine Rothaarige zeterte in fremdländischen Worten und wollte sich aus den Händen ihrer Bewacherin lösen. Mit heftigen Schlägen befreite sie sich von einer kräftigen Mulattin, und die schrie los auf arabisch. Prompt erschienen Wächter und umringten das aufsässige Kind mit Lanzen. Einer schlug mit dem Schaft auf sie ein. Die Schmerzensschreie hallten von den Wänden wider. Brunhild und Awa sahen der Szene offenen Mundes zu, Brunhild wie gelähmt. Als die Prügel geendet, sagte Awa:

„Die Eunuchenwächter schlagen bis zum Tod, wenn's sich nicht um eine Lieblingsfrau handelt. Um uns alle zu belehren. Wenn sie die Prügel überlebt, bleibt ihr Gesicht entstellt und man wirft sie den Hunden oder den Negersklaven vor. Der Herr hat keinen Spaß mehr an ihr."

Brunhild riss sich die Haare aus:

„Ich will tot sein!"

Awa strich ihr mit den Händen übers Gesicht, doch nicht in tröstlicher Absicht, vielmehr eher lüstern:

„Hübsche, du *bist* bereits tot. So wie ich. Vergiss das nicht!"

In Munuzas Palast

Als Pelayo, Teud und Adalsind in Gijón ankamen, war der Felsen gespenstisch von Küstennebel umhüllt: Die Enge, die das Festland mit dem Hügel verband, darauf sich Munuzas Palast befand, stand unter Wasser. So boten die Gezeiten periodisch eine Wehr zusätzlich zum römischen Bollwerk, das seit altersher eine Halbinsel schützte, die jetzt ein Eiland schien. Nicht weit entfernt ankerten Schiffe mit Dreieckssegeln, und schwache Lichter suchten den Nebel zu durchdringen. Dunkel lag der weite Sandstrand im Abenddämmer, und die maurische Wachtpatrouille, die ihn querte, schien vor Kälte zu zittern. Zweifellos hassten die Männer dieses Küstenland. Auch Athala hasste es, der im Landesinnern geboren war. Die Blicke, die der Verräter auf das Mädchen warf, waren verdrießlich, fast zornig. Adalsind schwor sich, Rache zu nehmen an diesem Geier in Menschengestalt, Rache fürs Gotenvolk.

Ein Floß setzte sie über zur Festung.

Beim Eintritt wurden sie bedrängt, ihre Waffen abzugeben. Pelayo protestierte:

„Das ist keine Art, einen Verbündeten zu empfangen."

Munuza, der in seinem Ehrensessel am Ende des Steinschiffes saß, sagte:

„Dies ist die Art, sich in Kriegszeiten abzusichern. Unser Bund verpflichtet mich, euer Leben zu verteidigen, wenn ihr unter meinem Schutz steht, wie es der Fall ist."

Pelayo musste ihm widerwillig rechtgeben und wies Teud und

Adalsind durch ein Zeichen an, es ihm gleichzutun. Indem er tief Luft holte, kam Munuza zur Sache:

„Du kennst die Mission, mit der ich dich betraue. Du reitest mit der Morgenfrühe los. Dein Ziel ist Mérida. Eine Eskorte meiner Berber gewährt dir Schutz, und du wirst einen Geleitbrief des Kalifen mit dir führen."

Pelayo gewahrte einen wilden Glanz in den Augen des Statthalters.

„Als Eskorte reicht mir die Gesellschaft derer, die du an meiner Seite siehst", sagte der Asturer.

Munuza musterte die beiden Jugendlichen von Kopf bis Fuß, erst Teud, dann, eingehender, die schöne Adalsind:

„Sie bleiben unter meiner Obhut. In Gijón gibt es keine Gefahr für sie hinter diesen Mauern und den Lanzen meiner Soldaten. Sie" – und dabei schaute er voller Geilheit in die himmlischen Augen des Mädchens – „ist meine Braut; erinnerst du dich, Pelayo? Ich warte nur auf deine Einwilligung."

Teud fuhr mit der Hand ans Schwert –, das nicht mehr an seinem Gürtel hing. Sein Mund stieß eine Verwünschung aus. Damit aber weckte er bei dem Mauren nur Heiterkeit:

„Pelayo, großer Gote: Wie erzieht ihr eure Knaben? Wundern wir uns noch, dass das mächtigste Reich der Christen, von Byzanz einmal abgesehen, in unsre Hände fiel? Hohlköpfe und Vielgötterei: die zwei Dinge haben euch ruiniert."

Dem einstigen Schwertführer des Königs Don Rodrigo ging die volle Tragweite der Falle auf, in der er steckte. Ebenso Adalsind, die ohne Umschweife sagte:

„Du verpflichtest meinen Bruder, sein Versprechen zu halten. Du schickst ihn weit von mir fort, und sein Wort, das er niemals bricht, zwingt ihn, dir zu gehorchen. Nun gut, ich, Tochter des Fáfila, verlange von dir diesen Eid: Schwöre bei deinem Gott, dass du nicht Hand an mich legst, noch mich ehelichst, bevor Pelayo von seiner Sendung zurückkehrt!"

Der Statthalter wollte seinen Ohren nicht trauen. Da sprach Athala, der sich keinen Augenblick entfernt hatte:

„Du duldest es, mein Herr, dass ein Mädchen so mit dir spricht? Und willst dennoch von den asturischen Bunt-Gesichtern ernst genommen werden? Als ob sie das Recht hätte, Schwüre von dir zu fordern!"

Der Statthalter wandte sich um und schaute voller Verachtung auf seinen Untergebenen:

„Du Verräter und christlicher Schweinefresser! Jeder, und selbst das Mädchen, haben mehr Recht, so mit mir zu reden als du. In derselben Weise, wie ich Pelagius nach Mérida entsende, befehle ich dir, dass du meine Soldaten begleitest und mit ihnen für seine Sicherheit sorgst."

Allen war klar, dass Munuza Athala von der Jungfrau entfernen und sie für sich haben wollte.

Und Teud?

Athalas Blick bohrte sich in den des Knaben, was dem Statthalter nicht entging. Der schlaue Munuza wusste, dass es zwischen den beiden jungen Leuten etwas gab. Nach kurzem Zögern entschied er:

„Der Junge bleibt ebenfalls in meiner Obhut. Pelagius hat nichts für ihn zu fürchten."

Teud, der einerseits seinen Beschützer Pelayo nicht verlassen wollte, tröstete sich ein wenig mit dem Gedanken, bei Adalsind bleiben zu dürfen. Obwohl beide, genau besehen, in Gijón als Geiseln gehalten würden. Die Lage war heikel, und es gab keinen Weg, den Raubtierkrallen Munuzas zu entgehen. Doch mannhaft trat Teud dem Statthalter entgegen:

„Und was ist mit deinem Wort? Wir haben noch keine Antwort vernommen, Munuza. Adalsind hat dich etwas gefragt!"

Der Maurenführer fixierte die beiden Verlobten wie ein Adler, der im Begriff ist, sich mit dem Vorgeschmack leicht zu erbeutender, saftiger Bissen auf ein Paar von Rehkitzen zu stürzen:

„Unter meinem Schutz befindet ihr euch bereits, und nichts Übles habt ihr von eurem natürlichen Herrn zu fürchten während der Abwesenheit Pelayos. Wenn ihr hier in meinem Hause nichts gegen mich oder den Kalifen anzettelt, sollt ihr gut behandelt werden, und als Bräutigam" – dieses Wort betonte er sehr boshaft – „als Bräutigam werde ich meinem Verbündeten Pelayo die Treue halten, wenn auch er mir sie hält."

Diese von Zeugen vernommene Antwort Munuzas war reichlich gekünstelt, aber Pelayo hatte keine andre Wahl, als sich einverstanden zu erklären. Beide Männer band ihr Wort. Doch die Beute steckte im Schnabel des Adlers.

„Nun könnt ihr euch zurückziehen. Eure Quartiere sind vorbereitet. Morgen früh, Pelagius, gebe ich dir die nötigen Anweisungen."

Während sie über die Gänge zu ihren Lagern geführt wurden, sagte Pelayo fast unhörbar zu Teud:

„Adalsind hat mir den Stein gezeigt, den sie im Fluss gefunden. Meine Schwester und du, ihr gehört einander. Töte jeden, der sie fordert! Nur du wirst ihr Gatte sein."

Teud antwortete: „Du ehrst mich, mein Herr Pelayo. Ich werde ihre Ehre verteidigen, bis du zurückkommst und mir öffentlich deinen Segen gibst."

Die Nacht zog sich hin. Pelayo verlangte, dass sie wenigstens diese Stunden zu dritt in einem Raum zubringen durften. Vor ihre Tür wurde eine Wache postiert. Durchs vergitterte Fenster sah man aufs Meer. Der Palast versank in Stille, während die Stunde der Trennung näherrückte.

Der Harem

DIE SÄLE WAREN SCHWÜL und duftgeschwängert. Das Arom ständig köchelnder Kräuter, fremdländischen Weihrauchs, dazu berauschende Musik, alles verwandelte sie in eine Märchenwelt, eine Art Garten Eden, der dazu bestimmt war, die Wonnen seines Herrn zu wecken. Aber aus der Sicht einer frei und stolz Geborenen war dieses Eden die Hölle, eine Welt des Alpdrucks, darin Sklaverei, Verstümmelung und Qual gängige Münze waren. Während ihres Aufenthalts im Harem hatte sich Brunhilds Leben immer mehr dem

Leben eines Schatten angenähert. Sie hegte den Verdacht, dass man ihr Drogen gab, um in ihr die Neigung zu Unterwerfung und Gehorsam zu fördern, die sie für ihre gegenwärtige Existenz gefügig machten. Tage und Wochen glitten dahin wie schlüpfrige, nicht zu fassende Diebe, die beabsichtigten, ihr die Glaubenswürdigkeit dessen, was sie erlebte, ganz zu benehmen. So sehr es sie auch ekelte, ihrem Herrn, Abdullah, mit wachsender Häufigkeit zu Willen zu sein, noch schwerer fiel's ihr, die Liebkosungen und Schandakte von Seiten Awas zu ertragen, die Frauen mehr zugetan schien als Männern. Das Schlimmste war, dass Awa, die Schwarze, die aus Ländern weit im Süden kam, dorther, wo die große Wüste endet, sich dabei gefiel, ihren Appetit vor den Augen ihres Herrn zu stillen sowie im Beisein andrer Frauen oder auch Eunuchen. In diesem Haus herrschte die Sünde, und mehr als einmal stand die Tochter Sonnas kurz davor, sich das Leben zu nehmen. Doch die Drogen und die peinliche Überwachung durch die schwarze Sklavin hinderten sie daran.

Eines Abends hatte Abdullah, dem muslimischen Verbot zum Trotze, exzessiv getrunken. Schon als er den Palast betrat, war er wütend. Er war der Chef einer arabischen Reitertruppe und hatte den Tag damit verbracht – so erzählten die Sklaven –, Aufstände in den Vorstädten Córdobas zu ersticken. Einer seiner vertrauten Eunuchen, Elio, hatte ihm gemeldet, dass die Hispanier sich über die despotische Behandlung beklagten, die ihnen seitens der neuen Herren der Stadt zuteil ward. Um die Verwirrung voll zu machen, hatten sich auch Berberregimenter erhoben, weil sie unzufrieden waren mit der Verteilung der Kriegsbeute. Zweifellos hatte Abdullah die Straßen mit Blut getränkt und brauchte nun viel Wein und Vergnügen, um sich zu rekreieren. Er war ein gewalttätiger Mann, der seine Ehefrauen und Konkubinen schlug.

Da sie seine Stimme am Ende des Korridors vernahm, zitterte Brunhild bei dem Gedanken, zu ihm gerufen zu werden. Als eine seiner Favoritinnen hatte sie das Bett mit ihm zu teilen. Manchmal zusammen mit andern Sklavinnen und Knaben, denn das machte ihn scharf.

„Der Herr ruft nach dir", sagte Awa. „Mach schnell!"
Sie zog Brunhild die Tunika aus und prüfte, ob ihr Körper auch makellos gesalbt sei. Tatsächlich glänzte Brunhild wie eine Göttin.
„Deine Schönheit wird ihn besänftigen", sagte Awa.
Aber heute hatte Brunhild sich etwas vorgenommen.
„Ich werde mich nicht ganz entkleiden, bis ich allein mit ihm bin", sagte sie. Awa schmunzelte; es schien ihr ein der Liebeskunst günstiger Gedanke. Wild schlagenden Herzens und lockenden Leibes, wenn auch durch die Entbehrungen der letzten Zeit erschlankt, präsentierte sich Sonnas Tochter auf Abdullahs Schlafstatt. Der Eunuch, der mit Lanze und Krummsäbel die Tür bewachte, Nestor, ein Bruder Elios, zwinkerte ihr zu.

Abdullah betrachtete das Mädchen; nicht, wie man menschliche Schönheit bewundert, sondern wie einer, der auf dem Markt Tiere beschaut. Die Geilheit des Muselmanen war maßlos und brutal, und die Getränke zeigten Wirkung.

Er stammelte ein paar unverständliche Worte, etwas von Christenschweinen, Tod und Blut.

„Zieh dich aus, und ein bisschen flott, wenn's geht!" Aber Brunhild ließ sich Zeit und entkleidete sich nicht ganz, was Abdullah zugleich erregte und ärgerte. Jäh riss er ihr das Seidengewebe von den intimsten Teilen. Er ohrfeigte sie und unterband ihre Gegenwehr mit seinen starken Händen.

Ein Wächter, ein bewaffneter Eunuch namens Ali, lachte.

„Siehst du, Ali? Diese blonden Hündinnen brauchen Ketten und eine harte Hand. Denn wenn man nicht aufpasst, machen sie einen Mann zum Eunuchen wie dich."

Und zum Ekel steckte er seine Finger in den Mund des Mädchens, doch so, dass es nicht zubeißen konnte.

„Ihr seid alle gleich: stolz und ungehorsam. Doch ich erziehe dich. Du bist von adliger Herkunft, aber zu mager geworden. Ich werd' dir geben, was du brauchst."

Und Abdullah zwang Brunhild auf die Knie zu einem bestialischen Akt. Das Mädchen widerstrebte, und der Herr rief Ali herbei, auf dass er sie gewaltsam festhalte. Nachdem der Eunuch seine Lanze beiseite gelegt, ergriff er sie von hinten, wobei er sie mit einem freundschaftlichen Blick bedachte.

Der Araber legte ihr die Hände um den Hals und ließ seine Pluderhose herab. Brunhild überwand sich, duldete, dass er sie quetschte und ertrug seinen alkoholisierten Atem, der aus dem zahnlosen Mund kam. Und in dem kurzen Gewand, dass sie noch am Leibe trug, griff ihre Hand nach dem versteckten Dolch. Mit ihm zerschnitt sie den Arm Alis, der zurücksprang und Schmerzensschreie anstieß.

Eine schnelle Bewegung, und Abdullah sprudelte das Blut aus seinem stinkenden Maul. Die riesige Gestalt sank auf dem Bett zusammen. Getrieben von ihrem über Jahrhunderte in den Wäldern Gothiens und Germaniens geschärften Kriegerinstinkt besaß sie Mut genug, den Dolch herauszuziehen und aufs neue zuzustechen, wieder und wieder und mit Lust. Das Schwein, das so oft sie entwürdigt, die Bestie, die ihr unzählige Faust- und Peitschenschläge verabreicht vor und nach dem Verkehr, krepierte jetzt mit offnen Augen, bestürzt, im bleichen Gesicht des Mädchen die Kriegerwut ihres Volkes zu erblicken, die aus den Wäldern des Nordens kam.

Brunhild ergriff mit katzenhafter Gewandtheit den Krummsäbel, der beim Bett in der Scheide hing, und entschlüpfte dem Raum. Nestor, der befreundete Eunuch, raunte ihr zu: „Schnell, dort hinaus!", als auch schon die Wache auflief. Er wies ihr eine Diensttreppe, die sie noch nie betreten, deren Tür aber nach den Pferdeställen und dem Hof hinausging. Dieser Bereich war den Frauen des Hauses verwehrt, da man hier unkastrierte Diener und Wächter antraf. Drum war die Überraschung groß, als hinter einer Säule die schöne, schlanke, aber schreckliche Gestalt Awas auftauchte, die Brunhild peinlich überwacht hatte.

„Du willst doch nicht etwa verschwinden?", rief Awa mit einer Stimme, die fiebrig war wie die einer wachsamen Löwin. Brunhild bedrohte sie mit dem Krummsäbel ihres Herrn.

Awa schien nicht beeindruckt. Die Tochter Sonnas, des Hammers, hasste auch sie. Angewidert erinnerte sie sich ihrer schwarzen Hände auf ihrer Haut, ihrer lasterhaften Liebkosungen, der Drogen, die sie ihr verabreicht, um sie fügsam zu machen, der Rügen, die sie ihr mit der Peitsche in der Hand erteilt wie eine grausame Stiefmutter.

„Glaub' nicht, dass du mir entwischst, du Hündin!"

Brunhild näherte sich ihr und schwang den Säbel.

„Ich habe den Herrn getötet", rief sie.

Auch Awa kam näher, furchtlos, wie's schien.

„Dafür wirst du bezahlen. Die Strafe kannst du dir nicht ausmalen. Es reicht nicht, dich in den Hundezwinger zu werfen oder ins Negerloch. Es wird viel schlimmer kommen!"

Awa war wie besessen. Ein Dämon von Hass und Wut sprang ihr aus den dunklen Augen. Mit verkrampften Händen ging sie auf Brunhilds Hals los. Die aber schlitzte ihr mit Abdullahs scharfem Säbel die Brust auf. Blut überströmte den schönen Leib der Sklavin.

Beim Hieb hatte Brunhild geschrien:

„Nie wieder legst du deine Hände an mich. Verstehst du? Nie wieder!"

„Besteig' diese Kutsche!", rief ihr Elio zu.

Ohne Zeit zum Dank zu haben, sprang das Mädchen auf ein Gefährt, das von Pferden in voller Karriere durch die Straße gezogen ward. Offenbar hatte jemand Brunhilds Flucht vorbereitet. Für Fragen war jetzt keine Zeit. In der Ferne, immer kleiner, kamen unter großem Geschrei Wachleute aus dem Palast gerannt. Die Kutsche flog durch die Straßen Córdobas. Auf dem Bock saß ein alter Mann. Als sie der Gefahr entronnen waren, stellte er sich vor:

„Mein Name ist Paulo, junge Brunhilda. Ich bin gekommen, dich aus der Hölle zu holen."

Eine Zukunft wird geschmiedet

„Bartolomeo, erwache!"

Die Kristallkugel erglänzte. Ihr Irisieren verlieh dem ganzen Steinsaal etwas Bedrohliches. Nicht weniger seltsam aber war die

Frage, die von der Kugel kam.

„Um was, Bruder, kreisen deine Träume?"

Der heilige Mann von Covadonga ließ die erschütternden Gesichte wieder aufleben, die ihm in der Nacht gekommen.

„Verborgene Brüder: Ich habe Engel vom Himmel stürzen sehen nach ihrem Aufruhr gegen den Allmächtigen. Ich sah sie sinken in den tiefsten Abgrund, die Hölle mit ihrer Legion an Verdammten, die vor Schmerzen knirschen. Doch zwischen diese Schreckensbilder schoben sich auch Bruchstücke der Zukunft. Ich habe der Vertreibung des Feindes beigewohnt, seiner Niederlage vor dem Endgericht. Das sanfte Antlitz des Heiligen Jakob blickte mich an, Santiagos: Er kam daher auf weißem Streitross, schwang ein Schwert und trug die Fahne des Heiligen Kreuzes. Und dem großen Krieger folgten Könige nach, majestätische Könige, wie sie einst auf dem Thron von Toledo gesessen. Doch befahlen sie neue Heere und Völker, und in ihren Waffen und Bräuchen waren die Sünden der Goten geläutert."

Die Kugel, oder besser: die Mönche in ihr, sprachen:

„So wird es ohne Zweifel sein. Pelagius schickt sich schon zur Reise an. Er reitet nach dem Süden, und die Señora, die deine Höhle beschützt, wird sich bald für uns verwenden. Wir fragen dich, Bruder: Hast du nicht auch sie in deinen Träumen erschaut?"

Der Einsiedler hatte es eilig zu bekräftigen:

„Gewiss doch. Mir erschien ein Angesicht von Sanftmut und Reinheit jenseits alles Menschlichen. Gelegentlich – Gott verzeihe mir – glaubte ich, eine große Göttin zu erschauen oder eine Fee, die just an diesem Orte wohnt. Seit altersher bringen die Asturer in der Höhle oder am Fluss ihr Gaben dar. Deva ist ihr Name, was soviel wie Göttin bedeutet, und als eine Göttin des Himmels, der Wasser und der Grotten wird sie verehrt. Zu andern Malen schien ich mich der Vision Mariens zu erfreuen, der Mutter des Gesalbten. Dies Frauenantlitz, höher an Würde und Reinheit als jedes Menschenweib, war es, das mir Schutz, Trost und Stärke verlieh. Und dann wieder konnte ich die Señora und Herrin meiner Grotte gerüstet sehen für den Krieg, wie sie Mauren erstach und unter einem

Hagel von Steinen begrub."

Die Okkulten Mönche tuschelten untereinander in einer fremden Sprache. Dann wandten sie sich erneut an Bartolomeo:

„Es passt alles zusammen, und die Fäden verflechten sich. Die Dame wird dein Leben schützen und das der Christen. Sie wird die Freiheit der Asturer bringen, die Rettung *Spaniens*, die Wiederherstellung der Kirche und den Wiederaufbau von Hof und Heer der Goten. All das wird gleichzeitig geschehen und ist ein Stein im Mosaik einer neuen Schöpfungsphase, in der die Menschen sich vereinen werden in *einem* Geist nach all den heutigen Dissonanzen. Fortan musst du deine Suche mit der Kugel auf die Mitglieder unsres Ordens in Mérida richten. Es gibt eine Tür des Verkehrs mit uns in der alten hispanischen Stadt. Pelagius und andre Brüder treffen dort zusammen; so haben wir das Los geworfen."

Aufstände

IN DER ALTEN und stolzen Stadt Mérida überschlugen sich die Ereignisse. Die maurischen Soldaten, die sich zunächst kraft des Vertrags mit den Einwohnern, der aus Mérida eine freie Stadt machte, einer unauffälligen Präsenz gerühmt hatten, wurden immer anmaßender, hochmütiger und despotischer. In Gesellschaft Silvios bekam Álvaro mit eignen Augen den Spott mit, dem ein Priester ausgesetzt war. Die Berber, trotz ihrer Religion betrunken, hatten ihn aus seiner Kirche gezerrt und ihn mit Fußtritten und Lanzenstößen traktiert. Zugleich holten andre singend und lachend einen goldnen Kelch und weitere liturgische Objekte aus dem Gotteshaus. Es gab Aufruhr. Die Christen, die Zeugen dieser Gewalttaten gewesen, stürzten sich auf die Soldaten, warfen Steine und schwangen Knüppel. Die fremden Truppen machten kurzen Prozess. Die Bürger wurden mit Lanzen erschlagen oder mit Wolken von Pfeilen dahingestreckt. Diese grausame Antwort verbitterte die Geister noch mehr. Auch aus andern Stadtvierteln kam die Nachricht: Die Mauren mordeten Priester, raubten Kirchenschätze und töteten freie Bürger. Die Berbertruppen wurden immer zahlreicher, und ihr Hauptmann, ebenfalls betrunken, vervielfachte das Morden. Silvio hatte den Sohn des Liuwa beiseitegenommen.

„Wir halten uns da raus, Álvaro. Unsre Sendung verlangt, dass wir weiterziehen und Hoffnung für das Christentum in Asturien suchen. Gehen wir dem Tumult aus dem Weg!"

So verfolgten sie das Geschehen vom Fenster eines hochgelegenen Stockwerkes aus, wohin sie eine Frau, wohl eine Freundin Silvios, mitgenommen.

Als die Leichen sich häuften auf dem Platz und den anliegenden Gassen, wurde der Hufschlag von Pferden laut, und es erschien ein Sonderkommando arabischer Elitereiter. Es teilte den Tod aus nach rechts und links und richtete selbst Mauren hin. Das geschehe wohl auf Befehl des *Raids*, meinte die Frau. Der arabische Kommandant hasste Christen und Berber gleichermaßen, und waren letztere auch seine Untergebenen, so mussten deren Exzesse ihm zu Ohren gekommen sein. Bald war kein einziger Maure mehr am Leben, doch eine aufgebrachte Volksmenge, bewaffnet mit Knütteln, Messern, Äxten machte sich über die hochtrabenden Reiter Arabiens her. Nichts nützten ihnen ihre Rüstungen, die Überlegenheit ihrer Waffen oder die Kriegserfahrung: Sie erlagen der Welle eines empörten Volkes, das teils selbst aus ehemaligen Kriegern bestand. Angesichts des Gemetzels am Sonderkommando, das der schon berüchtigte Raid gesendet, rief die Freundin Silvios:

„Sie werden all diese Häuser durchsuchen! Seht zu, dass ihr schnell fortkommt von hier."

Silvio legte ihr liebevoll die Hand an die Wange und machte sich mit dem Knaben über die Hinterhöfe davon.

Begegnung mit Paulo und Brunhild

Der dicke Mönch erwartete sie in der Krypta.

„Das heutige Morden wird eine Welle der Unterdrückung nach sich ziehen", sagte er zu Silvio und Álvaro. „Die Moslems werden sich im Recht glauben, Verträge zu brechen, die sie in Wahrheit von Anfang an verletzt haben. Sie geben vor, die Gewalttaten verdankten sich unkontrollierten Soldaten, und Araber und Berber beschuldigen sich gegenseitig. Aber sie werden das Volk auch glauben machen, Christen planten eine Erhebung."

Hier wandte Silvio ein: „In Mérida, wo die Bürger außer Knütteln und Messern keine Waffen besitzen, kann ein Aufstand nicht von Dauer sein."

„Richtig", entgegnete der Mönch. „Deshalb wenden wir uns nach Norden. Dort leben Völker noch unbehelligt im Schutze riesiger Gebirge." Er sah Álvaro an. „Doch, mein Freund: Wisse zunächst, dass Brunhilda frei ist. Sie ist unterwegs hierher und wird mit uns zusammentreffen. Gott schütze den Greis, der sie begleitet, vor Mauren und Übeltätern. Viel hat deine Freundin, die auch die unsre sein wird, gelitten. Der Herr aber sagt, das Leid sühnt die Sünde der Welt und führt zur Seligkeit."

Álvaros Augen erstrahlten.

„Brunhild ist frei? Sie kommt hierher?"

Silvio aber mahnte:

„Mérida ist kein sichrer Ort. Und der Weg hierher ist weit und voll von Raubzeug!"

Da begab sich der Mönch in einen Winkel der Krypta, hob dort ein Tuch auf und enthüllte eine magische Kugel.

Schatten und Irisieren. Nach einem Aufflackern Bilder, die allmählich an Klarheit gewannen. Zunächst waren's nicht die, die der Mönch erwartete. Statt ihrer spukte ein junger Mann auf, blond und in der Tracht der Goten.

„Lasst sie! Ihr habt kein Recht dazu!"

Das Geräusch von schweren Riegeln. Dann die Stimme eines Mädchens:

„Du wirst das büßen, Munuza! Du hast den Pakt gebrochen!"

Maurische Soldaten packten sie, die sich heftig wehrte. Währenddessen versuchte der Junge vergeblich, seinem Gefängnis zu entkommen. Doch die Riegel vereitelten es.

Das Mädchen schrie jetzt laut:

„Teud! Teud! Niemand wird uns trennen!"

Und der Knabe rannte unnützerweise wild gegen die Tür: „Munuza, Verräter! Das wird dein Ende sein! Adalsind! Pelayo wird dich rächen!"

Als er den Namen Adalsind vernahm, war der Mönch wie elektrisiert und blickte verblüfft Silvio und Álvaro an. Die Kugel aber zeigte schon eine andre Szene: Paulo auf seinem Kutschbock.

Er wirkte erschöpft und angespannt. Und sprach zu jemandem hinter sich im Wagenkasten:

„Ich habe das Gefühl, wir werden beobachtet."

Von hinten, außerhalb des Sichtfeldes der Kugel, kam eine weiblich Stimme:

„Glaubst du, hier gibt's Räuber?"

Kaum hatte Álvaro die Stimme vernommen, so rief er: „Brunhild!"

„Freunde", sprach der Mönch, „Paulo, einer meiner Mitbrüder, ist zu schwach, das Mädchen bei Gefahr zu verteidigen. Ich bitte euch, Silvio und Álvaro: reitet ihm entgegen. Ich gebe euch eine kleine Eskorte mit und meinen Segen, und der Himmel schenke, dass wir alle uns hier bald wiedersehen, um nach Asturien aufbrechen zu können."

Wenig später standen die Pferde bereit, und vier Männer schickten sich auf Befehl des Mönches an, Silvio und Álvaro bei ihrem Ritt zu begleiten.

Gattin oder Sklavin

„Bastarde! Ihr habt den Pakt verletzt. Munuza, ich schwöre bei Gott dem Allmächtigen, dass ich dich umbringe!"

Teud trat vergeblich gegen die Tür des Raumes, der jetzt zur Gefängniszelle geworden. Adalsind ward über Treppen nach unten gezerrt. Der Verrat war im Gange. Der Statthalter von Gijón würde sie zur Ehe zwingen, ohne Einwilligung des Mädchens und ohne Erlaubnis ihres rechtmäßigen Vormunds, keines Geringeren als Pelayo. Der einstige Leibwächter Don Rodrigos befand sich, sehr zum eignen Bedauern, auf dem Weg nach Süden in der unangenehmen Gesellschaft Athalas und andrer maurischer Aufpasser. Teud war blind vor Wut und Ohnmacht. Das Fenster seiner Zelle erwies sich als zu eng und vergittert, als dass ein Ausbruch möglich gewesen wäre. Draußen gemahnte ihn das weite Nordmeer, dass er einmal frei gewesen, er und sein Land, frei von Invasoren. Aus seinen Fäusten quoll Blut. Nichts konnte er tun, seine Geliebte zu retten. Für den Augenblick nichts.

Im weiten Empfangssaal des Palastes wartete der aufgeputzte Munuza. Ringe und Gehänge schmückten seinen Körper wie zu einem Festtag. Seine grünlichen Augen blickten lüstern. Als er seinen großen Mund mit dem strahlend weißen Pferdegebiss öffnete, steigerte sich der Ekel der notgezüchtigten Braut ins Unermessliche. Ein *Al Faqih*, ein muselmanischer Rechtsgelehrter mit weißlichem Bart und heller Gesichtsfarbe, vielleicht ein Syrer, wartete an der Seite des Statthalters mit einem Buch in der Hand. Als Adosinda herangeführt ward, riefen die Bediensteten in ihrer Sprache *„Allahu akbar!"*

Adalsind sah Munuza an mit dem Wunsch, ihn zu töten:

„Mich gegen den Willen meines Bruders zu ehelichen ist ein Verbrechen auch nach dem Gesetz deines Propheten", sagte sie.

Munuza lächelte in vorgetäuschter Ruhe, um dann zu äußern:

„Ich habe dir eine Frist gegönnt für deine Bekehrung zum Koran. Du hast sie verweigert. Als Tochter eines besiegten Volkes darf ich dich als mein Eigentum betrachten. Bleibst du Christin, wirst du meine Sklavin sein, vielleicht meine Lieblingssklavin. Bekennst du dich zu Allah, mache ich dich zur Ehefrau. Ich bin sehr gnädig zu einer Person, die auf jede erdenkliche Weise *mein* ist."

Adalsind spie ihm ins Gesicht.

„Ich gehöre niemanden, du räudiger Hund. Ich bin von gotischem Adel, frei geboren und gehöre zur Rasse der Asturer. Niemand legt Hand an mich, ohne dem Tode zu verfallen!"

Die Worte hallten fürchterlich wider. Kaum glaublich war's, dass sie von einem so jungen, so schönen Mädchen herausgeschleudert wurden. Mit dem Ärmel trocknete Munuza sein beleidigtes Gesicht. Seine Augen waren unendlich zornerfüllt.

Er ergriff sie beim Hals. Anfangs zart, lüstern und vor den Blicken aller. Dann aber verkrallten sich seine Finger in ihre Haut, ihre Wangen und fuhren ihr in den Mund. Vergeblich versuchte sie erst, die Lippen zusammenzupressen, dann ihn zu beißen. Er lachte nur, während seine Wächter sie in niederträchtigster Weise festhielten. Schließlich zerriss er ihre Kleider und entblößte sie vor aller Augen.

„Ob als Sklavin oder Eheweib, egal: Du wirst mir zu Willen sein!"

Die Schlange

Athala schaute auf die Höhen. Von jeher hatte er dies Land gehasst. Die riesigen Berge wiesen ihn ab als einen Fremden. Zurückgedrängt von den Franken, hatten die Krieger seines Volkes vergeblich versucht, die wilden Asturer zu bändigen. Von überall her konnten sie bewaffnet herabsteigen und ihnen Hinterhalte legen. Jede Anhöhe war geeignet gewesen, sie unter Steinwürfen zu begraben. Nein, Athala sehnte sich nach dem Süden, nach Gold, nach dem üppigen Leben in der Stadt. Die hiesige Luftfeuchte, der graue Himmel über dunklen Wäldern und hohen Felsen, die gesamte Landschaft erschien ihm als die Hölle.

Ebenso dachten die Mauren, die Pelayo begleiteten. Es waren Berber aus Nordafrika vom kriegerischen Stamm der Nefta: hohe, kraftvolle Gestalten, denen Angst unbekannt war und die erst jüngst den Glauben des Propheten angenommen. Einige mochten insgeheim noch Christen sein, doch die Aussicht auf schnelle Kriegsbeute begünstigte den Übertritt. Von brauner Haut, dicht gekräuselten Haares und stolzer Haltung, waren sie aus ihren fernen nordafrikanischen Bergen herabgestiegen, wo sie Hammel gezüchtet, stets die Waffen bei der Hand. Gelockt hatte sie das Versprechen unermesslicher Reichtümer und blühenden Grundbesitzes in einem unterworfenen Hispanien oder Frankonien. Doch dieses Versprechen ward nicht eingelöst, und etliche fühlten sich geprellt von angeblichen Verbündeten, die sich aufführten wie ihre harten Herren: den Arabern.

Eine gute Strecke lang hatten Pelayo und Athala kein Wort miteinander gewechselt. Nachdem sie aber die engen Pässe hinter sich gelassen, die zur Hochebene der *Meseta* führten, begann der abtrünnige Gote zu reden:

„Diese Gegend haben weder die Cäsaren Roms noch unsre Gotenkönige als Teil Hispaniens angesehen. Aber nicht, weil das Barbarenvolk so tapfer seine Unabhängigkeit verteidigt hätte, sondern weil sich niemand ernstlich für dieses Räubernest interessiert unter seinen hohen Bergen an einem Nordmeer, an dem nur barbarische und blutdurstige Völker wohnen."

Pelayo schwieg. Die Provokationen eines Verräters durften Munuza keinen Anlass geben, einseitig den Vertrag zu brechen. Athala aber biss sich nicht auf die Zunge:

„Ihr lebt in der Illusion, frei zu sein, aber wer ist schon frei? Alles steht im Himmel geschrieben, und viele Christen erkennen bereits die Übereinstimmung der Lehren des Propheten mit denen von Jesus. Es spricht von großer Beschränktheit, Pelayo, dass du Adalsind in der neuen Religion nicht hast belehren lassen wollen, um sie mit Munuza zu verheiraten. Eine Ehe zwischen den Anführern der Völker würde den Frieden besiegeln, und du würdest nur neue Rechte gewinnen."

Pelayo schwieg wie ein Grab. Doch nun veränderte sich Athalas Ton, ähnelte sich dem Zischen einer Schlange an, die am Boden einherkriecht:

„Es sei denn", ließ Athala fallen, „wir bedenken eine andre Möglichkeit. Wenn es Religion und Blut sind, die eine Ehe als Friedensbund verhindern, vielleicht gefällt dann dem Statthalter eine Hochzeit Adalsinds mit mir, falls wir ihm eine Entschädigung bieten."

Endlich blickte Pelayo dem Verräter voller Wut und Ekel ins Gesicht:

„Hast du deine Bemühungen noch nicht aufgegeben, stinkige

Ratte? Gibt es eine größere Ehrlosigkeit als die, dass ein Verräter wie du Anspruch auf die edle Adalsind anmeldet?"

Athala lachte laut ins weite Ödland hinaus:

„Wenn deine Schwester mit mir das Lager teilt, wird der Sohn, der unserer Verbindung entspringt, an Munuza gegeben, auf dass er als Moslem erzogen werde, ganz im Sinne des Kalifen."

Don Pelayo verfluchte ihn, doch Athala antwortete nur:

„Bedenke, du Tor: Jeder von uns hat seinen Part zu spielen. Meinen kenne ich und wünsche deiner Schwester nur Gutes, auf dass sie nicht ihren Rang verliere. Was ich dir anbiete, ist ein Band der Vereinigung von Völkern."

Die Schlange Athala schloss ihren Mund nicht, zeigte vielmehr ihre lange, geschlitzte und giftbefrachtete Zunge.

„Schweig, du Schwein, auf dass ich dich nicht schlage und unsere Mission verderbe!"

Das waren die Worte Pelayos. Athala nahm sein Pferd zurück und verbrachte mehrere Meilen in enger Gesellschaft mit den Mauren.

Die Ebene dehnte sich fast unendlich, braun und eintönig, ohne den Blick zu begrenzen. Das asturische Herz Pelayos zog sich zusammen, während das Athalas sich weitete. Das Jenseitige Asturien lag in ihrem Rücken.

Ikko und Alfakay

STUNDEN WAREN VERGANGEN, als der Riegel vor Teuds Gefängnis zurückgeschoben wurde. Zwei Wachmänner stellten ihm einen Teller mit Linsenbrei auf den Boden und verschwanden wieder. An Flucht war nicht zu denken gewesen, denn einer hatte bedrohlich die Lanze auf ihn gerichtet. Und gewiss gab es noch mehr Wächter im Gang und im ganzen Palast. Der Brei schmeckte scheußlich, war aber am Ende nicht zu entbehren. So gingen Tage hin, nur unterbrochen vom Besuch der Gefängniswärter. Einer der beiden war ein Berberjunge, der Teud merkwürdig anschaute. Er war in seinem Alter und blickte nicht so wild und misstrauisch drein wie die andern. Eines Nachts kam er allein, ohne die Begleitung seines bewaffneten Kumpanen. Er brachte Wasser und saubere Kleidung.

„Unternimm nichts gegen mich", sagte er. „Ich bin dein Freund."
Teud antwortete ihm:
„Ein Freund, der mich gefangenhält?"
Der Junge warf einen flüchtigen Blick zur Tür und sagte:
„Ich heiße Alfakay. Ich will dir helfen. Ich bin dein Bruder."
Teud fragte verwundert:
„Ein Junge vom Invasorenvolk – mein Bruder?"
Der Berber machte mit den Handtellern eine besänftigende Geste. Seltsamerweise sprach er ein fehlerfreies Romanisch, was auffallen musste.

„Wir haben jetzt keine Zeit für Erklärungen. Zieh' diese Sachen an, und man wird dich nicht mehr als Goten erkennen. Vergiss nicht, dein Gesicht zu verdecken. Die Nacht ist kalt und feucht, da fällt's nicht auf, wenn du dich einhüllst."

Teud dachte an tausend Sachen zugleich. Wollte sein Wärter ihn wirklich retten? Ihn aus Munuzas Palast befreien? Um welchen Preis? Und mit welcher Absicht?

Nachdem er in weite Kleider und einen dicken Überwurf nach Art der Mauren geschlüpft, dazu noch einen Kopfputz von Tuch drapiert, der nur die Augen freiließ, führte Alfakay ihn hinaus, den Gang entlang zu einem Treppenabsatz. Aus einer Art Schrank griff er zwei lange Lanzen von Munuzas Wachmannschaft. Jetzt sah es aus, als machten zwei afrikanische Soldaten ihre Runde durch die Gänge der Festung. Sie gelangten zum Waffenhof, und niemand hielt sie auf.

„Es ist die Zeit der Ablösung", erklärte Alfakay. Niemand wird Fragen stellen."

Teud aber hatte andres im Sinn:
„Was ist mit Adalsind? Ich muss sie suchen!"
Der Berberjunge schaute ihn aus seinen grünlichen Augen an und fasste ihm fest beim Arm, wie um ihm Mut zu machen:
„Wir retten sie."

Ohne dass sie von jemandem belangt wurden, stiegen sie eine Wendeltreppe empor, die zu einer verschatteten Tür führte. Dort wartete ein Mädchen, etwa im gleichen Alter wie Alfakay.

„Hast du's ihm gegeben?", fragte er.

Obwohl es nicht als Christin gekleidet war, antwortete das Mädchen ebenfalls in jenem Romanisch, wie man es in ganz Hispanien hörte:

„Er schläft wie ein Baumstamm. Aber ich bekomme die Riegel nicht auf."

Sie traten ein und sahen eine Wache am Boden liegen. Es gab da eine kleine, niedrige Luke, kaum eine Elle hoch, hinter der sich eine eingelassene Zelle befand, dahinein man Adalsind gesteckt hatte. Alfakay untersuchte die Rocktaschen des Wachsoldaten, dem das Berbermädchen ein Schlafmittel gegeben, und fand den Schlüsselbund. Die Luke öffnete sich, und im Halbdunkel sahen sie Adalsind gefesselt am Boden liegen, übersät mit Spuren der Misshandlung. Blut lief über ihre nackte Haut. Sie war bewusstlos, und es kostete Mühe, sie ins Leben zurückzuholen. Teud umarmte sie verzweifelt und versuchte, ein Weinen zu unterdrücken. Das Berbermädchen mahnte ihn:

„Dein Schmerz, junger Christ, ist tief. Doch größer wird er noch, wenn man uns hier entdeckt. Schnell heraus mit deiner Freundin! Ein Wachwechsel steht bevor; wir müssen fort!"

Nachdem sie Adalsind notdürftig mit einem Überwurf bedeckt, nahmen Teud und Alfakay die übel Zugerichtete zwischen sich. Ikko, wie das Berbermädchen sich nannte, sicherte den Weg. Sie machte halt an den Ecken, spähte Treppenabsätze aus. So ging's durch Gewölbegänge und Höfe. Im Außenbereich des Palastes aber drohte Gefahr vom Wehrgang der Mauer sowie am einzigen Tor, das zum Städtchen hinausging, damals ein elendes Nest und nur noch ein Schatten des antiken Platzes. Aber Ikko und Alfakay hatten einen Plan ausgeheckt.

In den Pferdeställen stand ein großrädriger Karren bereit, bespannt mit einem Esel. Der Karren war beladen mit leeren Weinkübeln und Bottichen, von denen einer bestimmt war, Adalsind aufzunehmen. Alfakay und Ikko setzten sich als palastbekannte Dienstleute auf den Bock, und Teud, verkleidet nach Art der Mauren, schritt mit Lanze und Rundschild hinterdrein.

Am Tor der Umfassungsmauer geboten ihnen zwei Soldaten Halt.

„Alfakay", sagte einer, „was lässt der Herr befehlen?"

„Unser Herr schickt uns nach *Jove* um Vorräte für seine Villa."

Der Soldat besah sich den Karren, die Kübel und den vorgeblichen Soldaten. „Du weißt, dass hier niemand ein- und ausgeht ohne Passierschein oder Begleitung des Herrn."

Alfakay reichte ihm ein Dokument.

Die beiden Wachen lasen es und taten, als erkennten sie die Zeichen darauf als Munuzas Handschrift.

„Scheint in Ordnung. Und wer ist das?", fragte der, der bisher geschwiegen hatte.

„Das ist einer der Neuen, die Al-Qama zur Verstärkung geschickt hat. Er scheint stumm zu sein."

Der maurische Soldat näherte sich Teud und stellte ihm Fragen in der Berbersprache und auf arabisch. Teud schüttelte den Kopf und deutete an, dass er nicht verstand. Der Wächter, der nicht sehr überrascht schien, sagte nur:

„Es heißt, Al-Qama bestraft seine Leute, indem er ihnen die Zunge abschneidet, und der da wird seinen Lohn bekommen haben. Aber, Alfakay, weißt du, ob's Hochzeit mit der Christin gibt?"

Alfakay lachte, als steckte er mit seinem Landsmann unter einer Decke:

„Die Vorräte, die er uns besorgen lässt, sind sicher fürs Festmahl bestimmt."

Da sagte der andre Soldat mit boshaftem Grinsen, indem er Ikko ansah:

„Wenn der Herr heiratet, lässt er vielleicht seine Sklavinnen eine Weile in Ruhe, nicht wahr, Ikko?"

Das Mädchen, wie auch Alfakay, blickte den Wächter wütend an.

„Willst du uns noch länger aufhalten?", fragte Alfakay verärgert. „Denn wenn dieses Geschwätz nötig ist und wir uns verspäten, werde ich dem Herrn Erklärungen geben müssen."

Unterm Gelächter der Soldaten setzte sich der Karren in Bewegung auf die Landenge zu, die, wie die jungen Berber vorausberechnet, um diese Zeit passierbar war. Die Hütten und heruntergekommenen Bauten dieser *Gigia*, die jeder Spur des alten Glanzes entbehrten, blieben zurück, und das Pfahlwerk vor der Römermauer lag auch schon hinter ihnen, ohne dass die Wachmannschaft ihnen noch einmal Schwierigkeiten gemacht hätte. Die beiden Kinder waren als vertraute Diener des Statthalters bekannt, und der Soldat, der sie begleitete, war einer von jenen, die die Stadt als Vorpos-ten hielten. Gijón war nicht viel mehr als das: ein Außenposten der Invasion, der – angeblich – die Besetzung Asturiens rechtfertigte. Doch *de facto* war das transmontane Asturien unabhängig. Jenseits des flachen Küstenstreifens und ein paar zugänglicher Täler war es unwirtliches, wildes und völlig unbekanntes Land.

Zunächst lenkte Alfakay den Karren in Richtung des Dorfes Jove, wo der Statthalter einen Landsitz beschlagnahmt hatte, der einer alten Adelsfamilie gehörte. Sobald sie aber dem Gesichtskreis der Stadttürme entschlüpft waren, schlug er einen andern Pfad ein, den zum Berge *Deva*.

Das war einer der grünen Riesen, die sich vom Hochgebirge zum Nordmeer vorschoben und die Bucht von Gijón bewachten. Seine Hänge waren bedeckt von dichten Eichenwäldern, darin noch der Señora geopfert wurde, der Göttin, die dort ihr Reich besaß. Da die Gegend nur über morastige Wege zu ersteigen war, musste niemand mit der Anwesenheit von Muselmanen rechnen; die einzig vernehmbaren Laute kamen von Tieren. Hier wagten die Reisenden, anzuhalten und sich um die verletzte Adalsind zu kümmern. Sie speisten und tränkten sie, und Teud wärmte sie mit seiner Umarmung. Ihm ward bewusst, wie tief er in der Schuld der beiden jungen Sklaven Munuzas stand:

„Nie werde ich eure Hilfe vergessen. Für immer bin ich euch dankbar", sagte er.

Da sprach das Maurenmädchen Ikko:

Das Licht des Nordens

„Auch wir wissen die Freiheit zu schätzen. In unsern Bergen drüben in Ifriqiya haben mein Bruder Alfakay und ich frei und glücklich gelebt, von unsern Eltern geliebt und stolz auf unsern Stamm. Dann kamen die Araber und haben die Numidier unterworfen und den größten Teil der Krieger getötet. Auch unsre Eltern sind gestorben, und Munuza nahm uns als Sklaven in seinen Dienst. Dieser Verruchte hat uns benutzt für alles, wonach ihm der Sinn stand."

Teud begriff: Offen lagen die Zeugnisse seiner lasterhaften Grausamkeit zutage. Adalsind war der beste Beweis. Alfakay sagte:

„Unsre Eltern waren Christen, und viele von den Mauren, die hierhergekommen, sind's heimlich noch immer. Als uns der Herr einmal überraschte, wie wir zu Jesus Christus beteten, hat er uns mit Peitschenhieben bewusstlos geschlagen. Vielleicht töten wir ihn eines Tages aus Rache für alles, was er uns angetan, auch wenn das Gott beleidigt. Als wir von eurer Gefangenschaft erfuhren, packte uns das Mitleid, und zu dem Wunsch, euch zu helfen, kam die Hoffnung, dass ihr uns vielleicht mit zu den Euren nehmen würdet, den Goten und Asturern."

Überraschend ließ sich die Stimme Adalsinds hören:

„Ich habe eure Namen vernommen, Ikko und Alfakay. Ich werde immer an euch denken und für alle Zeit wissen, dass nicht alle eurer Rasse hartherzig und grausam sind. Der Himmel segne euch, und Teud und ich, wir segnen euch ebenfalls. Auch ich wünsche Munuza den Tod. Diese Sorte muss aus Asturien und ganz Hispanien ausgetilgt werden."

Da fasste Alfakay alle bei den Händen und sprach hoffnungsvollen Blickes:

„Lasst uns gemeinsam schwören, dass Munuza seine gerechte Strafe erhält: den Tod!"

Und so schworen sie. Der Wald und die Schatten der Nacht hüllten sie ein.

Carlos X. Blanco

Ex Septentrionis Lux

Athala kam im Galopp herbeigeritten und rief:

„Dort vor uns duckt sich ein Kaff. Dort können wir haltmachen und die Leute befragen."

Die Meseta war eine einzige Einöde. Die Jahre der Pest und des Krieges hatten die Ebene verwüstet. Auch nachdem sie den Duero überquert, hatte sich nichts verändert. Nun endlich traf man also auf Menschen. Ein zerlumpter Greis trat vor, sie zu empfangen:

„Verlangt nichts von diesen armen Leuten; sie haben nichts anzubieten!"

Athala sah, dass er die Wahrheit sprach.

„Dann bitten wir wenigstens um einen Platz, wo wir rasten können. Wir haben Nahrung dabei; vielleicht teilen wir sie mit euch, wenn ihr uns Auskünfte geben könnt."

„Es gibt wenig zu berichten", antwortete der Alte, „außer dass Banditen hier waren, uns alles genommen und uns hungrig und schutzlos zurückgelassen haben. Und Fremde, wie sie euch da begleiten, waren auch hier, Chaldäer, wie sie wohl genannt werden. Sie haben uns die letzten Männer und Frauen weggeschleppt. Wir sind nur noch Alte und Kranke, zu nichts mehr nützlich."

Athala glaubte ihm. Auf ihrem Ritt durch die Ebene hatten sie nichts als verbrannte oder verfallene Häuser, entvölkerte Dörfer, brachliegende oder verwüstete Felder gesehen. Die Chaldäer hatten einer zuvor schon geschundenen Gegend nur den Rest gegeben. Der Feind, der aufgrund seiner zahlenmäßigen Unterlegenheit keine weiten Gebiete besetzen konnte, hatte sich mit *aceifas* begnügt, wie die Araber ihre Überfälle nannten, bei denen sie Sklaven für die Arbeit und zum Vergnügen, Getreide und Tiere für die Truppen und andre nützliche Dinge beschlagnahmten. Drum hatten sie nur an gewissen strategischen Punkten Quartier bezogen, von denen aus sie ihre Raubzüge unternahmen.

Pelayo zerriss es innerlich, die Erniedrigung aus der Nähe erleben zu müssen, die Schmach eines Hispaniens, das vor noch nicht langer Zeit der Stolz der Christenheit gewesen und in Sachen Wissenschaft, Pracht und Gesetzgebung alle germanischen Völker, die das Erbe Roms angetreten, überflügelt hatte. Selbst die Romanen des Ostens, in Byzanz, bewunderten den Glanz des toledanischen Gotenreiches. Doch Pelayo wusste von Kindertagen an, dass unter diesem Glanz die Fäulnis fraß. Zu wiederholten Malen hatte er zu Pferd diese Gegenden durchmessen, wie auch die reicheren Landstriche im Süden, in der Bética, oder im Osten, der Terraconense, und ohnmächtig sehen müssen, wie sehr die Arbeiter riesiger Landgüter versklavt waren. Schlecht ernährt und gekleidet, wurden sie wie Tiere gehalten von Herren, die den agrarischen Reichtum Hispaniens entweder betrügerisch einsackten oder ihn den großen Magnaten des gotischen wie romanischen Adels und der Kirche zukommen ließen. Diese Großgrundbesitzer scherten sich nicht um christliche Barmherzigkeit. Die vielen Konzile, die kanonischen Schriften und Dekrete, wie sie von Königen und Bischöfen hin und her verfasst wurden, waren, wenn sie guten Absichten entsprangen, unwirksam, und schrecklich, wenn vom Geist der Habgier besessen.

Als König Roderich die Noblen seines Reiches zusammenrief, um Truppen zu rekrutieren, die gegen die fremden Heere ziehen sollten, war es kein Wunder, dass diese Herrschaften seinem Befehl – lustlos – mit schlecht ernährten und der Unterdrückung durch ihre Herren überdrüssigen Privatheeren entsprachen. Pelayo hatte sie in der Schlacht am Lacca-Fluss erlebt, der großen Niederlage Don Rodrigos vor den Afrikanern: arme Bedienstete ohne Kriegserfahrung, schlecht ausgerüstet und bar jeden Eifers für die Sache eines Königs, den sie nicht als den ihren empfanden. Verteidigen kann eine Heimat nur, wer frei, stolz und unabhängig ist.

Und Pelayos Geist wandte sich nach Norden. In den asturischen Gebirgen lebten sie noch: freie Männer und Frauen, die geboren waren mit dem Schwert unterm Arm und aufgewachsen im unverbrüchlichen Glauben, lieber tot zu sein als jemandes Sklave. Die Gebirge waren ihre festesten Mauern, die Gipfel und Wälder ihre Trutzburgen. Dort, im grünen Land Asturien, dort allein konnte die Hoffnung gedeihen.

Carlos X. Blanco

Vereinigung

„Ich fürchte, das sind Banditen", sagte Paulo von Córdoba. Brunhild spähte die Umgebung aus. Ungutes lag in der Luft.

Angst kannte Paulo nicht. Mit den Jahren weise geworden, hatte er oft schon dem Tode getrotzt. Aber er musste für eine junge Person sorgen; seine Pflicht war, sie heil nach Mérida zu bringen, der alten *Emerita Augusta*. Und das Land war voller aufsässiger Leibeigner, die zu den Waffen gegriffen und ihre tyrannischen Herren verlassen hatten. Mehr noch als der gotische gebot der Senatorenadel unumschränkt über ausgedehnte Landgüter. Endlose Reihen von Olivenbäumen und Weinstöcken, Getreidefelder und andre Kulturen aber waren jetzt verwildert oder dem Erdboden gleichgemacht. Nicht erst die Invasion der Mauren, zahlreiche Bauern- und Sklavenaufstände zuvor schon hatten den hispanischen Süden in ein Brachfeld verwandelt, in eine Hölle, darin nichts mehr sicher war außer der Gewissheit, alsbald an Hunger oder als Opfer von Gewalt zu sterben.

Aus einem Wäldchen brachen Männer hervor, abgerissen und schmutzig, Verzweiflung in den Gesichtern und bewaffnet mit Stöcken, Sicheln und anderm Gerät. Paulo unterdrückte einen Ausruf:

„Wir sind verloren!"

Schon war die Lastkutsche umringt von Strolchen, die Brunhild mit ihren zerzausten Haaren und Tiergesichtern an ein Wolfsrudel erinnerten. Als sie das Mädchen erblickten, heulten sie vor Geilheit auf. Aber Paulo war nicht so unvorsichtig gewesen, die gefährliche Reise waffenlos anzutreten. Und Brunhild hatte die Schwerter gesehen, versteckt unter den Brettern des Wagens. Sie war die Tochter Sonnas, des Hammers, und ihre Adern waren durchpulst von Blut, dem die Freiheit über alles ging. Mit beiden Fäusten ergriff sie ein riesiges Schwert, einen Stahl, so schwer, dass ihn kaum ein rüstiger Krieger hätten schwingen können, richtete sich auf und hob die Waffe zur Stirn in der Weise, in der die Goten sich Gott anvertrauten, bevor sie den Boden mit Blut tränkten. Als sie den

Schwertgriff küsste, wie Sonna es sie gelehrt, da sie noch ein Kind war, heulten die Entlaufenen noch lauter auf. Paulo staunte über seinen Schützling. In diesem Strauß, so ging ihm auf, war der zu Verteidigende er selbst, aber deshalb wollte er doch vor dem Gesindel nicht kneifen. Er griff sich ein andres Schwert, das leichter und kürzer war, und stellte sich ungeachtet seines Alters und seiner Unerfahrenheit zum Kampf.

Die Ersten, die zum Wagenkasten kamen, erhielten ein paar wohlgezielte Hiebe von Brunhild, während Paulo zu seiner eignen Verwunderung die andern in Schranken hielt.

Ein stämmiger Sklave, sehr braun, fast schwarz, brüllte wie ein Stier, als er seine Spießgesellen zu Boden sinken sah: der eine tot, ein andrer mit zerfetztem Arm, daraus das Blut schoss. Er rannte mit einer Mistgabel an, das Mädchen aufzuspießen. Doch kurz entschlossen rammte Brunhild ihm das Schwert in den Hals. Der Riese wälzte sich am Boden und fiel in seine eigene Mistgabel.

Die Gesichter verzerrt von Rachedurst, drängten aber andre heran. Einige schossen vergeblich Steine aus Schleudern ab, bevor sie sich auf Paulo stürzten. Der weise Alte, der kein Kriegsmann war, gab sein Bestes, indem er zwei der Strolche tödlich verletzte, bevor Brunhild ihm zu Hilfe kommen konnte. Denn die wehrte zugleich zwei weitere ab. Doch zuletzt beschloss ein Dolchstoß ins Herz des Cordobesers Leben.

Da Brunhild nun allein stand gegen den Rest der Meute, gab ihr Kriegerinstinkt ihr ein, auf den Kutschbock zu springen und die Pferde loszuhetzen. Es galt, die Zauberkugel zu retten. Entscheidend war, das Fahrzeug mit großer Geschwindigkeit in die Angreifer zu jagen und sie gar zu überrollen. Mit der Peitsche schlug sie zugleich auf die Pferde und die Männer ein. Den leblosen Körper Paulos an ihrer Seite, schoss sie mit dem Wagen los und war so schnell, dass niemand sie einholen konnte. Aus dem Augenwinkel aber gewahrte sie einen Schatten, der sie von hinterrücks bedrohte.

Ein Messer im Mund, kroch vom Wagenaufsatz eine Gestalt auf sie zu, die sich mit den Händen am Holz festhielt, um beim Stoßen und Taumeln des Gefährts nicht niedergeworfen zu werden. Sonnas Tochter sah sich gezwungen, die Zügel fallenzulassen und auf den Mann loszugehen. Sie hob die Peitsche, während sie mit der andern Hand nach dem Schwert fuhr. Der Kerl war schneller und griff die Waffe, was ihm aber nichts nützte, denn die Peitsche strich ihm jäh übers Gesicht. Er krümmte sich vor Schmerz, nun auch vor den Hieben des Schwertes, das Brunhild in der Hand schwang. Mit der gewaltigen Kraft einer Göttin, mit dem gebündelten Willen ungezählter Generationen von Kriegsleuten, die geboren waren in den dunklen und weißen Wäldern des Baltischen Meeres, schlug die schöne Brunhild ohn' Unterlass auf den Körper des Hispaniers ein, bis er über den Bord des Karrens fiel und in den Staub des Weges sank.

Inzwischen rasten die kopflos gewordenen Pferde in ihrem ungezügelten Lauf auf einen Abhang mit gefährlichen Unebenheiten zu. Nur schwer gelang es Brunhild, sich der Riemen zu bemächtigen und den fieberhaften Galopp zu zügeln. Beim Schwanken und Wanken des Wagens stieß ihr der Leichnam des armen Paulo wie eine traurige Gliederpuppe in die Seite. Aber der freundliche Beschützer Brunhilds empfand keinen Schmerz mehr. Was allein zählte, war voranzukommen, denn es war nicht auszuschließen, dass die Wegelagerer irgendwo ein Pferd auftrieben und sie verfolgten. Sie wusste nicht, ob ihr Weg sie nach Mérida führen würde; sie suchte einfach bei gedrosselter Geschwindigkeit ihre Richtung einzuhalten.

Plötzlich löste sich am Gefährt ein Rad. Brunhild sprang ab, nicht ohne in alle Himmelrichtungen zu spähen, da sie einen erneuten Angriff befürchtete. Sie stellte fest, dass eine Reparatur ihr unmöglich war. So blieb ihr mitten in dieser trostlosen Landschaft unter hundstägiger Sonne nichts andres übrig, als zu Pferd weiterzureiten. Doch bevor sie ein Tier bestieg und ihre Flucht fortsetzte, musste sie dem armen Paulo ein würdiges Grab verschaffen. Ohne geeignetes Werkzeug, bei sengender Sonne und steinhartem Boden begrub Brunhild den Alten, widmete ihm ein Gebet und dankte ihm für ihre Rettung. Die junge Gotin stand für immer in seiner Schuld und der des Ordens, der sie aus ihrer furchtbaren Gefangenschaft befreit. Auf Knien und schweißgebadet von der Anstrengung bat sie Gott, dass er Paulo in seinen Schoß aufnähme. Nachdem sie ihr Gebet beendet, erinnerte sie sich der Kristallkugel, die unter Reisedecken versteckt lag. So gut sie konnte, formte sie sich einen Sattel, steckte die wertvolle Kugel sowie ein paar Vorräte in einen Reisesack und verließ todmüde den Ort, wo Paulo von Córdoba unter einem Hügel von Erde und Steinen begraben lag.

Zum Glück war ihr keiner der Angreifer gefolgt. Und meilenweit war keine menschliche Spur zu entdecken. Als aber gegen Abend ein leichter Luftzug sie erfrischen wollte, stieß sie auf Leichen und Überreste von Gewalt und Plünderung: nackte und verstümmelte Körper, gefesselt und verbrannt, ganze Familien mit Pfeilen an die Türen ihrer ärmlichen Katen geheftet, Leichname und abgeschlagene Köpfe als Trophäen auf Lanzen gespießt. Brunhild sah erneut, in was sich die Bética und ganz Hispanien verwandelt hatten: in eine Hölle. Es war nicht verwunderlich, dass das Land maurischen und arabischen Eindringlingen zum Opfer gefallen war, die nur ihre Gelegenheit genutzt hatten.

Brunhilds Pferd war nicht weniger erschöpft als seine Reiterin, als sie gegen Abend einen Fluss erreichten. Beide eilten ans Wasser, um gierig zu trinken. Ihre Körper waren bedeckt von Schweiß und Staub des Weges, und Brunhild ward ihre zerfetzte Tunika lästig. Ein Bad würde sie wiederbeleben. Doch allein im Fluss, ohne Kleider, abseits des Schwertes, das am Ufer lag: die Lage schien gefährlich, und – die Gefahr war schon da.

Das Plätschern des Wassers hatte das Geräusch von Hufschlag überdeckt. Im Gegenlicht der roten Sonnenscheibe erschien eine Gruppe von Reitern. Die dunklen Umrisse erlaubten nicht zu erraten, ob es sich um Mauren, Christen oder entflohene Sklaven handelte. Brunhild fiel die Kristallkugel ein. Um sie war sie besorgter als um sich selbst. Wie eine Göttin des germanischen und baltischen Pantheons, nackt und glänzend, schritt sie zum Ufer und ergriff das Schwert, das sie schon so erfolgreich gegen die Banditen geschwungen.

„Zurück und fort von mir! Oder ich erschlage euch alle!"

Doch ein sehr junger Reiter sprang von seinem Pferd und lief ihr entgegen, waffenlos und überglücklich:

„Brunhild! Meine Brunhild!"

Das Gesicht des Mädchens am Fluss verwandelte sich, wie eine Landschaft sich wandelt, wenn das Sonnenlicht durch einen schwarzen Gewitterhimmel bricht:

„Álvaro! Bist du's, Álvaro?"

Und zur Verwunderung Silvios und der übrigen Begleiter fielen beide sich in die Arme.

Dieses Wiedersehen bedeutete mehr als die zurückgewonnene Freundschaft zweier Kameraden, die gemeinsam durchs Unglück gegangen. In der Abwesenheit eines vom andern hatten unterm Druck des Schmerzes beide erkannt, dass sie sich liebten und *ein* Herz waren. Hatte das Unglück sie vereint und dann auseinandergerissen, so verschmolzen nun beide Hälften aufs neue. Umarmungen, Lachen und Weinen, Küsse und abgerissne Worte machten Brunhild und Álvaro die Zeit vergessen. Schließlich mussten alle gemeinsam zurück nach Mérida.

Donnergrollen

„Mach dir keine Sorgen, Alfakay", sagte Adalsind. „Ich kenne diesen Wald, und sollte uns jemand begegnen, dann sind's Freunde, Asturer. Ich merke, dass euch unsre Eichenund Buchenwälder unheimlich und gefährlich vorkommen. Tatsächlich kann jemand, der nicht von hier ist, nie sicher sein, ob er in ein Revier von Bären eindringt oder in das feindlicher Asturer. Deshalb ist unser Land nie wirklich erobert worden."

Alfakay und Ikko, ihre neuen Freunde, wollten sich nach ihrer Flucht nicht sogleich beruhigen.

„Es ist gruselig hier", meinte Ikko. „Man hört die Laute von tausend Tieren; nähert man sich ihnen aber, so sind sie still. Manchmal kommt's mir vor, als seien's Pfiffe von Menschen, die uns heimlich beobachten und sich untereinander Zeichen geben."

Das Licht des Nordens

Adalsind antwortete ihr, je früher sie auf Asturer träfen, umso besser sei's, denn dann könnten sie Verbindung aufnehmen mit Nicer, Abieno und den andern Anführern. Auf jeden Fall mussten die von Munuzas Verrat erfahren. Der Aufstand hatte zu erfolgen, und Pelayo musste zurückgerufen werden.

Nachdem sie den Monte Deva hinter sich gelassen, gelangten sie auf einen Grat, der, immer unter Waldwipfeln, auf eine Flussmündung hinausschaute. Sie erblickten das Meer und auch einen kleinen Weiler. Als sie sich zum Abstieg rüsteten, wurden sie überrascht.

Eine stattliche Abteilung von Kriegern erwartete sie. Sie trugen das schwarze Sagum der Asturer und Kettenhemden, Hosen mit Beinschienen, blitzende Gotenhelme mit Nasenschutz und schönen Pferdemähnen als Helmzier. Zweifellos gehörten sie zum Asturerheer, und Ausrüstung wie Verhalten zeugten von musterhafter Schulung.

Adalsind redete sie in ihrer Sprache an:

„Ich bin Adalsind, die Schwester des Pelagius, den ihr zum Heerführer gewählt. Die ihr hier seht, sind Freunde: Teud, der Sohn Sonnas des Hammers, und zwei christliche Berber, die der Sklavenschaft entflohen sind, in der sie der verhasste Munuza hielt. Sie haben uns das Leben gerettet. Und wer seid ihr?"

Einer, der ihr Anführer schien, sagte:

„Gepriesen sei die Jungfrau, Mutter Gottes, oder auch Deva, die ich gleichermaßen verehre. Ich will nicht anzweifeln, was du mir sagst, doch müssen wir dich zum Dorf bringen, auf dass unser Sippenhaupt dich höre. Wenn's wahr ist, dass Munuza Adalsind beleidigt hat, wird sofort der Krieg erklärt werden. Der Aufstand, auf den wir alle warten, hat dann seinen triftigen Grund."

Adalsind sagte:

„Bring' uns zu ihm. Wie heißt er übrigens?"

„Tureno; er ist mein Vater", antwortete der Krieger.

„Auf denn", rief Adalsind mit der Entschlossenheit einer Kriegsfürstin – denn nichts andres war sie –, „ich kenne Tureno, und er kennt mich auch!"

Im Dorf, das später *Maliayo* heißen sollte, wurden sie vom Oberhaupt Tureno gebührend bewillkommnet. Kaum hatte der die Schwester Pelayos erkannt und von ihrem Unglück gehört, schickte er Botschafter ins Landesinnre, in die verwinkelten Täler, darin andre Sippen ihre Schwerter wetzten und wo die Waffen lagerten für einen Krieg, der jetzt offen erklärt werden musste.

„Dieser Munuza wird sterben. Ich schneide ihm seine Haut in Streifen", versprach Tureno.

„Nein!", rief Adalsind mit der Wildheit ihres Geschlechts und verbittert über ihre in den Schmutz getretene Ehre. „Den langsamen Tod Munuzas behalte *ich* mir vor, Tureno. Ich bin's, die die Beleidigung zu rächen hat. Und ich schwöre beim Allerhöchsten!"

Teud erblickte bei den Kriegern zufriedene Gesichter. Unwillig hatten sie Abgaben gezahlt, zähneknirschend dem Pakt gehorcht; nun aber bestand kein Grund mehr, ihn zu respektieren. Der Verrat des Mauren rechtfertigte den Aufstand zur Genüge. Pelayo musste zurückkehren. Mehr noch: Ehre und Stolz mussten zurückkehren.

Kriegszeit! Die asturischen Wälder, Berge und Täler ersehnten die Freiheit, und die war immer der Preis des Sieges mit dem blutigen Schwert.

Marcela

„Pelayo, siehst du das nicht?..." Athala blickte ihn weinberauscht an. „Schau, das ist das Königreich Roderichs: ein Haufen von Bettlern, unwillig, seinen natürlichen Herren zu gehorchen."

Der Spatharius Rodrigos musste sich zurückhalten. In seinen Augen funkelte Mordlust. Dank eines Gesindels wie Athala war das Königreich verloren und ganz und gar den Chaldäern in die Hände gefallen.

„Nur sie, die Muselmanen", fuhr Athala fort, „besitzen noch die Kraft, die Gott jenen verleiht, die er als Herren sehen will. Die Hispanier, einstmals schwer zu bezwingen, haben ihr Blut vermischt. Mit der römischen Macht sind unzählige Sklaven ins Land gekommen, und die Herrschaft hat Jahrhunderte gedauert. Jetzt sind sie zahm geworden. Schau dir die Bética an: Pöbel in den Städten und auf dem Lande Sklaven. Es gibt keine Männer mehr, die für die Goten streiten würden. Und wir sind auch keine Goten mehr, Pelayo. Wir haben uns abbringen lassen von den Lehren des Arius; unsre Könige haben sich vorm Katholizismus gebeugt. Das ist der Grund unsres Ruins. Die Chaldäer helfen uns nur zurück auf den rechten Weg."

Pelayo konnte nicht länger an sich halten:

„Abtrünniger Hund! Diese Wüstenvölker können uns *gar nichts* lehren. Gewiss, sie sind stolz und tapfer auf ihre Art. Aber niemals hätten sie fremde Reiche versklaven dürfen. Jedes Volk ist eine Pflanze, die hoch und schön auf ihrem Boden wächst. Für mich sind diese Leute Fremde und zudem noch Ungläubige. Wie auch du es bist, Verräter Athala, Schande meines Volkes."

Athala wollte auffahren, besann sich aber. Sein gerötetes Gesicht schien platzen zu wollen.

„*Deines Volkes*? ... Heißt es nicht, du seiest eher ein Asturer? Können wir einen Barbarenspross einen der Unsren nennen?"

Der Renegat sprach das Wort *Asturer* so aus, dass er die Silben verächtlich trennte. Pelayo erhob sich und zog sein Schwert in ganzer Länge aus der Scheide.

„Die Asturer werden niemals Sklaven der Chaldäer werden, und in ihrem Blut steckt mehr Adel, als es Wasser in den Weltmeeren gibt. Verräter aber wie du haben dort nur Gift. Wenn die Asturer sich ums Kreuz vereinen, sind sie ein unbezwingliches Volk und werden das Reich der Goten erneuern. Du und deinesgleichen, die ihr glaubt, auf ewig über die Hispanier herrschen zu können, endet auf Knien vor den Moslems, vermischt euer Blut mit ihnen und teilt ihre Irrlehre. Beleidige noch einmal die Asturer, und ich schlage dich tot!"

Die Mauren, die der Szene beigewohnt, ohne aber die Worte zu verstehen, griffen ebenfalls nach ihren Säbeln. Pelayo bedrohte sie mit dem Schwert, und nur ein Wink des Verräters verhinderte, dass es zum Kampf kam.

Unterdessen warteten ein paar alte Frauen mit einer armseligen Mahlzeit auf, die sie auf eigne Kosten bereitet, um die Krieger zufriedenzustellen. Es war gemein, von diesen Armen und Kranken Speisen für bewaffnete Männer zu verlangen, und Pelayo wies jedes Angebot zurück. Groß aber war seine Überraschung, als er in einer von ihnen Marcela erkannte, seine treue Dienerin. Ein Blick des Einvernehmens ging zwischen beiden hin und her, und es ward deutlich, dass sie etwas auf dem Herzen trug.

Als die Lage sich beruhigt hatte, befahl Athala die Speisen herbei, auf die sich dann alle stürzten. Marcela brachte ein Gefäß mit Wein, dem auch die Muselmanen eifrig zusprachen. Die Alte murmelte ein paar Worte, die nur Pelayo vernahm:

„In der Einsiedelei. Um Mitternacht."

Offenbar hatte die treue Marcela eine Botschaft für ihn. Jetzt fragte sich nur, wie er die Wachsamkeit seiner Begleiter täuschen konnte.

Als hätte sie seine Gedanken erraten, wies Marcela auf den Wein hin und flüsterte:

„Sie werden alle gut schlafen."

Da wusste Pelayo, dass er sich des Weines zu enthalten habe.

Tatsächlich wirkte das Schlafmittel auch unverzüglich. Nachdem die Frauen sich zurückgezogen, streckten sich Athala und die Mauren am Boden aus. Als der Letzte eingeschlafen war, schaute Pelayo nach dem Mond und begab sich auf die Suche nach etwas wie einer Einsiedelei. Es waren nur ein paar Steine mit einem eingefallenen Dach, aber dort wartete Marcela auf ihn. Pelayo küsste sie auf Stirn und Wangen, und sie, die ein paar Tränen vergoss, berichtete ihm:

„Es ist ein Fremder aus dem Norden hier, der dich sprechen will. Ihr müsst aber rasch machen, denn die Wirkung des Getränks hält nicht lange an." „Ich will ihn sehen. Wo ist er?"

Hinter den Ruinen trat ein Krieger hervor.

„Tureno?"

Pelayo war verblüfft und erfreut, einen Waffengefährten zu treffen.

„Wie kommt's, dass ich dich hier sehe, so fern der Heimat?"
Tureno umarmte seinen Heerführer und sagte erschöpft und eilig:
„Ich bin unentwegt geritten, um eurer Spur von Asturien aus zu folgen. Ich muss dir melden: Munuza hat seinen Vertrag gebrochen. Er hat Adalsind und Teud gefangengesetzt und deine Schwester misshandelt. Jetzt sind beide frei und gesund und ordnen die Erhebung aller Sippen an. Wir müssen uns an Munuza rächen."
Pelayo warf einen Blick auf die Hütte, in der Athala und die Berber schliefen. Tureno verstand:
„Worauf warten wir? Schneiden wir ihnen die Hälse durch!"
Doch Pelayo hielt ihn zurück:
„Ich töte keine wehrlos schlafenden Männer und werde es niemals einem der Meinen erlauben. Lass uns nach Norden zurückreiten und die Rebellion beginnen!"
Tureno ward zornig:
„Das erlaubt ihnen, Meldung zu machen. Dich verfolgt dann keine kleine Eskorte mehr, sondern ein ganzes Heer."
„Sei's drum", sagte Pelayo nur.
Hier ergriff Marcela das Wort. Sie war noch nicht am Ende mit ihrem Bericht:
„Du musst wissen, Herr Pelayo, dass eine Schar christlicher Reiter von Süden naht. Sie kommen auf dem Weg von Mérida her. Unsre Wächter im Wald haben sie beobachtet."
Die Lage blieb heikel. Einerseits war es gut, auf Hilfe zählen zu können. Es ging darum, möglichst schnell nach Asturien zurückzukehren, und in größerer Zahl war das erfolgversprechend. Andrerseits mussten die Einwohner dieses elenden Nestes geschützt werden. Wenn er hinter die List mit dem Schlafmittel käme, würde Athala Rache an ihnen nehmen.
Pelayo war schnell entschlossen.
„Tureno: Wir beide reiten gemeinsam den Christen entgegen. Du nimmst Athalas Pferd; es ist vortrefflich und ausgeruht. Inzwischen, Marcela, müsst ihr den Verräter und seine Chaldäer binden und von hier fortschaffen. Dort sehe ich einen Karren. Spannt

die Soldatenpferde davor und bringt die ganze Gesellschaft irgendwohin, wo sie sich nicht zurechtfinden. Athala legt ihr ein Messer in Reichweite. Erwacht er, so wird er sich befreien. So müssen sie nicht verhungern."

Tureno murrte zwischen den Zähnen:

„Zuviel Rücksicht auf Mörder und Verräter."

Pelayo aber sagte nur:

„Es geschieht, was ich befehle."

Da sprach Marcela:

„Ich finde es richtig, Herr, die Feinde von hier zu entfernen. Trotzdem aber werden wir das Dorf verlassen. Hier gibt es keine Nahrung mehr, und die Mauren könnten sich zurechtfinden und zurückkehren. Die meisten von uns sind alt, andre krank, doch wir fliehen nach Asturien und werden dort sterben, wie wir geboren wurden: als freie Menschen. Ihr müsst nicht Schritt mit uns halten. Wir haben gehört, dass die Gegend bis zu den asturischen Bergen wüstes Land ist. Wir werden wohl unterwegs keiner Gefahr begegnen."

„Liebe Marcela. Wenn die Reiterschar, die herkommt, nicht zu klein und uns freundlich gesonnen ist, dann werde ich dafür sorgen, dass ihr auf eurer Reise nach Asturien begleitet werdet."

Und damit gingen alle ans Werk. Pelayo und Tureno stoben in einer Staubwolke davon.

Das Treffen

„Ich wittre was."

Brunhild näherte ihr Pferd dem Silvios. Der Hispanier zog die Brauen zusammen, um in die Ferne zu spähen. Sein Verdacht war geweckt: Jemand kam ihnen entgegen. Er hatte Hufschlag vernommen. Das Mädchen fragte ihn:

„Was gibt's, Silvio?"

Er legte einen Finger an die Lippen und gab Álvaro und den andern ein Zeichen. Auf einen schnellen Wink hin verließen alle

Das Licht des Nordens

den Pfad und schlugen sich in die Büsche, um unter Steineichen Schutz vor fremden Blicken zu suchen.

Brunhild zog an der Seite Álvaros ihr Schwert und betete zu Gott, dass, wenn sie sterben müssten, es gemeinsam im Kampf geschähe.

Aber die Staubwolke, die sich näherte, stammte nicht von einem Heer, sondern von nur zwei Reitern. Seine Luchsaugen sagten Silvio, dass es keine Mauren waren, und er beschloss, auf den Weg hinauszutreten. Den andern bedeutete er, das gleiche zu tun, ohne die Deckung fallenzulassen. Ein paar Mann mussten im Gebüsch versteckt bleiben.

Ruckartig hielten die beiden Reiter vor Silvio an. Don Pelayo nahm den Helm ab und fragte mit Donnerstimme, die Hand in der Luft:

„Freund oder Feind? Unter welchem Banner hältst du meinen Galopp auf?"

Silvio antwortete nicht weniger barsch, doch mit etwas erstickter Stimme. Offenbar hatte er einen Herrn vor sich, hochgewachsen und gut bewaffnet, von imposanter Haltung und grauen Augen, die, wenn sie zornig waren, blitzten wie die eines Raubtieres. Silvio war ein mutiger Mann, doch vor diesem Krieger erschauerte er.

Als nächster nahm Tureno den Helm ab. Helme und Waffen glichen denen der Goten, bis auf die merkwürdigen Insignien: anstatt der üblichen Adler Triskelen, Swastiken, sechsblättrige Blumen... Doch von diesen Dingen wusste Silvio nichts und hielt Tureno wegen seines rötlichen Haars, der hellen Haut und des wilden Blicks dessen, der geboren war, bis zum Tod zu kämpfen, ebenfalls für einen Goten.

„Unter der Flagge der Freunde", antwortete er also, „wenn ihr Christen seid und keine Maurenknechte."

Pelayo schaute sich Silvios Begleiter an. Er bemerkte die beiden jungen Leute, bewaffnet und wütenden Blickes. Die Schwerter in ihren Händen waren noch auf ihn und Tureno angeschlagen.

„Ihr beiden kommt mir bekannt vor und scheint von meinem Volk zu sein."

Álvaro versuchte, älter zu erscheinen als er war, und verlieh seiner Stimme einen sonoren Klang:
„Ich bin Álvaro, Sohn des Liuwa. Ich war Sklave bei Oppa und habe geschworen, den Fremden, ob Goten oder nicht, den Tod zu geben:"
Don Pelayo stieg vom Ross, und Tureno tat es ihm gleich.
Indem er sich verbeugte, sagte er:
„Ich habe dich als Kind auf meinen Armen getragen, junger Sohn des Liuwa. Nun erblicke ich dich als Mann. Der Schwur, den du getan, ist auch meiner. Zu Recht sprach dein Gesicht mir von Menschen, die ich liebe. Der gute Liuwa fiel, als er das Königreich verteidigte, und wird jetzt voller Stolz vom Himmel aus auf dich blicken."
Diese Worte lösten die Spannung. Die Schwerter sanken. Silvio steckte seins in die Scheide, und die andern folgten seinem Beispiel.
Jetzt wandte sich Pelayo an Brunhild:
„Und wer ist das Mädchen mit dem Goldhaar?"
Brunhild verneigte sich ehrerbietig. Ihr war beim Verknüpfen verschiedener Fäden ein Licht aufgegangen.
„Mein Herr Pelayo. Ich bin Brunhild, die Tochter von Sonna, dem Hammer. Du bist der Schwertführer unsres Königs Roderich. Man sagt, du habest bis zum letzten Augenblick gegen die Mauren gekämpft damals am Rio Lacca, wo es zum Verrat der Witizaner kam."
Don Pelayo öffnete weit die Augen und nahm sie herzlich bei den Schultern:
„Brunhild, Tochter des Sonna. An meiner Seite lebt seit einiger Zeit dein Bruder Teud, der mir Treue geschworen. Freue dich, denn er ist nicht nur mein Krieger; er hat sich auch mit meiner Schwester Adalsind verlobt. Unsere Bande werden sich verflechten, schöne und tapfre Jungfrau."
Brunhild brach in Tränen aus. Nach der grausamen Trennung der Geschwister und zahllosen Leiden schien ihr das Schicksal Licht, Leben und Wärme zurückgeben zu wollen.

„Jetzt aber müssen wir erfahren, welchen Weg ihr in Richtung Norden nehmt. Denn wir, auch wenn's nicht so scheint, wollen ebenfalls zurück nach Asturien. Wir sind hergekommen, euch zu suchen. Andre Christen erwarten uns ein paar Meilen weiter, und am besten ist's, es vereinigen sich alle schnellstmöglich."

Ein Jeder kehrte zu seinen Gefährten zurück. Silvio gesellte sich zu Pelayo und berichtete ihm beim Trab der Pferde vom Auftrag, den er vom Geheimen Orden erhalten.

„Hiermit, Herr Pelayo, Sohn des Fávila, unterstelle ich mich deinem Befehl. So ward es mir vom Großen Bruder in Mérida verordnet. Dank magischer Kunstgriffe, von denen du sicherlich weißt, sind uns Gesichte gekommen."

Pelayo nickte, und Silvio fuhr fort:

„Seit deinem Aufenthalt in Jerusalem hat sich viel bewegt. Unsre ganze Hoffnung setzen wir auf den Norden. Weniger aufs Frankenreich als auf die Länder der Kantabrer und Asturer. Die Bilder sprechen von einer heiligen Grotte..."

„Der Einsiedler! Die *Cova Dominica*!", rief Pelayo aus.

Silvio schien froh darüber, dass die Phänomene der Sphären ihm bekannt waren.

„Dutzende von Malen", erklärte Pelayo, „ist mir die Señora, die Königin der Grotte, erschienen. Und von den Kugeln, die auf unergründliche Weise Beziehung weben zwischen Traum und Gottheit, erfuhr ich durch den Orden. Zuletzt sprach mir Bartolomeo, der Rabbiner aus León, von der Macht dieser Höhle."

Silvio beschleunigte den Schritt seines Pferdes:

„Und weißt du, wo sich dieser heilige Ort befindet?"

„Auf meinem Gebiet. Ich bin Herr über Ländereien der Vadinienser am Flusslauf des Sella, wo Asturien und Kantabrien zusammentreffen. Dort verbirgt sich die *Cueva de la Señora*."

Ohne den Blick vom Norden abzuziehen, sagte Silvio:

„Dort entscheidet sich unser Schicksal, und dort beginnt der harte Kampf um die Freiheit der Völker."

Pelayo pflichtete ihm bei:

„Wir vereinen Christen aller Rassen. Was schlechte Könige und schlecht ausgelegte kanonische Schriften nicht vermochten, das werden wir Asturer schaffen. Hispanier und Goten machen mit, doch der Ruhm gehört Asturern und Kantabrern."

Silvio, der beobachtete, wie eine schwarze Wolke die Sonne verdunkelte, fühlte sich bemüßigt anzumerken:

„Immer vorausgesetzt, dass Gott uns seine Hilfe leiht und dass wir unsre Herzen rein erhalten."

Angriff in der Ebene

„Bruder Meridenser", sagte Bartolomeo fast flüsternd, „die Zeichen stehen auf Sturm. Im Meer der Bilder haben Pelagius und Tureno kehrtgemacht. Sie kommen nach Asturien, und auch hier, in der Umgebung der Grotte, gibt es Signale. Der Hirtenknabe spricht mir von Versammlungen der Vadinienser, Asturer und Kantabrer, die den Sella hin und her überqueren wie Waffenbrüder. Die Unruhe ist groß. Munuza hat losgeschlagen, hat Siedlungen zerstört und Geiseln genommen. Doch über unwegsamere Gegenden besitzt er keine Gewalt. Bruder, sage mir: Soll ich Don Alfonso benachrichtigen?"

Der breite Umriss des Mönches zu Mérida ward deutlicher, da seine Stimme erklang:

„Ja, Bartolomeo, schicke den Knaben zum Palast des Sohnes von Don Pedro. Sein Bund mit Pelagius ist geschlossen, aber wir müssen uns seiner Anwesenheit in der Höhle versichern und des Zusammenspiels von Kantabrern und Asturern für den Fall, dass die Mauren auf einem Zug gegen die Liébana in sein Gebiet eindringen. Al-Qamas Heer muss vernichtend geschlagen werden."

Der Einsiedler war unruhig. Über der Reiterschar, die Don Pelayo von Hispanien herbeiführte, zogen sich dunkle Wolken zusammen.

„Ich sehe Gefahr, Bruder. Gott allein weiß, ob sie einem Überfall standhalten."

Aus Mérida kam die Antwort:

Das Licht des Nordens

„Männer und Frauen von großem Wert sind für diese Sendung bestallt. Christen sind der Liebe verpflichtet, aber auch dem Stahl, wenn es gilt, das Zeichen des Kreuzes zu retten. Schon bevor sie in Covadonga eintreffen, wird der Kampf toben. Alle, die im Ödland Hispaniens zusammengefunden, haben Demütigung, Schmerz und Niederlage erlebt. Schlimm war die Herrschaft der gotischen Magnaten, schlecht und verderbt die Kirche, die von ihnen gestützt ward und ihnen zugleich als Stütze diente. Eines müssen Hispanien und seine Nachbarvölker als Idee beherzigen: dass sie als Königreich der legitime Erbe sind der Cäsaren Roms, zugleich aber eine freie Herde, die dem Kreuz gehorcht im Wissen, dass der Tod besser ist als Knechtschaft."

Während dieser Rede aus Mérida sah Bartolomeo bereits die Gefahr heraufziehen:

Ringsum auf den Hügeln regte es sich. Zunächst Reiter, dann Fußvolk, mit Lanzen bewaffnet. Es waren viele. Zu viele, um sie anzugehen.

„Mauren!", rief Silvio, der mit den Luchsaugen.

Don Pelayo und die andern zogen ihre Schwerter. Die glänzten und blitzten in der Sonne.

Bartolomeo beobachtete, wie Brunhilds Schwert nicht weniger funkelte als die übrigen. In der Kugel erstand ein zugleich schönes und schreckliches Bild: das einer Göttin, die Gerechtigkeit wiederherstellt auf dieser Welt. Und das ging nur über den Tod der Feinde.

Ebenso flammte Rache im Blick Álvaros, des jungen Goten, in Tureno, dem imposanten Asturer, in Silvio, dem stämmigen Hispanier und in all den andern. Trotz ihrer zahlenmäßigen Unterlegenheit gierten sie danach, den Stahl zu kreuzen mit den Ungläubigen, ihn ihnen ins Fleisch zu stoßen und das ganze Geschlecht zu tilgen.

Mit entsetzlichem Geheul und einem Zungenschnalzen, wie es im Süden des Atlasgebirges noch heute zu hören ist, stürmten die Berberkrieger von den Hügeln herab. Auf die Christen gingen Lanzen und Pfeile nieder, ohne aber großen Schaden anzurichten. Gefährlicher war der Steinhagel aus den Schleudern der Moslems. Pelayo befahl, hinter großen Felsen Schutz zu suchen. Noch gab es keine Opfer, da stürzten die Berber fächerförmig heran. Jeder Reiter war flankiert von fünf oder sechs Infanteristen. Das Ganze glich einer wütenden Meereswoge, die im Begriff ist, gegen die Steilküste zu brechen. Pelayo wies die Seinen an, hinter den Felsen abzuwarten, um im geeigneten Augenblick über sie herzufallen.

So geschah's. Schreiend und gegen ihre Schilde trommelnd, preschte die Maurenbande vor. Als sie in Reichweite war und Pelayo das Zeichen gab, brachen die Christen hinter ihren schützenden Felsen hervor und schlugen auf die Feinde los.

Und sie fielen reihenweise. Brunhild war die erste, die einen Afrikaner zu Boden streckte und sich im Blute wälzen ließ. Dann rammte Pelayo sein grausames Schwert einem Reiter, der über ihn herfallen wollte, in die Stirn. Silvio und Álvaro standen Rücken an Rücken und parierten die Schwerthiebe, mit denen die Ungläubigen sie anfielen. Der große Tureno schlug sich, in jeder Hand ein Schwert, eine Schneise durch die Mauren, um den Seinen zu Hilfe zu kommen. So zerbrach der Ring und machte einem Haufen maurischer Leichen Platz. Und mit einem Kriegsschrei, wie er noch Jahrhunderte nach diesen glorreichen Tagen durch die grünen Täler hallen sollte, mähte Tureno einen Reiter nieder, der mit seiner Lanze auf Silvio zielte. Ein paar Christen der Eskorte fielen im Kampf. Álvaro aber, der Sohn Sonnas, erwies sich als echter Gotenspross: als eine Kampfmaschine des Todes. Und diese Maschine lief zur Hochform auf, als Brunhild sich vom Krummsäbel eines riesigen Mauren in einen Felsspalt gedrängt sah. Mutig verteidigte sich das Mädchen mit Schwerthieben gegen den blutdürstigen Krummstahl, die Rettung aber kam vom gutgezielten Streich ihres jungen Freundes, des Sohnes des Liuwa.

Durch seine Kristallkugel sah Bartolomeo, dass die Mauren mit ihrem Überfall gescheitert waren und sich im Laufschritt auf die Hügel zurückzogen.

„Sie fliehen!", frohlockte Brunhild. „Fahrt alle zur Hölle, ihr widerlichen Ratten!"

Das schrie die schreckliche Kriegsjungfer Brunhild jenen nach, die ihre Heimat mit Füßen getreten, sie als Sklavin verkauft und zudem noch der Ehre beraubt hatten.

Die letzten Pferde stoben davon, viele von ihnen reiterlos. Etliche Berber aber hatten überlebt, und die würden nicht zögern, Meldung zu machen. Doch verfolgen konnte man sie nicht. Es gab Verwundete zu pflegen, und außerdem waren da noch die Alten und Kranken, die Marcela herbeiführte.

Die gefallenen Christen erhielten ein würdiges Begräbnis. Die andern warf man zu einem Haufen zusammen und verbrannte sie, Menschen wie Pferde. All das geschah in Eile.

Rasch sammelte man die Waffen der Gefallenen beider Seiten ein. Die herrenlosen Pferde wurden mit Lanzen, Schilden, Kürassen, Schwertern und Helmen beladen. Andre trugen die Verletzten, mit Riemen gesichert, damit sie nicht von den Tieren fielen.

Inmitten der Einöde, auf ebenem und schutzlosem Gelände der Meseta, stießen sie schließlich auf das Häuflein, das Marcela zusammengestellt, nachdem sie das elende Dorf verlassen. Es schien größer geworden. Und es liefen Tiere mit.

„Wir haben diese Hirten mit ihren Herden getroffen", erklärte Marcela. „Ihre Familien sind schon nach Asturien geflohen, und sie fürchten sich, denn sie haben in der Ferne Mauren gesehen."

Das war eine gute Nachricht, denn Tiere bedeuteten Milch und Nahrung für eine so große Zahl an Menschen mitten im unfruchtbaren Land.

„Ich habe beschlossen, euch nicht zurückzulassen", sagte Pelayo. „Nicht einmal mit Begleitung. Besser für uns, wenn wir alle zusammenbleiben. Wir richten uns nach den Langsamsten, aber alle bemühen sich, dass wir ans Ziel kommen."

Die Hirten waren kräftig und erhielten Waffen, in deren Gebrauch sie sich umso geübter zeigten, je weiter der Zug nach Norden vorrückte.

All das sah Bartolomeo in seiner *Cueva de la Señora*. Doch dann verschwamm die Szene, und aus einem Nebelschleier erschien wieder der Große Bruder.

„Es ist an der Zeit, dass du dem Hirtenknaben Bescheid gibst, Bartolomeo", ließ er von Mérida aus verlauten.

Der Einsiedler nickte und sprach:

„Lange schon schärft Don Alfonso seine Schwerter und hat die Kantabrer in ihren abgründigen Tälern nicht weit von hier versammelt. Auch seine Getreuen, die Gotenkrieger der Leibwache seines Vaters, Don Pedro. Zumindest jene, die nicht in der Schlacht am Rio Lacca gefallen sind."

Der Bruder in Mérida sagte:

„Alle zusammen sind Wenige im Verhältnis zum Kalifenheer. Al-Qama rückt aus der inneren Ebene mit großer Streitmacht an."

Bartolomeo, der von weitem Zeuge der Energie geworden, die in den Kämpfern um Pelayo wohnte, sagte nur:

„Solange es Christen solchen Mutes gibt, ist nichts verloren, und die Himmelspforte wird immer offenstehen, sei's zur Hilfe für uns hienieden, sei's als letzte Zuflucht jener, die Frieden suchen in *Seinem* Schoße."

Eine Strafexpedition

DER BISCHOFF OPPA betrat Al-Qamas Palast in gehörigem Pomp. Schon sein Gang erinnerte an einen indischen Elefanten. Sein Gefolge, nicht weniger protzig, war aufgeputzt wie die Pfingstochsen. Theoretisch waren's alle Geistliche, Würdenträger der Kirche Christi, aber Kleidung und Schmuck glichen eher denen des Kaiserhofs zu Byzanz. Al-Qama, ein Mann des Krieges und überdies schlechtgelaunt, musterte sie verächtlich von Kopf bis Fuß. Was hatten sie in seinem Wohnsitz, in Wahrheit einer bessren Kaserne, zu suchen? Auf arabisch brummelte er seinen Stellvertretern zu:

„Diese fetten Goten, wollen sie uns helfen oder stören?"

Oppa, der Sohn Witizas, begrüßte den hohen Soldaten feierlich:

„General Al-Qama, geliebter Ordnungshüter", schleimte er, „ich weiß, dass der Statthalter Munuza von Gijón euch beauftragt hat, eine Strafexpedition gegen die Asturer zu unternehmen."

Verwundert beobachtete Al-Qama den Geleitzug dieser reichen

Das Licht des Nordens

Dickwänste, die viel zu verweichlicht waren, einen Feldzug mitzumachen.

„Du bist recht unterrichtet, Bischof Oppa, Freund der Muslime", antwortete der General. „Womit kann dir dieser geringe Diener des Kalifen helfen?"

Der Sohn Witizas war verlegen; er fühlte sich in seiner Eitelkeit verletzt. Da bemühte er sich persönlich ins Haus des Generals, um ihm seine Hilfe anzubieten, und der empfing ihn, ohne auch nur darüber nachgedacht zu haben, dass Oppas Beteiligung an der bevorstehenden Militäroperation unverzichtbar war.

„Mir helfen? Ich bin's, der einem General des Kalifen seine Hilfe anbietet. Es ist mein Wunsch, dich bei der Strafexpedition gegen die Asturer zu begleiten, die sich, wie man mir sagte, gegen Munuza erhoben haben und die Zahlung von Tribut verweigern."

Der General Al-Qama betrachtete ihn spöttisch:

„Hervorragender Oppa, Königssohn. Dein Eifer, dem Kalifen dienen zu wollen, entzückt mich. Offenbar suchst du nach langen Tagen der Muße und des Vergnügens zur Abwechslung einmal den Kampf. Das Blut deiner Ahnen verlangt nach der Jagd auf Empörer. Du hast Sklaven besessen, so gehen die Zungen, die dir bei Verrichtung ihrer Pflichten davongelaufen sind. Du darfst nicht gestatten, dass die Domestiken in deinem eignen Hause aufmucken und den Herrn fliehen, dem sie zu dienen und den sie zu erfreuen haben."

Al-Qama sah böse drein. Zweifellos hatte er von der Begebenheit mit Álvaro Wind bekommen. Und er war wohl auch auf dem Laufenden, was den Umgang des Bischofs mit Knaben betraf. Oppa schaute ihn hasserfüllt an.

„Wer mich verrät, darf kein Pardon erwarten", verteidigte er sich mit einem Frosch im Hals.

Al-Qama versetzte ihm einen neuen Genickstoß:

„Ein Satz, so recht deines Messias würdig."

„Du sagst, General", kam Oppa zur Sache, „ich suche den Kampf. Die Asturer werden sich aber nicht deinen Lanzen beugen, wenn Fávilas Sohn sie anführt. Nur wenn wir bei Pelayo eine Zustimmung zum Islam erreichen, werden sie gefügig. Der Wali hat mich bevollmächtigt, ihm jede Art von Ämtern, Pfründen und Privilegien anzubieten. Wir müssen sein Einverständnis zu gewinnen suchen."

Nach einer Pause stimmte der General zu:

„Es sei also! Du kommst mit auf meine Strafexpedition. Asturien soll dünnbesiedelt und unzivilisiert sein. Sie werden unser starkes Heer von Höhen und Hinterhalten aus mit Steinschleudern beschießen. Trotzdem traue ich weder den Asturern noch den aufsässigen Goten, die sich bei ihnen versteckt halten. Komm also mit, Bischof Oppa, und versuche, Pelagius auf den rechten Weg zurückzuführen, diesen Goten asturischen Geblüts oder Asturer von gotischer Rasse. Ihr Christen scheint mir alle wetterwendisch zu sein und wacklig im Glauben. Eure Königreiche fallen vor den Worten des Propheten noch eher als vor seinen Säbeln und sind wie Stroh, das ein kräftiger Wind zerstreut. Es ist Allahs Wille, dass ihr am Ende nicht nur zu Tributpflichtigen und Sklaven werdet, sondern zu Hunden, die haufenweise tot zur Hölle fahren."

Schützende Berge

Schon von Weitem erblickte Pelayo die Staubwolke, die von Osten daherkam. Die beiden Reiter näherten sich schnell und hatten offenbar Wichtiges zu melden. Pelayo pflegte Späher in alle Himmelsrichtungen auszusenden, während sich sein Hauptzug langsam auf sein Ziel zubewegte. Da sie Galopp ritten, ahnte er, dass seine Streife nichts Erfreuliches bringen würde.

„Eine Kompanie von Mauren, Herr. Sie rückt schnell aus Osten vor. Sie müssen erfahren haben, dass du nach Asturien zurückkehrst und Leute sammelst, sie in dein Gebiet zu bringen."

Es war keine Zeit zu verlieren. Pelayo ließ sich über Entfernung, Anzahl und Geschwindigkeit seiner Feinde informieren und blickte dann nach Norden, wo sich schon die asturischen Berge abzeichneten.

„Wir müssen den Schutz des Gebirges erreichen. Dort können wir Frauen, Kinder und die andern Kampfunfähigen verstecken.

Wir, die wir beweglicher sind, reiten weiter, bis wir Verbindung finden zu den aufständischen Sippen."

Hier mischte sich auch Silvio ein: „Herr, die Berge scheinen noch weit. Glaubst du nicht, dass die Mauren uns einholen?"

Pelayo spornte sein Pferd an und rief:

„Wir müssen schneller sein als sie. Will's Gott, so entwischen wir ihnen."

Silvio blieb bei seinen Zweifeln. Sie führten Wagen und kränkliche Leute mit sich, die die Reise verzögerten. Doch alle folgten dem Beispiel ihres Anführers und hielten sich nicht länger mit Betrachtungen auf.

Wenige Meilen weiter nördlich traf eine andre Streife ein, diesmal von Westen. Sie hatte nichts Wichtiges bemerkt; die Gegend schien ruhig.

Das Ödland bot weit und breit keinen Sichtschutz vor den Berbern, die dort nach Nomadenart kampierten, manche auf eigne Faust, andre im Dienst des Wali und des Kalifen. Verbrannte Dörfer, zerstörte Kirchen und Klöster, dem Erdboden gleichgemachte Bauernhöfe und in Brachland verwandelte Felder, all das sprach von der Invasion. Es war nötig, León und Astorga zu umgehen. Dort lag feindliche Garnison, die sie abfangen würde. So rückten sie vor auf einem Nebenweg, auch er eine alte Römerstraße, aber schlechter gepflastert, was den Karrenrädern zusetzte und den Treck verzögerte.

Alle schauten sie auf die fernen weißen Gipfel wie auf eine rettende Wand, die sie vor dem sicheren Tod bewahrte. Die Schädelhaufen, die sich zwischen Ruinen türmten, erzählten genug.

Eine neue Streife traf aus Südosten ein.

„Wir bekommen sie bald zu Gesicht, Sohn des Fávila! Und es sind noch andre zu ihnen gestoßen!"

Pelayo ritt weiter, ohne anzuhalten. Das asturische Gebirge war zum Greifen nahe, die Ebene wechselte ihre goldbraune Färbung gegen ein frisches Grün, und man meinte, bereits das Meer zu wittern.

„In die Heimat! In die Heimat!"

Auf diesen Ruf hin beschleunigte sich der Marsch. Doch je mehr sie sich den Pässen näherten, die ins transmontane Asturien führten, erwiesen sich die Karren als Hindernis, das nicht länger zu ertragen war.

Pelayo fiel eine gewagte Lösung ein: Der Zug würde sich aufspalten. Ein Teil der Krieger sollte unterm Kommando Álvaros und Silvios in einem Felsengelände, das zur Not ihren Rückzug decken würde, den Feind empfangen. Ein andrer Teil unter Nicer würde, mit oder ohne Karren, mit Marcela und ihren Leuten den Weg fortsetzen bis zu einem dichten Buchenwald jenseits des Passes. Pelayo selbst würde mit einigen Männern versuchen, die Mauren in eine ausweglose Schlucht zu locken hin zu Abgründen, mit denen nur er sich auskannte.

Der Plan war riskant. Er bedeutete die Aufteilung der ohnehin schwachen Kräfte, und Frauen, Kinder und Greise waren beinahe schutzlos. Doch Pelayo meinte, es sei das Beste.

Und so hielten's denn alle, indem sie ihm vertrauten. Nicer trieb die Christen in einen Hohlweg, der sie wie ein vom Teufel geschlagener Engpass zu einem großen Wald führte, den die Asturer dem *Cernunnos* geweiht, lange bevor der Kult dieses gehörnten Waldgottes sich in Zentral- und Nordeuropa verbreitete.

Álvaro und Brunhild näherten sich der Maurenkolonne, indem sie Kriegsrufe ausstießen und ihre Waffen gegen die Schilde schlugen, während Silvio in ein Kriegshorn blies und sich mit seiner kleinen Eskorte im Galopp zeigte: Die Berber antworteten auf ihre Weise mit schrecklichem Zungenschnalzen und entsetzlichem Geschrei. Doch von entgegengesetzter Seite versuchten Pelayo und seine Mannen, die Kolonne zu zerlegen, indem sie die Schlacht anboten. Die Strategie musste den Eindruck erwecken, als nehme ein ganzes Kontingent von Christen die Chaldäer in die Zange, während es in Wirklichkeit nur wenige Männer waren, die sie scheinbar unsinnig und überraschend angriffen.

So teilte sich die Kolonne der Mauren, und niemandem fiel es ein, in den engen Pass einzudringen, darin Nicer und Marcela mit ihrem Anhang verschwunden waren. Ging Pelayos Strategie auf, so waren sie gerettet.

Brunhild sah die Mauren auf sich losstürmen. Die Reiter trugen die Gesichter mit Tüchern bedeckt, doch aus ihren Augen blitzte der Tod. Ihre silbernen Brustpanzer glänzten, und die federgeschmückten Lanzen gierten nach Blut. Aber das Mädchen fühlte keine Angst. Sie wollte Gerechtigkeit. Nicht Rache –: Gerechtigkeit. Laut rief sie jene gotischen Worte, mit denen ihr Volk einst in die Schlachten gezogen und deren Bedeutung längst allen abhandengekommen. Es waren Anrufungen der alten germanischen Götter, die das Christentum in Vergessenheit begraben, die aber nun, im Augenblick des Blutvergießens, aus ihrem Walhall heraufbeschworen wurden.

Álvaro, der Sohn des großen Liuwa, fühlte, wie ihm Mut und Kräfte wuchsen. Die beiden jungen Leute lächelten sich kurz zu, und indem Álvaro Helm und Visier anpasste, unterstützte er seine Geliebte in einer ununterbrochenen Folge von Anrufungen, die auch ihm geläufig waren, denn er entstammte der gleichen Kriegerrasse. Er sah die kleinen Rundschilde und die katzenhaften Blicke aus den grünen Augen der Mauren auf sich zustürmen. Bald rollten die ersten Köpfe am Boden oder flogen durch die Luft. In Wellen brandeten die muslimischen Reiter an, und in Wellen fielen ihre Leiber, Helme und Köpfe ins Gras. Und nicht genug damit: Die beiden jungen Goten spornten ihre Tiere an und attackierten auch noch die Kolonne.

Gegenüber, auf dem andern Flügel, ließ Don Pelayo sein Horn tönen und zog damit das Augenmerk auf sich. Er tat, als könne er's nicht erwarten, dass der ungleiche Kampf beginne. Die Reiterkolonnen sahen in ihm leichte Beute, und ohne zu merken, dass sie in eine Falle rannten, folgten sie der Einladung ihres Feindes. Als sie schon glaubten, sich auf ihn stürzen zu können, wendeten Pelayo und seine kleine Schar sich um, kehrten den Verfolgern den Rücken und lockten sie in gestrecktem Galopp zu einem jähen Abgrund. Als Kenner der Örtlichkeit rissen die Christen ihre Pferde kurz vor der Kante im rechten Winkel herum und bargen sich zwischen mächtigen Felsen, während die Maurengäule ungezügelt auf die Klamm zurasten und in die Tiefe stürzten. Einigen, die sahen, wie die Vorhut gleichsam von der Erde verschluckt ward, gelang es, zum Stehen zu kommen, doch die Nachfolgenden, denen sie die Sicht nahmen, prallten ungehemmt auf sie auf. Das Ergebnis: Dutzende von Mauren im Knäuel am Boden und alle wehrlos einem Pfeilregen ausgesetzt, den Pelayo und seine Begleiter aus ihrer geschützten Stellung heraus auf sie niedergehen ließen.

Die muslimische Reiterei zog sich aus der Enge zurück, und ihre Hauptleute besprachen sich. Die Strategie der Christen war aufgegangen. Sie hatten sie in einen Trichter genasführt, und jetzt in diesen Felsen herumzustochern, das würde bedeuten, dass einer nach dem andern ausgelöscht würde. Während sie sich draußen in der Ebene noch berieten, befahl Pelayo den Seinen, sich zu der Schar um Silvio, Álvaro und Brunhild zu schlagen. Gemeinsam folgten sie der Fährte Nicers und Marcelas, die inzwischen die schützenden Baumkronen eines weiten Waldes erreicht hatten, der sich bis zu den Hängen des Hochgebirges hinzog. Dieses Grün atmete die Kühle des Ozeans, und von den Gipfeln, die es überragten wie Riesen auf der Wacht vor den Gefahren des Südens, ließ sich das asturische Land in seiner ganzen Ausdehnung bis zum Meer erahnen.

Als alle wieder vereint waren, gab Pelayo neue Anweisungen:

„Sobald wir den Pass überwunden haben, den ihr dort im Norden seht, seid ihr fürs erste in Sicherheit, Marcela. Dort empfangen euch Astursippen, die die Gegend im Griff haben. Sie bieten euch Unterkunft und Nahrung und werfen ein scharfes Auge auf diesen Wald, der die Vorhalle des Passes ist. Sollten die Mauren in ihn eindringen, wird ihnen kräftig zugesetzt. Und falls sie dennoch nach großen Verlusten den Pass erreichen, so werden die Unsrigen sie dort aufhalten, denn der Durchlass ist so eng, dass einige wenige Krieger hundert oder tausend Chaldäern den Weg versperren können. Jenseits überlasse ich euch der Obhut meiner Asturer, während ich mich mit denen, die noch sattelfest sind, mit andern Kriegern zusammentue. Die Zeit drängt."

Und so geschah es. Die öde Ebene lag hinter ihnen, und die Spähaugen der Berbertruppen waren nicht länger zu fürchten.

Aber auch auf asturischem Boden lauerten noch Gefahren. Munuza unterhielt ein Netz von Spionen und Kollaborateuren und ließ seine Soldaten Streifzüge bis ins Landesinnre unternehmen. Doch war die Rückreise erfolgreich beendet, und Pelayo sah der Vereinigung mit den Häuptern der Sippen entgegen sowie mit den beiden Wesen, die ihm von allen die liebsten waren: Adalsind und Teud.

Athala im Dienste Al-Qamas

AL-QAMA TRAT in Schlaftracht vor sein Zelt, ohne Turban auf dem schwarzen Haar. Die Dringlichkeit des Appells erforderte es.

„Mein Herr, da ist ein Gote in muslimischer Begleitung. Er sagt, er heiße Athala, und seine Sache verlange große Eile."

Der General verzog das Gesicht. In der Tat war das ein Grund, ihn am frühen Morgen zu wecken. Athalas Namen kannte er; er wusste, das war einer von den Goten, die zu Verrätern an ihrem Glauben und ihrem Volk geworden, aber Freunde der Moslems waren. Der Statthalter Munuza hielt ihn als Kollaborateur an seiner Seite.

Erschöpft und schmutzig von einem irrsinnigen Ritt, kniete Athala vor dem General nieder und beugte sein Haupt:

„Mächtiger Herr, Bewahrer der Gerechtigkeit. Ich muss euch warnen. Munuza hat mich mit Pelayo, dem aufrührerischen Heerführer, auf eine Mission nach Hispanien geschickt, zusammen mit der Eskorte, die du dort siehst. Munuzas Absicht war, ihn zu entfernen, um die Schwester des Rebellen ehelichen zu können. Doch der ist entflohen kraft einer Arglist, indem er uns einen Trank eingeflößt. Ich fürchte, dass er vor uns Asturien erreicht hat und die Barbaren und Christen, die in diese Berge geflüchtet sind, zur Empörung aufruft."

Al-Qama besah sich den Goten sehr misstrauisch. Sein Rang als militärischer Oberbefehlshaber verpflichtete ihn auch dazu. Wer die eignen Leute verraten hatte, warum sollte der nicht auch die Moslems betrügen? Er antwortete ihm so:

„Wir fangen diese Ratte. Und im Falle der Schlacht wirst du in erster Reihe gegen ihn stehen. Dann kannst du deine Treue beweisen, die ich fürs erste bezweifle. Munuza, dein Herr, hat dich mit einer Aufgabe betraut, die du, wie ich feststellen muss, verbockt hast: Er beauftragte dich mit der Überwachung eines gefährlichen Feindes, und du erscheinst hier bei mir ohne ihn. Ob's nun von deiner Seite Verrat war oder Nachlässigkeit, weiß ich nicht. In meinem Heer werden beide Vergehen mit dem Tode bestraft. Allah wird entscheiden, ob du schuldig stirbst oder dich diesen beiden Anklagen gegenüber als schuldlos erweist. Ich wiederhole: Du kommst mit mir, und ich stelle dich in die vorderste Schlachtreihe."

Athalas Gesicht verkrampfte sich. Nun erst ging ihm seine Einsamkeit auf. Nie würde er wieder von den Christen angenommen werden, aber auch in den Augen der Muslime war er ein Aussätziger. Es blieb ein Geheimnis, weshalb Pelayo ihn nicht im Schlaf umgebracht hatte. Er hätte es tun können, ja, Athala wünschte geradezu, er hätte es getan. Athala musste sich retten, seine Würde bewahren, und eben wollte er sich in Schwüren und Versprechen ergehen, als die fette Gestalt des Bischofs Oppa erschien, ebenfalls überstürzt und nachlässig gekleidet, denn er war von seinen Dienstboten geweckt worden.

„General Al-Qama, es ist schwer, auszuruhen in diesem Lager, über das du befiehlst. Wer ist der Krieger, der da vor dir kniet?"

Das Gesicht des Bischofs verwandelte sich, als er Athala erkannte.

„Sieh da, wie klein die Welt ist.! Athala heißt du, wenn ich mich recht entsinne. Du stehst unter dem Befehl des Generals Al-Qama, wie's scheint?"

Athala war nicht wenig erstaunt, hier den Sohn Witizas anzutreffen.

„Mein Herr war Munuza, und nun ist's Al-Qama, dem ich diene treu bis zum Tod."

Oppa näherte sich dem knienden Degen. Und indem er den Kopf neigte, um ihn besser ins Auge fassen zu können, sagte er:

„Wir gehören zur selben Partei und helfen dem großen Al-Qama, seine Aufgabe zu erfüllen. Du, Athala, warst meinem Vater schon als Knabe treu. Du kennst den Anführer, Pelayo, Sohn des Fávila..."

Al-Qama unterbrach ihm:

„Er kennt ihn sehr gut, Bischof. Er war sein Helfer, bevor er in den Dienst des Statthalters trat. Munuza, den Allah beschämen möge, beauftragte diesen Athala mit Pelayos Bewachung. Und der ließ ihn laufen. Kurioserweise sehen wir ihn nun hier, wie er mir huldigt, *aber lebendig*. Höchst verdächtig das alles, nicht wahr?"

Athala hob das Haupt und suchte einen Zipfel seiner Würde wiederzugewinnen.

„Töte mich, wenn du so sehr meinen Diensten misstraust! Ich wiederhole, dass man uns einen Schlaftrunk verabreicht hat. Es waren die Weiber des Dorfes, die gemeinsame Sache mit dem Spatharius gemacht."

Al-Qama schnitt ihm mit gebieterischer Hand das Wort ab:

„Ich sagte bereits, was ich mit dir mache. Allah wird im Kampfgeschehen entscheiden. Nun, da der Tag anbricht, müssen wir uns beeilen: Wir brechen die Zelte ab und holen uns den Empörer!"

Am Nalón

Tureno drängte beim Ritt an Pelayos Seite.

„Herr", sagte der Asturer, „wir nähern uns dem Rio Nalón. Wenn wir ihn überqueren, haben wir bald unser Ziel erreicht."

Doch sein Anführer zeigte sich nicht erfreut.

„Es ist zu still", sagte Pelayo. „Das gefällt mir nicht."

Jetzt kam auch Silvio auf seinem Ross dazu:

„Ein Hinterhalt. Wenn die Vögel schweigen, dann liegen Leute auf der Lauer."

Pelayo befahl, die Waffen einzulegen. Und alle machten sich kampfbereit.

Bald benetzte die Pferdehufe das Wasser des Nalón. Pelayo kannte die einzige Furt, die hinüberführte. Aber die Mauren kannten sie auch und ließen gerade bei ihr die Krummschwerter blitzen. Ihre Schreie, wie sie nur afrikanische Krieger auszustoßen verstehen, erfüllten das ganze Tal. Ein Pfeilregen ging auf die Christen nieder. Mit deren Rundschilden reckten sich asturische Sonnenscheiben und gotische Adler gen Himmel. Dutzende Pfeile schlugen ein, verletzten aber keinen Krieger. Gefährlicher war der Angriff einiger riesiger und starker Berber.

Aber auch die Christen verstanden zu kämpfen. Maurische Säbel flogen zu Boden, manche in eins mit der Hand ihrer Herren, um die Griffe gekrallt und kunstvoll von Arm und Körper abgetrennt. Die afrikanischen Riesen fielen einer nach dem andern, doch die Angreifer waren in der Überzahl.

Und sie erhielten noch Verstärkung. Pelayo sah sie den Fluss entlangkommen auf ihren schönen Araberpferden. Es waren zu viele, um ihnen standzuhalten. Pelayo befahl Nicer:

„Stoße ins Horn! Wir müssen fort von hier! Auf nach Osten!"

Nach Osten!, und dabei galt's, den Küstenstreifen zu meiden, den von der Enklave Gijón aus Munuza kontrollierte; nach dem Osten des asturischen Landes, das an Kantabrien stieß und wo die Flucht ihr Ende finden sollte.

„Macht schnell! Wir dürfen hier nicht sterben! Wir müssen Alarm schlagen, die Lunte des Aufruhrs entfachen!"

Don Pelayo schrie diese Worte, weil er sah, dass seine Freunde sich der Flucht widersetzten. Doch es wäre dumm gewesen, hier heldenhaft zu fallen, ohne zuvor den bewaffneten Aufstand aller Asturer ins Leben gerufen zu haben. Sie mussten vadiniensisches Gebiet erreichen, das uneinnehmbare Kernland, von dem aus Pelayo eine große Armee zusammenrufen und Allianzen mit den Nachbarvölkern schmieden konnte. Der große Krieg war das Gebot der Stunde.

Sie spornten ihre Tiere an, und die schossen dahin, schnell wie die Pfeile der Mauren. Nach und nach gelang es ihnen, ihren Vorsprung zu vergrößern, und als sie wieder ins für Asturien typische Labyrinth von Wäldern und Bergpässen eingetaucht waren, durften sie gelassener einhertraben in der Gewissheit, den Sarazenen einmal mehr entwischt zu sein.

Endlich erblickten sie einen weiteren Fluss, den Sella. Dort wurden sie von Kriegern mit vadiniensischen Hoheitszeichen jubelnd begrüßt, aus deren Mitte überaus geliebte Personen hervortraten: Adalsind im Blumenschmuck und Teud, der tausend Dankgebete zum Himmel sandte. Alle gemeinsam hatten ihren Anführer erwartet, um den Aufstand zu beginnen.

Treffen und Wiedersehen

Don Pelayo und Adalsind fielen sich in die Arme. Küsse und Blumen gab es auch für Teud, den Verlobten des Mädchens. Danach herzten und küssten sich alle andern. Brunhild hatte sich bei den Begrüßungen ein wenig zurückgehalten vom Pulk der Menschen, die dort zusammenliefen. Ein Schrei, wie ihn Teud ausstieß, als er seine Schwester erblickte, war noch nie aus einer menschlichen Kehle vernommen worden.

„Brunhild!"

Sonnas, des Hammers, schöne Tochter brach vor Verwunderung und Freude in Tränen aus. Die Umarmung wollte kein Ende nehmen.

„Teud", rief das Mädchen, „mein guter Teud! Gott, was haben wir gelitten!"

Hinter ihnen lagen Demütigungen, Sklavenschaft, Qual. Nach Jahr und Tag noch würden die Erinnrungen daran wieder aufleben. Diese Art von Erfahrungen wird nie vergessen und verblasst nicht in den Nebeln der Zeit. Generationen von Nachkommen Teuds sowie Brunhilds würden sie in der Seele tragen wie eine Lehre aus frühester Kindheit. Und im Blut das ewige Sehnen nach Freiheit, dort in Asturien und in den künftigen Königreichen, für die Asturien Ausgangspunkt und Nährboden werden sollte. Immer würden sie ein gutgeschärftes Schwert zur Hand haben.

Doch es fehlte an Muße, diese Dinge jetzt zu bedenken. Schnell verbrüderten sich Álvaro und Teud. Sie erkannten sofort, dass das

Schicksal sie vereinigt hatte. Teud war ein wenig älter, die körperliche und seelische Verfassung beider aber war die gleiche. Söhne herausragender Geschlechter, waren beide ins Unglück gesunken und hatten darauf geantwortet mit Mut und Standhaftigkeit.

Küsse vereinten auch erstmals Adalsind und Brunhild, die zwei Frauen, die einen Stamm begründen sollten, daraus ungezählte Generationen asturischer und spanischer Weibsbilder entsprossen, mutige Kriegsfürstinnen, die von neuem den Himmel erstürmten, aus dem sie gefallen, um den schlimmsten Abgründen der Knechtschaft zu entsteigen.

Doch Pelayo musste der Feier dieser freudigen Treffen und Wiedersehen ein Ende setzen:

„Ruft den Rat her! Auf zur Versammlung!"

Und Nicers Stierhorn tönte durchs Tal, und durch die andern Täler auch.

Al-Qamas Krallen über Asturien

„Und wo noch besitzt Pelayo Ländereien?"

Athala sah abwechselnd Oppa und den Maurengeneral an.

„Wie ich hörte, im Gebiet der Vadinienser", gab er zur Antwort.

In Al-Qamas Zelt traten Bedienstete und boten Speisen an. Der General forderte den abtrünnigen Goten auf zuzugreifen.

„Und wer sind diese Vadinienser?"

„Vielleicht Asturer", antwortete Athala, „vielleicht auch Kantabrer. Ich weiß es nicht. Jedenfalls halb heidnische Barbaren, die an den Ufern des Sella wohnen. In der Nähe hat auch Adelfuns, ein andrer Aufständischer, sein Herrschaftsgebiet. Eine zerklüftete Gegend. Ich bin nie dortgewesen, aber man erzählt sich schlimme Dinge. Kein zivilisierter Mensch kommt von dort lebendig zurück."

„Die gesamte Zone zwischen Amaya und dem Nordmeer", sagte Al-Qama, „ist behaust von Heiden, wilden Hirten und Eseln in Menschengestalt. Und zu allem Unglück haben Goten, die den Islam ablehnen, sich in Amaya festsetzen wollen. Nach dem Fall der

Festung sind sie zu den Asturer- und Kantabrersippen übergelaufen."

„Mein König Witiza", sagte Athala, „hat diese Regionen immer sich selbst überlassen, obwohl Goten dort Eigentum erwarben und friedlich mit den Einheimischen lebten. Es gab sogar Mischehen, seit die Stämme dort christlich geworden sind."

Al-Qama schaute zur Zeltöffnung hinaus. Draußen ragten riesige Felsmassive, wahre Adlerhorste und Naturfestungen.

Laut dachte er:

„Das ist auch die Strategie von uns Moslems. Und sie wird über die Bewohner Hispaniens triumphieren, egal ob Goten oder Romanen. Munuza ist mit seiner Politik gescheitert. Meine Lanzen werden nicht scheitern. Wir töten die Männer und steigen mit den Weibern ins Bett. Asturien wird sich in nichts unterscheiden von den Regionen, die wir im Süden dieser Berge beherrschen."

Ein Volk entsteht

Zur Höhle kam der Hirtenknabe gelaufen. Dort beteten gemeinsam Adelfuns und Bartolomeo.

„Sie kommen! Sie sind schon da!"

Die gleiche Meldung machte der Trupp, den Adelfuns zu dieser verworrenen Stunde mit sich hatte zur Grotte führen können.

Die Truppe der Asturer wartete in Aufstellung auf dem kleinen Plateau, das sich am Ende eines Steiges unter der Grottenöffnung befand. In tiefes Schweigen hinein sandte der Wasserfall die Melodie seines Rauschens. Viele waren beeindruckt von dem Ort. Leute wie Teud, Silvio und Brunhild, die aus einem von Sonne und Feinden eingeebneten und ausgedörrten Süden kamen, hätten sich solch eine Zuflucht, die eher einem Paradies als einer Festung glich, nicht ausmalen können. Und die gefühligsten unter ihnen, wie Brunhild, spürten die Anwesenheit der Señora. Sie, die Göttin, durchwehte den Ort und spendete ihnen in der Stille, bei der Musik der Kaskade, ihren Segen.

Der Einsiedler und Adelfuns umarmten Pelayo und deuteten eine Verbeugung an.

Als erster sprach Bartolomeo:

„Mein Herr Pelayo. Nun haben wir dich hier, wir alle, die wir die Freiheit lieben und für sie kämpfen. Gott hat gewollt, dass du heil zu uns zurückkehrst, und es war auch sein Wille, dass du so viele Asturer und andre Christen mit dir führst, die Welle der Unbill zu brechen, die erst Hispanien heimgesucht und für den Fall, dass du nicht mit dem Schwerte obsiegtest, die ganze Christenheit auslöschen würde. Doch du musst wissen, dass uns die Señora beschützt und dass du von weit entlegenen Stellen Segen, Hilfe und Atem beziehst!"

Der Heerführer aller Asturer und freien Hispanier sprach:

„Deine Worte werden meinen Arm stärken; und in dem Maße, wie es einem Sterblichen gegeben ist, werde ich dem Feind entgegentreten und mit seiner Vertreibung beginnen."

Der Einsiedler sprach ein Gebet und schloss:

„So sei es!"

Und er kniete nieder vor dem imposanten Krieger.

Dann war Adelfuns an der Reihe, der Sohn Don Pedros von Kantabrien. Beide Krieger, von unbeugsamen Geschlechtern, sanken in brüderliche Umarmung.

„Wir führen die Waffen gemeinsam gegen denselben Feind. Die ganze Zeit über hat der heilige Mann dieser Grotte mich über deine Wege in Kenntnis gehalten. Da einst der Hochmut Roms sich in diesen Gebirgswäldern zeigte, musste das Imperium verblüfft zur Kenntnis nehmen, dass unsre Leute lieber den Tod suchten, als fremden Herren zu dienen. Sehe ich jetzt alle hier versammelt, um sich in Waffen gegen ein andres Imperium zu erheben, das so anders nicht ist, so macht der Wunsch, in den Krieg zu ziehen, das Blut in meinen Adern kochen."

Diesen Worten Adelfuns' fügte Pelayo weitere hinzu, die von den Anwesenden mit höchster Aufmerksamkeit verfolgt wurden:

„Wohl gesprochen, Adelfuns. Und das, was du gesagt hast, ergänze ich durch den Befund, dass man einem Reich nur widersteht, indem man ein andres gegen es in Stellung bringt. Derzeit sind wir in den Augen der Chaldäer lediglich eine Meute wilder Tiere, die Schutz suchen in den Gebirgen des Nordens. Wenn wir sie aber schlagen und von hier vertreiben, wird Asturien ein Reich werden. Die Adler in ihren hohen Horsten sind nicht frei, solange es erlaubt ist, ihnen die Flügel zu stutzen und die Eier zu rauben. Wir werden aus unsern Felsennestern niedersteigen und vor dem Kalifen ein Reich sein, das ihm die Stirn bietet. Asturer, Kantabrer, Christen: Krieg!"

Und alle, die da bei der Höhle zusammenstanden, riefen wie aus einem Munde: „Krieg!"

Die Waffen in der Faust, hoben sie die Arme. Und sie schlugen ihre Schilde und machten entsetzlichen Lärm, dessen Echo von den Bergen widerhallte.

Erschreckt vom Toben Hunderter von Kriegern fuhr die junge Ikko zusammen. Einer, der neben ihr stand, blickte ihr ins Gesicht und rief laut, indem er mit dem Finger auf sie wies:

„Eine Maurin!"

Da trat ihm Alfakay entgegen, der eher unbeachtet geblieben war:

„Sie ist Christin wie du und ich. Wir wurden in dieses Land gezwungen, als Munuzas Sklaven. Wir sind auf deiner Seite."

Der Krieger, ein Hitzkopf, nahm andre, die ihn umgaben, bei den Schultern:

„Wie ist es möglich, dass wir Spione unter uns dulden?"

Die Stimmung ward gefährlich. Da bahnte sich Adalsind den Weg zwischen den breiten Männerrücken hindurch.

„Was geschieht hier?", fragte Pelayos Schwester.

Einige Männer bedrohten Ikko schon mit dem Schwert, und Alfakay war mit einem von ihnen ins Gerangel geraten.

„Eine Maurin! Was machen Spione unter uns? Schaut den Burschen an; das ist auch einer!"

Adalsind schob sich zwischen ihre Freunde und die aufgebrachten Krieger.

„Das sind meine Freunde! Das sind Christen!", schrie sie mit einem wilden Gefühl von Machtbefugnis. Die Krieger verstummten und ließen ihre Waffen sinken.

„Die beiden sind unsre Retter. Teud, der Sohn Sonnas, des Hammers, und ich wären nie aus Munuzas Krallen freigekommen. Diesen beiden, Alfakay und Ikko, sind die Asturer größten Dank schuldig. Ohne ihr Eingreifen hätte dieser Aufstand nicht stattgefunden."

Der Kämpfer, der die Szene verursacht hatte, verneigte sich vor Adalsind und bat die beiden jungen Berber um Verzeihung. Pelayo, der wie auch Adelfuns alles mitbekommen hatte, sprach so, dass die Menge es hörte:

„Gelobt seien diese jungen Leute für ihre Hilfe und Freundschaft! Alfakay und Ikko werden immer einen Ehrenplatz unter uns haben!"

Asturer wie Kantabrer ließen die beiden hochleben. Auch die wenigen anwesenden Goten und Hispanier jubelten ihnen zu. Das Samenkorn eines neuen Christentums war auf fruchtbaren Boden gefallen. Nach diesem Zwischenfall trat Bartolomeo an Pelayo heran, neigte sich achtungsvoll und sprach:

„Die Grotte der Señora wurde bewacht für dich, mein Herr Pelayo, den ich den Fürsten der Asturer heiße. Im Namen des Ordens, dem ich angehöre, sage ich dir und deinem hier versammelten Volk, dass meine Oberen bereits seit deiner Wallfahrt ins Heilige Land in dir den Mann erschaut, der das Schwert führen wird, das Christus und der Welt jetzt nötig ist. Du wirst auch zu rechter Zeit Gebrauch machen von dem Zeichen, unter dem der Feind besiegt wird."

Bartolomeos Worte und die Art, wie er sie gesprochen, machten mächtig Eindruck auf jene, die sie verstanden. Viele schlugen mit den Händen das Zeichen des Kreuzes, andre schlossen die Augen, um vom Himmel Worte der Ermutigung und des Trostes zu vernehmen.

Dann begaben sich Auserwählte ins Innre der Höhle, um die Bilder zu schauen, die die Kristallkugel für sie bereithielt. Es traten ein: Pelayo, Adalsind, Teud, Álvaro, Brunhild, Nicer, Don Alfonso, Ikko und Alfakay sowie ein paar Sippenhäupter. Was genau sie dort drinnen gesehen, ist bis heute geheim geblieben, zweifellos aber ward ihnen ein Zeichen des Sieges ans Herz gelegt, denn als sie wieder nach draußen hervortraten, erfüllten sie das bewaffnete asturische Volk mit Mut und Begeisterung.

Auf dem Weg zur Grotte

„Diese Wildesel werden sich uns nicht zeigen"; sagte Athala, der dennoch die Höhen betrachtete, als fürchte er jeden Augenblick das Erscheinen der Asturer.

Al-Qama, der ihm zur Seite ritt, antwortete:

„Sie wären dumm, wenn sie's *nicht* täten. Alles ist ihnen günstig: das steile Gelände, die Versteckmöglichkeiten, ihre Kenntnis des Landes. Ich glaube, du verstehst nichts vom Krieg, Athala. An Pelayos Stelle würde ich Hinterhalte legen."

Da rückte Oppa auf seinem Pferd heran, arg mitgenommen vom Ritt.

„General Al-Qama, in den engen Tälern dieses verdammten Landes setzen wir uns als Kolonne ernstlich einem Angriff aus", begann er.

Ohne ihm einen Blick zu gönnen, antwortete Al-Qama:

„Fällt dir, Oppa, eine bessre Art der Fortbewegung ein? Kein Krieg ohne Risiken. Meine Erkundigungen sagen mir aber, dass wir auf keinen organisierten Widerstand stoßen werden. Den Asturern fehlen Heer und Königswürde. Ihre Clans werden sich nicht einigen."

Oppa, der in der Feuchtigkeit niesen musste, gab dem Mauren zurück:

„Du irrst, General. Mein Vater Witiza bekriegte diese Clans und kannte sich aus mit ihnen. Die Asturer sind tatsächlich geschmeidig zu machen, wenn Zwietracht herrscht unter ihnen. Rom und später Toledo erreichten mit dieser Taktik ihre Ziele. Doch vereint sind ihre Sippen unbezwingbar."

War Oppa auch kein Kriegsmann, so schien er doch zu wissen, wovon er sprach. Al-Qama, der den fetten Königssohn zunächst verachtet hatte, war überrascht von der Sicherheit seiner Überlegungen.

„Aber es fehlt ihnen ein König; einer, der sie begeistert und eint", warf er ein.

Der Bischof antwortete unwillig:

„Du verstehst nicht, Herr, was geschieht. Weshalb, glaubst du wohl, will ich so dringend mit Pelayo reden? Er ist der Mann, der das Wunder bewirken kann. Ich muss ihn für die Sache Witizas, meines Vaters, gewinnen, die ja auch die Sache der Muselmanen ist."

Der General wandte endlich den Kopf und sah den Bischof an:

„Er gehört nicht zu ihnen. Sie werden keinen Goten als Anführer akzeptieren."

Der Bischof griff mit seinen Patschhänden in die Luft:

„Irrtum, mein Herr Al-Qama. Die Asturer sehen in Pelayo einen der Ihren. Ihm fließt ja auch zum Teil ihr Blut in den Adern, und er besitzt Grundstücke im ganzen Land. Ich glaube, du ziehst schlecht berichtet in diesen Krieg."

Al-Qamas Miene verfinsterte sich. Diese Kritik ging ihm auf die Nerven. Er war ein Mann der Tat, der nichts auf Verhandlungen gab. Um einem weiteren Disput über seine Befehle zu entgehen, spornte er sein Pferd an und setzte sich an die Spitze der Kolonne. Oppa blieb zurück an der Seite Athalas. Der sagte zum Bischoff:

„Du hast recht, Herr. Ich war mit Pelayo zusammen und weiß, dass er fähig ist, einen Aufstand anzuzetteln. Es gibt keinen König der Asturer, – er aber könnte es werden."

Doch Athala hatte noch mehr auf dem Herzen:

„Herr, Sohn des großen Witiza...", wollte er schmeichelnd fortfahren.

„Des *großen* Witiza, den du verraten hast", ereiferte sich der Bischof.

Athala machte mit der Rechten eine beschwichtigende Geste:

„Ich habe geirrt, Herr. Und ich wünsche, meinen Irrtum gutzumachen. Doch erlaube, dass ich dir sage: Ich glaube nicht, dass die Sache, für die du eintrittst, die Sache deines Vaters, von den Moslems verteidigt wird. Sie sind gekommen, um zu bleiben. Das Höchste, was du erwarten kannst, – falls sie die Absprachen einhalten –, sind Paläste und Pfründe, mit denen ihr unter die großen Familien zählt, immer unter der Bedingung, dass ihr die Politik nicht behindert. Aber keiner von euch wird je einen Thron in Toledo besteigen. Du und ich, wir wissen, dass die Macht der Moslems unwiderstehlich und was Pelayo, Adelfuns und eine Handvoll andrer Verrückter planen, eben das ist: eine Verrücktheit und der Wunsch, von Hand der Berber zu fallen."

Unentwegt beobachtete Oppa die Höhen. Er spürte, dass er in eine Falle, eine rechte Mausefalle, ritt. Nur schwer ertrugen seine Nerven diese Landschaft von Felsen, hohen, schneebedeckten Bergen, Nebel, Wolken, die die Gipfel verhüllten, häufigem Regen und unnützen Wegen um Raubtiernester. Aufgewachsen in Luxus und an die Ebene gewöhnt, hasste er dieses verteufelte Gebirge nicht weniger als ein Moslem. Er sah sich deutlich in Gefahr, und die Strategie des Generals schien ihm selbstmörderisch und dumm.

„Wenn ich mit Pelayo reden kann und seine Zustimmung erhalte", sagte der Bischof, „kann dieses glänzende Heer in die Ebene zurückkehren, sich in Astorga oder León einquartieren. Aber nie werden wir dieses Land beherrschen, und sei's nur eine Handvoll Barbaren, die uns befehden. Al-Qama irrt sich ganz und gar. Er hat mir erlaubt, mit ihrem Anführer zu unterhandeln, aber er ist erpicht auf die Mittel, die er in den Städten Hispaniens erprobt hat: plündern, Köpfe abschneiden, Frauen vergewaltigen und Kinder als Sklaven verkaufen. In der Ebene, in den Städten ist es schwer, einem Heer erfahrener Krieger zu widerstehen. Aber hier..."

Auch Athala ward immer unruhiger. Er wusste, dass Witizas Sohn recht hatte.

„Ich glaube zu wissen, wo Pelayo die Asturer zusammenführt", bemerkte er.

Der Bischof sah ihn gespannt an. „Sag's mir, Athala. Vielleicht kannst du deine Irrtümer und deinen Verrat ungeschehen machen.", erwiderte er.

Athala blickte gen Osten.

„Ich habe lange genug mit Roderichs Schwertführer gelebt und kenne seine Schliche", erklärte er. „Al-Qama müsste sich gegen das Gebiet der Vadinienser wenden. Dort besitzt Pelayo Ländereien und kann auch auf die Hilfe Alfonsos rechnen, des Sohnes von Herzog Pedro. Ein Zusammenschluss wäre fatal für uns."

Der Bischof wandte den Blick nicht von Athala, der ihn immer neugieriger machte.

„*Uns?*", fragte er mit Schlangenstimme. „Erlaube, Athala: ich verstehe deine Pläne noch nicht. Aus meinen mache ich keinen Hehl und zeige aller Welt meine Trümpfe. Ich vertrete das Recht. Wenn der Kalif und in seinem Namen der Wali in Hispanien befehlen können, so nur, weil die Goten meines Vaters sie gerufen haben. Aber du? Du fandest dich *nicht* unter ihnen. Was willst du, Athala? Wer bist du?"

Der Abtrünnige blickte immer nach Osten.

„Ich will triumphieren, weiter nichts", war seine Antwort. „Ich bin nicht als Krieger geboren, um mich in einem unwirtlichen Wald zu verstecken. Auch nicht, um Haussklave der Mauren zu sein. Ich muss Al-Qama beweisen, dass ich zu ihm gehöre."

Der Bischof schien nicht sehr zufrieden. Es war der krudeste Opportunismus, den sein Begleiter da äußerte. Doch was zu tun war, lag auf der Hand. Athala musste Al-Qama überzeugen, sich gegen den Sella zu wenden, auf vadiniensisches Gebiet, zur Höhle. Dort musste Pelayo stecken. Und dann würde Oppa den Moslems seinen Einfluss zeigen kraft seines Wortes und eines auszuhandelnden Versprechens. Die beiden Goten trieben ihre Pferde an. Sie mussten noch einmal mit dem General reden.

Kriegshochzeiten

D<small>IE WENIGEN</small> E<small>INWOHNER DER</small> U<small>MGEBUNG</small>, meist Hirten, trugen an Vorräten herbei, was sie besaßen, um die kleine Truppe zu versorgen. Honig gab's im Überfluss, denn in den Felsspalten wohnten ganze Bienenvölker. Milchprodukte wurden in kühlen Winkeln verstaut, auf dass sie sich hielten für den Fall einer Belagerung. Nach der Versammlung gab es viel zu erzählen, und bei einer bescheidenen Mahlzeit hörte Pelayo sich die Erlebnisse Adalsinds, Teuds, Brunhilds, Álvaros, Silvios, Nicers und Bartolomeos an. Dann sprach er laut und für alle vernehmlich zu seiner Schwester Adalsind:

„Diesen Schimpf, der dir angetan ward, kann niemand verzeihen, und ich, dein Bruder und einziger Mann der Familie, der die in deinem Leib befleckte Ehre rächen kann, schwöre vor dem Allerhöchsten, dass Munuza und sein ganzes Geschlecht durch das Schwert in meiner Hand und den Stahl aller meiner Erben vernichtet und vertilgt werden sollen. Und wenn es Jahrhunderte braucht, diese Pest auszurotten und zu vertreiben, – die Rache wird vollstreckt. Ich segne, meine geliebte Adalsind, deine Ehe mit Teud. Als Jungfrau im Geiste findest du dich bei ihm ein, wie du als Jungfrau des Krieges der Unzucht des Feindes entgegengetreten bist. Ruft einen Priester her, auf dass diese Ehe vor Gott geschlossen und das asturische Volk Zeuge werde des Bundes meiner Schwester mit dem mutigen Teud, dem Sohne Sonnas, des Hammers, der ebenso gelitten hat durch die Unterdrückung seitens der Chaldäer!"

Hoch- und Beifallsrufe. Der Priester, einer der wenigen, die zugegen waren, trat hervor, die Zeremonie zu vollziehen, doch zuvor bat Álvaro, Sohn des Liuwa, Pelayo sprechen zu dürfen, woraufhin der sich vertraulich mit ihm und Brunhild unterhielt. Roderichs Schwertführer war tiefbewegt vom Bericht der Gefangenschaft und des Leidensweges beider jungen Leute, wie er die Lage unzähliger Bewohner Hispaniens widerspiegelte, die dort unten im Süden von einer fremden Macht gedemütigt waren. Schließlich erhob er sich und sprach mit lauter Stimme:

„Brunhild und Álvaro. Euer Leiden an der feindlichen Unterdrückung ist mein eignes Leiden. Ich sehe euch würdig die Waffen ergreifen gegen die Barbaren, die nach Hispanien eingedrungen sind. Ungeachtet eurer Jugend und, in deinem Falle, Brunhild, deines Geschlechts, seid ihr entschlossen, das Leben derer, die ihre Macht missbraucht, eine Irrlehre ausposaunt und das Volk versklavt haben, dahinzumähen. Ich segne eure Kraft und Stärke. Es ist nicht alles verloren, wenn es in Hispanien Götterkinder gibt, die bereit sind, diese Feinde bis aufs Blut zu bekämpfen. Ihr habt darum gebeten, vor der Schlacht die Ehe einzugehen. Und ich stimme zu, dass der Priester, der meine leibliche Schwester mit Teud trauen wird, auch Brunhild und Álvaro vermählt, die ich gleichermaßen wie leibliche Geschwister liebe."

Und die Zeremonie wurde begangen nach Art der Alten: unter freiem Himmel, die Schwerter in der Luft und unter Jubelrufen des Volkes. Die vier jungen Leute boten ein schönes Bild. Auf ihren Gestalten und Gesichtern lag der Glanz früher Helden aus Zeiten, da der Mensch sich noch nicht so sehr geschieden hatte vom Göttlichen in den abgelegenen Wäldern des Nordens.

Freudenmahl und Trinkgelage, mit denen sonst ein solcher Tag begangen wird, mussten entfallen. Es nahte der Feind, und die Botschafter brachten soeben die Nachricht.

„Al-Qamas Heer!", rief ein asturischer Reiter, sprang vom Pferd und lief auf Pelayo zu. „Sie dringen schon ein!"

Tatsächlich war „eindringen" das rechte Wort für das, was die Muslime in diesem Massiv zu leisten hatten, das Covadonga umfasste, diesen Winkel von Monte Auseva, dem Rio Deva und der heiligen Höhle. Hohe Berge bildeten eine Art ungeheurer Festung, eher für Riesen gemacht denn für Menschen. Wie Oppa richtig erkannt, war dies eine Mausefalle für das Heer des Kalifen. Al-Qama wusste das sehr wohl, aber er glaubte sich stark genug, um zu obsiegen bei dem, was in seinen Augen nichts weiter war als eine Strafexpedition gegen wilde Strolche.

In der Nähe der Höhle

„GENERAL AL-QAMA", fing der Bischoff wieder an, „wenn der große Wali Anbasa dir befohlen hat, an dieser Stelle ins Gelände

Das Licht des Nordens

einzudringen, so muss ich dir sagen, dass dies ein Fehler ist, den du nicht begehen solltest. Du erweist ihm einen bessren Dienst, wenn du seine Anweisungen nicht Wort für Wort befolgst."

Al-Qama zog die Brauen zusammen.

„Anbasa ist der Wali; er verwaltet ganz España. Werde ich ihm ungehorsam, so bin ich dem Kalifen untreu. Der Wali vertraut mir voll und ganz, und ich kann mir nicht deine Köterrasse zum Vorbild nehmen, Oppa, in der es von Verrätern wimmelt."

Ungeachtet dieser Spitze ließ Oppa nicht locker:

„Al-Qama, du bist es, der im Gelände steht. Der Wali hat keine Ahnung von diesem Land. Diese Expedition hat er von seinem Palast aus geplant, indem er sich auf Berichte aus zweiter Hand verließ. Als Krieger, der du bist, weißt du, dass man seinem Vorgesetzten manchmal in Einzelheiten ungehorsam sein muss, um im Großen und Ganzen seinen Auftrag besser zu erfüllen."

Das Heer rückte durch ein kleines Dorf, in dem weder Menschen noch Tiere zu finden waren. Auch ließ nichts auf die Anwesenheit von Feinden schließen. Danach fädelte es sich ein in eine Enge namens El Cueto. Den Himmel verdeckten Baumkronen, und Felswände schlossen sich über den Köpfen der Soldaten zusammen. Nie hatten die Berber eine ähnliche Landschaft erlebt. Die Vogelwelt schwieg, als ahnte sie ein kommendes Gewitter oder ein andres verhängnisvolles Ereignis, und mancher Maure sah schon Christenköpfe aus Felsen oder dem Grün hervorlugen.

„Das Wahrscheinlichste ist, dass wir ein, zwei Trupps buntbemalter Farbgesichter treffen", sagte Al-Qama, vielleicht um seine Leute zu beruhigen.

Athala seinerseits bemerkte, dass der enge Anstieg von El Cueto einen Bogen schlug. Vermutlich versteckte sich hinter diesem Bogen die Höhle.

„Irgendwas zetteln sie an", sagte er. „Dieses Schweigen ist unnatürlich. Sie haben zweifellos ihre Krieger gruppiert. Es ist nicht wie üblich."

Al-Qama schloss zu ihm auf und sah ihn forschend an. Zweifel durchfurchten sein Gesicht.

„Was ist denn bei den Asturern *üblich*, Athala?", fragte er.

War Athala auch kein Kenner der Konflikte im Norden, so kannte er als Gotenkrieger doch die Art der Scharmützel zwischen den königlichen Truppen und Einheimischen. Asturer und Kantabrer, so erklärte er, übten gegen die Germanen aus dem Süden eine Zermürbungstaktik. Partisanen einzelner Stämme führten überraschend Angriffe aus, immer in Kenntnis des Geländes. Dennoch hatten sich mit der Zeit größere Einheiten gebildet. Einige waren verbündet mit den Sueben, einem dem Toldanischen Reich feindlich gesonnenen Volksstamm, der viele westliche Asturer in sich aufgenommen. Die Zeichen auf Helmen und Schilden sowie die Reitertaktik erinnerten noch daran. Ohne wie Pelayo im Norden verwurzelt zu sein, hatte Athala die Vorurteile des Generals gegenüber den Völkern der Gegend längst überwunden. Diese Nordleute waren nicht „ein Dutzend wilder Esel", wie der Maure zu wiederholen pflegte. Athala kannte die Bedingungen, unter denen Asturer und Kantabrer die lediglich formale Vorherrschaft der Goten gebilligt hatten. Sein Blutstolz hatte ihn verleitet, sie als barbarisch und grausam zu verachten. Jetzt aber schlug seine Verachtung in Angst um.

Und Angst machte ihm auch dieser enge, ansteigende Durchgang, die „Mausefalle", von der Oppa, der Sohn Witizas, immer sprach:

„Es bleibt eine Hoffnung, Athala", sagte der Bischof, „eine schwache Hoffnung: Dass Pelayo so wenig Hirn besitzt wie Roderich, der Usurpator. Als der nämlich Nachricht erhielt von Tariqs Landung und Julians Manöver, mit den Moslems zu paktieren und ihnen all seine Schiffe anzubieten, da trommelte dieser Tyrann wahllos eine Kriegermasse zusammen aus Leibeignen, halb verhungerten Hispaniern wetterwendischer und schwachgläubiger Art... Und außerdem, ohne einen Plan zu haben für den Fall der Niederlage!"

Athala konnte sich nicht verkneifen zu bemerken:

„Aber er rechnete auch nicht mit dem Verrat seiner Leute. Ein Krieger fürchtet nicht den Feind, den er vor sich hat. Doch muss er den fürchten, der vorgibt, auf seiner Seite zu stehen, und es nicht tut."

Der Bischof wollte Athala verwünschen. Da fuhr Al-Qama dazwischen: „Schweigt und lasst eure Dummheiten! Hier und jetzt gehe ich davon aus, dass wir einig sind und es keinen Verrat gibt vor Pelayo. Wir alle haben Anbasa Treue geschworen."

Oppa, der seinen Zorn besänftigte, schaute ihn aus seinen kleinen blauen Augen an:

„Und du, General, vergiss dein Versprechen nicht. Du hast mir zugesagt, mich reden zu lassen, bevor die Schlacht beginnt."

Al-Qama beobachtete unentwegt die Höhen. Er war immer überzeugter, dass das Tal eine Falle war, wie der Christ sagte.

„Schauen wir, ob Pelayo dir die Möglichkeit zu reden gewährt. Ich für mein Teil stehe zu meinem Wort."

Da davon auszugehen war, dass Pelayo sie heimlich und ganz in der Nähe in seiner Höhle erwartete, trennte Al-Qama seine Kolonne in zwei Teile. Ein dritter eilte als Vorhut voraus. In ihm befand sich Oppa, der darauf brannte, den Asturer zu überzeugen. Al-Qama und Athala folgten ihm.

Oppas Rufe

NICER UND ABIENO sprangen von den Pferden und liefen zu Pelayos Zelt.

„Die Chaldäer sind da. Mit einem riesigen Heer!" Pelayo unterbrach seine Besprechung mit den andern Anführern der Asturer und Kantabrer. Der Kampf würde beginnen.

„Fußvolk und Reiterei?"

Nicer nickte:

„Im Verhältnis zehn zu eins. Sie sind gut ausgerüstet, aber nach der leichten Art der Chaldäer."

Don Alfonso, der zugehört hatte, meinte:

„Die Leichtigkeit wird ihnen wenig nützen bei dem unwegsamen Gelände."

„Sie haben ihre Kolonne aufgeteilt?", erkundigte sich Pelayo weiter.

Und Nicer bestätigte abermals:

„Zunächst rückt die Vorhut an. Etwa der dritte Teil. Danach der Rest. Wegen der Enge des Weges marschieren sie einzeln hintereinander."

„Gott im Himmel ist uns behilflich", sagte Pelayo. „Da machen gerade ein erfahrener General und eine siegesgewohnte Truppe einen schweren Fehler. Wir lassen die Vorhut unbehelligt El Cueto passieren. Ist sie erst an der Grotte vorübergezogen, dann wird der Rest sich hoffentlich bei ihr aufstellen. Wir sind nur Wenige, doch können wir in der Höhle dreihundert Mann unterbringen und andre in der Umgebung, wo immer sie Schutz und Brustwehr finden. Über die Chaldäer werden Pfeile und Steine niedergehen, ohne dass sie auf die Hilfe ihrer Vorhut zählen können, denn die hat den Engpass hinter sich, und ihr wird von einem unsrer Kontingente der Rückweg verlegt. So bleibt sie vom Truppenkörper abgeschnitten."

Don Alfonso billigte den Plan. Soeben trafen neue Sendboten ein, was man zum Anlass nahm, sämtliche Asturer und Christen an ihren Plätzen zu verstecken.

Die Ersten der Vorhut bogen um das Knie von El Cueto.

Die blitzenden Kürasse, die Helme der Anführer, eingeschlagen in Turbane, die prächtigen Tücher und Decken auf ihren Schultern und den nackten Beinen, die Beinschienen und Krummsäbel, all das schien aus einer andern Welt. Die Krieger der nördlichen Gebirge glaubten ein Heer dunkler Teufel zu erblicken, das von weit entfernten, fast vergessnen Höllen heraufstieg.

Mit lauter Stimme rief aus dieser Vorhut heraus ein sehr dicker Mensch nach Don Pelayo.

„Pelayo!, Pelagius!", schrie der Mann, der angetan war wie ein christlicher Bischof.

„Witizas Sohn!", stieß Don Alfonso leise hervor.

Pelayo erinnerte daran, dass nicht geantwortet werden durfte, damit die Vorhut weiterzöge und die Asturer die beiden Truppenteile getrennt angreifen konnten. Bischof Oppa blickte in die Höhen, doch seine Luchsaugen konnten nichts erkennen. Zu gut hatten sich die Asturer versteckt.

Pelayo sah von seiner Brustwehr aus, wie der Dicke mit Athala und Al-Qama verhandelte.

„Pelayo!", rief Oppa abermals. „Ich komme, um dir ein Sahnestück anzubieten. Pelayo, du und deine Leute, ihr sollt eine Ehrenstellung erhalten im erneuerten Königreich der Goten!"

Alfonso juckte es in der Hand, den Bischof zu töten. Aber Pelayo hatte jeden mit dem Tode bedroht, der einen einzigen Pfeil gegen Oppa oder das Chaldäerheer senden würde. Und es gab niemanden, der Pelayo nicht gehorchte.

Nachdem Oppa vergeblich gegen Fels und Wald gerufen, trieb er sein Pferd zur Treppe zurück. Athala und Al-Qama setzten sich wieder an die Spitze.

Und die lange Reihe der Mauren zog durchs Sichtfeld der Grotte und ihrer Umgebung dahin. Binnen kurzem würden sie sich, isoliert vom Gros ihrer Truppen, einem Regen von Pfeilen, Spießen und Steinen ausgesetzt sehen. Ohne die Möglichkeit zu fliehen. So jedenfalls war's von Pelayo vorgesehen.

Manche Asturer in der Höhle beklagten eine vertane Gelegenheit. Die gesamte Reihe der Feinde befand sich in Schussweite. Doch sahen die meisten ein, es sei gescheit von ihrem Anführer, sie vorüberziehen zu lassen, auf dass den Truppenkörpern gegenseitige Hilfe unmöglich gemacht würde.

Als die Reihe der Mauren vorübergezogen war, legte sich gespenstische Ruhe um die Grotte. In ihrem Innern verfolgte Bartolomeo verworrene Bilder. Die Kristallkugeln zeigten Blut, Tod und Spannung, nichts vom Sieg. Es war die Stunde der Krieger: die Zukunft hing ab von ihren Muskeln, ihren Fäusten, ihrem Stahl.

Die Schlacht beginnt

„Oppas Bemühen ist dumm", sagte der General mit schwindender Zuversicht. „Alles deutet darauf hin, dass Belay sich versteckt oder uns nach Art der Feiglinge überraschend angreifen will."

Der abtrünnige Athala schaute auf den schmalen Weg, das frische Grün der Bergwälder, die Höhen, von denen tausend Augen spähen und mit todbringenden Pfeilen auf sie zielen konnten.

„Wenn er uns angreifen will, so ist der Augenblick gekommen, General. Wir haben uns in eine Falle begeben. Das hier ist eine Mausefalle, wie Oppa richtig sagte."

Al-Qama hielt sein Streitross an. Die Araber und Berber hinter ihm taten's ihm nach. Mit einiger Verzögerung kamen auch die Fußtruppen zum Stehen.

„Nicht ein Vogel. Keine Fliege oder Hummel", sprach der General. „Das kündet Tod."

„Die Grotte, von der so viele Sagen reden", sagte Athala immer besorgter, „ist ein Wolfsrachen. Deine Späher, Al-Qama, sind auf asturische Legenden hereingefallen, und dieses Volk besitzt tausende davon. Die *Cueva de la Señora*, die *Cueva de la Diosa*. Und Pelayo hat dafür gesorgt, dass diese Legende zum Fix- und Angelpunkt deines Heeres würde. Um es vor seine Fuchsschnauze zu locken. Jetzt muss er nur noch zuschnappen mit seinem dichtbesetzten Gebiss."

Al-Qama fühlte sich erniedrigt von einem Goten, den er immer nur als seinen Häscher und im Grunde als schmutzigen Verräter betrachtet hatte.

„Elender! Zensierst du die Strategie deines Herrn? Hast du mir je einen nützlichen Wink gegeben? Du kommst mir mit Verweisen? Kann ich etwa aus meinem Kopf die Möglichkeit streichen, dass du Munuza verrietest, indem du Belay hast entwischen lassen?"

Athala wollte das Schwert ziehen, als plötzlich der merkwürdige Laut eines Vogels über ihren Köpfen die Runde machte.

„Feinde!", rief der General.

Mit blanken Schwertern, doch ohne sich noch schlagen zu wollen, schauten Athala und Al-Qama auf die Berge und das Strauchwerk, das sie umgab. Die Mauren hoben ihre weißen Augäpfel gegen den Himmel und die Gipfel. Viele dachten an ihre Frauen und

Das Licht des Nordens

Kinder daheim, wo das Glück des einfachen Lebens wartete. Sie waren in ein Land gekommen, von dem Allah nicht wollte, dass es ihres sei. Und das Blut, das unterm Monte Auseva vergossen werden sollte, floss für die Sünden Hispaniens und die Gier der Fremden, die es eingenommen hatten.

Die Pfeile flogen. Dutzende von Mauren, die sich mit ihren Rundschilden deckten, wurden gut gezielt von den schlecht bedeckten Flanken her aufgespießt. Die arabischen Hauptleute gaben strikte Befehle, doch der enge Gang gab keinen Spielraum für die gängigen Manöver her. Um mehr Schutz zu genießen, sprangen die Reiter von den Pferden. Die wälzten sich am Boden und zerdrückten die Leichen junger Krieger, die auf fremder Erde hatten sterben sollen. Al-Qama erkannte klar, doch zu spät, das Gemetzel. Geschleuderte Steine machten Schädel klaffen, Hirn mischte sich mit Blut. Dem Angriff etwas entgegenzusetzen, war so unmöglich wie Flucht oder Rückzug. Kaum brachen ein paar Muslime seitwärts aus, hangauf oder hangab, um ihr Heil im Gesträuch zu suchen, so machten die Asturer Jagd auf sie und stießen ihnen das Schwert in Hals oder Herz. Das ganze Gelände füllte sich mit Leichen, darunter schönen und jungen, die für immer zur Hölle fuhren.

„Al-Qama!", schrie Athala mit weit aufgerissnen Augen, wahnsinnig vor Schreck, „wir müssen umkehren und das Heer warnen!"

Der Gedanke war albern. Jeder Rückzug war abgeschnitten durch Asturer, die die Vorhut von hinten angriffen. Unterm Schutz seines mit Pfeilen gespickten Langschildes näherte der Gote sich dem General, um besser verstanden zu werden.

„Durch den Wald! Du und ich, durch den Wald!"

Athala wies abwärts. Der General hatte zwei Möglichkeiten: Er konnte ehrenhaft inmitten seiner Männer sterben in der Falle, darein er selbst sie geführt, oder es aber feige fliehend tun, indem er die Vorhut kopflos zurückließ. Al-Qama wusste, dass dort unten im Durcheinander von Bäumen und Gestrüpp, das Athala meinte, hunderte von Asturern steckten, die es durchkämmten und keinen Moslem am Leben ließen.

„Geh du und warne sie! Nimm zwei Hauptleute mit!"

Da Athala zögerte, schrie der General:

„Ein Befehlshaber lässt seine Leute nicht im Stich. Notfalls stirbt er mit ihnen. Geh! Das ist ein Befehl! Ich werte das nicht als feige Flucht, denn wenn Allah dir gnädig ist, erfüllst du einen Auftrag: Warne das Gros des Heeres und überbringe meinen Befehl. Die ganze Truppe soll seitlich das Tal verlassen, sofort und auf dem ersten besten Weg, der frei ist."

Mit zwei Offizieren, die ihn begleiteten, stürmte Athala Hals über Kopf den Abhang hinab. Es galt, die Nachhut auf einem Umweg zu erreichen, doch dazu mussten sie sich durch unwegsames Gelände voller Dornen, Abstürze und Schutthalden kämpfen, das zudem voller Asturer steckte, die sich hervorragend auskannten.

Eine Gruppe von „Farbgesichtern" passte sie ab.

Urplötzlich tauchten ihre roten Schilde, bemalt mit Sonnenrädern, aus dem Gestrüpp auf. Athala fiel sie an mit der Verzweiflung eines eingekreisten Raubtieres. Die beiden Berber taten dasselbe. Von einem Schwerthieb getroffen, sank ein Asturer entseelt zu Boden, und ein andrer stürzte schwer verletzt ins Dornendickicht.

Sie setzten ihren Lauf fort, abwärts durchs dichte Grün. Es galt, einen weiten Bogen zu schlagen. Die Luft erfüllte das Tönen asturischer Kriegshörner, und von oben hallten Todesschreie. Das Schlachten der Muslime ging unaufhaltsam fort.

Für den Augenblick sah Athala sich gerettet, doch in einer Gegend, die vollständig in Feindeshand war, rechnete er sich keine großen Überlebenschancen aus. Aufs neue wurden sie in ihrem Lauf von Asturern abgefangen. Aus dem Augenwinkel bekam Athala mit, wie einer der maurischen Hauptmänner von Pfeilen getötet ward. An seiner andern Seite kämpfte der zweite gegen bärtige Riesen an. Athala eilte ihm nicht zu Hilfe, obgleich er wusste, dass der Maure das umgekehrt für ihn getan hätte. Doch er dachte nur an den Bischof Oppa und die Kommandanten, die das Gros des Heeres anführten.

DAS LICHT DES NORDENS

Der Krieg: Das Schicksal spricht

ERNEUT ERSCHIEN OPPA auf der Bildfläche: Am Fuße des Höhlenfelsens stand er und erwartete die Ankunft des zweiten Truppenkörpers, des Hauptteils der Maurenarmee. In völliger Unkenntnis des Gemetzels, das wenige Meilen weiter vor sich ging, vertraute er auf seinen Plan und rief aufs neue mit lauter Stimme:
„Pelayo! Wo bist du? Höre mich an!"
Im darauffolgenden Schweigen trat Pelayo aus der Grotte hervor und stellte sich auf einen hervorspringenden Felsen. Oppa versicherte den moslemischen Soldaten, jeder, der auf Pelayo zu schießen wage, werde von seiner eignen Hand sterben.
„Mein Sohn und Bruder", begann er, „du weißt, wie dieses Königreich Hispanien unter der Gotenherrschaft vor andern Ländern glänzte in Wissenschaft und Glaubenslehre und dass dennoch sein vereintes Heer dem Ansturm der Ismaeliten nicht standhielt. Und *du* willst dich auf diesem Berggipfel verteidigen? Höre meinen Rat: Erinnre dich des Abkommens, das du schwurst, nicht zu brechen, und du wirst dich der Wohltaten und der Freundschaft der Chaldäer erfreuen."
Das Schweigen beider Heere war voller Spannung wie der Frieden vor einem heftigen Gewitter. Da sprach Pelayo laut und stolz:
„Hast du nicht in der Heiligen Schrift gelesen, dass die Kirche des Herrn wie das Senfkorn ist und aufs neue wachsen wird durch die Barmherzigkeit Gottes?"
Der Bischof antwortete:
„Es ist wahr: so steht's geschrieben. Du aber umgibst dich mit Heiden, während ich in Gesellschaft tief religiöser Leute komme, denen Gott bei seinen Kriegen beisteht, weil sie den einzigen, unteilbaren Herrn anbeten. In Toledo werden wir den Glauben des Königreichs erneuern."
Pelayo reckte sein Schwert zum Himmel, als er sprach:
„Die wahre Kirche und das wahre Königreich werden in diesen Bergen wiedererstehen. Toledo ist mir eine fremde Stadt in den Händen von Ketzern. Das Samenkorn keimt in Asturien. Von

diesem Berg werden wir hinabsteigen nach Hispanien und allen Verrätern, Ketzern und Invasoren den Tod bringen."

Oppa fuchtelte mit seinen fetten Händen durch die Luft:

„Beruhige dich und denke an die Abmachung, die du mit den Moslems getroffen hast. Dieses Heer kam meiner Familie und dem Recht der Gotenkönige zu Hilfe. Es wird gut belohnt werden, sobald die Familien unsres Volkes sich wieder brüderlich umarmen. Du bist einer von uns, versteckst dich aber hier zwischen Dorngestrüpp und Felsen unter Heiden, die sich mit dem eignen Urin waschen. Ich sage dir, dass die Ismaeliten der heiligen Lehre und unsern erhabenen Konzilen viel näher stehen als diese Barbaren."

Nicer, Abieno und ein paar andre, die das Latein des Bischofs verstanden, wurden giftig und steckten die zahlreichen Verwünschungen nur schwer weg. Don Alfonso, Brunhild und Adalsind mussten sie zurückhalten. Der Bischof fuhr fort:

„Es sei denn, die Gerüchte treffen zu, dass du Asturerblut in den Adern hast. Möglicherweise träumst du von einem Winkel der Unabhängigkeit, jenseits des Gottesvolkes, der rechtmäßigen Könige und der heiligen Konzile. Verweigerst dich der königlichen Familie, die in Toledo herrschen muss, und ziehst es vor, selbst König zu sein einer Bande von Heiden, die den Satan verehrt."

Álvaro, der am eignen Leib erfahren, wozu dieser verkommene Mensch fähig war, sagte, indem er mit unendlicher Wut sein Schwert umklammerte:

„Ich bringe ihn um! Ich schwöre bei allem, was mir heilig ist: Ich bringe ihn um!"

Brunhild ergriff ihn bei den Schultern und bat:

„Wenn du's mir erlaubst, ramme auch ich ihm mein Schwert in den Leib!"

Ihre blauen Augen versprühten den Glanz von Stahl. Doch nichts von alldem drang zu Oppa vor. Der nahm als Sprecher der Maurenmacht Pelayos Antwort entgegen:

„Unter meinen Leuten sind wahre Christen, die sich nicht zu Boden werfen vor der Irrlehre Mohammeds. Du, Oppa, wie auch dein Vater, der König, entstammt einem alten Kriegergeschlecht, das aus dem fernen Gotenland kam, wo unsre Ahnen in Kraft und Stärke erwuchsen, um Rom und die Welt das Fürchten zu lehren. Doch die hohen Geschlechter verderben in Luxus und Weichheit und kennen statt des gerechten Kampfes und des aufrichtigen Glaubens nur noch Verrat und Sünde. Diese meine Asturer sind nicht sehr verschieden von den Völkern, deren Königreich der eigne Sattel und deren Paläste Wälder und Gebirge waren. Sie widerstanden den heidnischen Römern und lernten Recht und Sprache der Christen erst kennen, als das Imperium den rechten Glauben angenommen. Sie, die Asturer, sind heute der Keim eines neuen Reiches und eines neuen Volkes. Damit ist alles gesagt!"

Und dann nahm Pelayos Stimme einen Klang an wie Gebirgsdonner. Tatsächlich meinten alle, Christen wie Ungläubige, der Asturerfürst sei der Vollstrecker von Gottes Willen:

„Krieg und Tod!"

Die Asturer und die andern Freiheitskämpfer griffen die Worte auf und wiederholten sie schreiend, zuerst auf lateinisch und dann in ihren Idiomen. Zugleich dröhnten Stierhörner und erfüllten die Sarazenen und den Bischof Oppa, die eine solche Art der Kriegserklärung nie erlebt, mit Schrecken.

Dann trennte Pelayo mit seinem Schwert zwei Äste einer Eiche ab, band sie mit einer Schnur zum Kreuz zusammen und reckte es in den Himmel. Da fuhren Schwerter und Kriegsrufe hoch, aus der Grotte, von den Höhen, von überall her, wo christliche Krieger steckten. Pelayo hob Schwert und Kreuz so hoch er konnte und rief laut:

„Unter diesem Zeichen wirst du siegen!"

Die maurischen Hauptleute erteilten ihren Bogenschützen den Befehl zum Angriff. Waren die auch nicht frei in ihren Bewegungen auf dem engen, holprigen Zugang zur Höhle, so handelte sich's doch um erfahrene Soldaten, und schnell entstand eine bedrohliche Schützenreihe. Die Pfeile schossen auf zu ihrer parabolischen Flugbahn und fuhren, Satanskrallen gleich, auf die asturischen Stellungen nieder, wo sie in Holz und Leder der mit Sonnenzeichen besetzten Schilde einschlugen. Von ihren Warten aus beobachteten

Pelayo und Don Alfonso, wie die Chaldäer Kriegsmaschinen auffuhren, die sie unter großer Mühe hinter sich herzogen: Katapulte, kleiner und leichter, als sie bei der Belagerung von Städten und Festungen zum Einsatz kamen, doch protzig genug für das unwegsame Gelände. Die stellten sie gegenüber der Höhle auf, unter hohen Verlusten durch Pfeile und Steine, die auf sie niedergingen. Auch Al-Qamas Leute griffen zu Steinschleudern, fielen aber in großer Zahl, da ihre Stellung eindeutig miserabel war. Zudem ward die Mausefalle, von der Oppa sprach, zum Grab der Ungläubigen. Der verräterische Bischof war im Galopp davongeritten, um hinter dichten Reihen von Soldaten mit Schilden und Kürassen Schutz zu suchen. Doch bei aller Entfernung und dem Tumult der Stunde verlor Álvaro ihn keinen Moment lang aus den Augen.

Bald waren die Katapulte bereit, ihre schweren Geschosse zu schleudern. Im Innern der Höhle betete Bartolomeo und bat Gott tausendundeinmal um den Sieg. Dort drinnen, im steinernen Heiligtum, dem Wohnsitz der Señora, hörten die Einschläge der mächtigen Steinbrocken sich an wie Drachengebrüll.

Zum Einsiedler gesellten sich Ikko und Alfakay, die keine Waffen gegen ihre feindlichen Blutsbrüder erheben konnten. Ihnen blieb nur das Gebet zu Christus und der Herrin der Höhle, dass der Tod nicht gar zu arg seine Wut auslieiße an ihren Reihen und dass bald der Tag kommen möge, da sie in ihre Heimat zurückkehren und Asturien und Hispanien in Frieden lassen würden.

Bartolomeo versuchte, sie, denen die Tränen liefen, zu trösten. Doch so hatte das Schicksal es gewollt, dass Bruder sich gegen Bruder erhob, das Blut den Glauben verriet und umgekehrt.

Ein riesiger Steinbrocken schlug am Höhlenmund ein und zerdrückte zwei Asturer.

Gerechte Rache

Verschreckt spähte Oppa von hier nach dort. Die Maurenkrieger fielen zu Boden oder rempelten sich gegenseitig an, um nach El

Cueto davonzurennen, wo das Heer sich drängte. Manche wollten den Asturern entwischen, die ihnen den Ausweg verstellten, andre suchten dort zu entkommen, wo die Nachhut dem Tod in Gegenrichtung entfliehen wollte. Wenige Dutzend Asturer bedrängten mehrere Tausend muslimische Soldaten, die in der Falle steckten, unfähig zu manövrieren, Angriffe abzuweisen oder auszuschwärmen.

„Aus dem Weg, Hunde!" Offenbar wollte der Bischof sich zur Nachhut durchschlagen. Soldaten und Hauptleute, die zurückdrängten, warnten ihn:

„Geh nicht dorthin, Christ! Sie greifen von hinten an. Jeden, der nach rückwärts entweichen will, schlagen sie tot."

„Befiehl deinen Leuten, mir eine Bresche zur Nachhut zu schlagen!", schrie Oppa voller Panik. Der Hauptmann, ohne den Respekt zu verlieren, beharrte verzweifelt:

„Das ist unmöglich! Unmöglich!"

Da griff Oppa nach dem Krummsäbel eines gefallenen Soldaten.

„Hunde! Macht den Weg frei!"

Inmitten des Wirrwarrs schlug der Bischof auf Soldaten ein, die ihm in die Quere kamen. Als er sah, dass er nicht nach El Cueto durchkam, schloss er sich einer Gruppe tapferer Afrikaner an, die versuchten, den dornigen Hang zur Höhle zu erklimmen, wo sie der sichere Tod erwartete. Da sich Witizas Sohn bei den Moslems einer gewissen Achtung erfreute, deckten die Soldaten ihn mit ihren Schilden, wobei sie sich mit seiner Leibesfülle und seinem Ungeschick abzumühen hatten. Es schien selbstmörderisch, zur Höhle hochzuklettern, und doch war's die einzige Möglichkeit für Al-Qamas Leute. Außerdem rechneten sie mit ihrer erdrückenden Überzahl. Starben sie auch wie die Wanzen, so würde vielleicht ein kleiner Teil sein Ziel erreichen. Pelayo und die Asturer würden am eignen Zufluchtsort in die Enge gedrängt. Das verzweifelte Unternehmen bestand darin, einen aufsteigenden Keil zu bilden und trotz der zahllosen Leichen, die den Hang bedeckten, in der Menge die Höhle zu stürmen. Die steineschleudernden Wurfmaschinen stellten derweil ihre Tätigkeit ein.

Dutzendweise fielen die Mauren und rollten den Abhang hinunter. Der Teich unterm Wasserfall und die Galerie der Höhle war rot und schwarz gefärbt von Blut. Bei diesem von Oppa mehr aus Verzweiflung denn aus Kühnheit geleiteten Ansturm sank den Asturern für Augenblicke der Mut. Der Steinhagel aus Schleudern ließ nach; auch die Pfeilschwärme wurden dünner. Es nahte der Kampf Mann gegen Mann, denn einige Berber waren schon weit oben. Und auf den Tod von einem rückten zwei von ihnen nach. Ein Pulk von Soldaten kroch unaufhaltsam auf den Höhlenmund zu.

In vorderster Reihe, den Nahkampf erwartend, stand Liuwas Sohn. Álvaro, der sich den Tod des Bischofs geschworen, brannte vor Verlangen, die erduldeten Demütigungen zu rächen.

Die ersten der Mauren, die die Plattform der Höhle erklommen, kämpften wie die Löwen. Die ganze Kraft ihrer Rasse, die ganze Wut von Kriegern ferner Berge und Wüsten brach sich Bahn, als sie ihren Fuß auf einen derart unzugänglichen Ort gesetzt. Der Kampf war heftig, und selbst Oppa, das entartete Scheusal, bewies diesen Augenblick eine Kraft und Beweglichkeit, die einem solchen Fettsack niemand zugetraut hätte. Der junge Álvaro stieß einen wilden Schrei aus, als er, gefolgt von der kampferfahrenen Brunhild, seinen einstigen Herrn vor sich hatte. Ein paar Soldaten stellten sich als Wand vor ihm auf und deckten ihn mit Schilden und Lanzen. Álvaro hieb den Lanzen die Spitzen ab und streckte zwei der braunhäutigen Riesen nieder. Brunhild gab ihnen den Gnadenstoß. Die Mauren mussten denken, es sei eine Göttin im Strahlenkranz ihres Sonnenhaares vom Himmel gestiegen, sie zu strafen. Ihre Haltung in Gotenhelm und Kettenhemd, das Goldhaar blutbespritzt, war schrecklichschön.

Nachdem er und Brunhild sich den Weg zu ihm freigeschlagen, stand Álvaro vor dem dicken Bischof. Der erkannte ihn nicht sogleich. Er brachte nur sein Schwert in Stellung, einen vermeintlich neuen Rebellen abzuweisen.

Aber Liuwas Sohn nahm den Helm ab und ließ ihn zu Boden gleiten.

„Erkennst du mich nicht, Wurm?"

Oppa erblasste. Hatte vorher Angst in seinen winzigen Augen gestanden, so war es jetzt das blanke Entsetzen. Der Sohn Witizas hatte nicht erwartet, einen seiner entlaufenen Sklaven, den er vor langer Zeit zu seinem Vergnügen gekauft, hier als ehrfurchtgebietenden Krieger wiederzusehen, der zur Rache an ihm entschlossen war.

„Ich kenne dich, frecher Sklave! Du wagst es, so mit mir zu sprechen, wo ihr drauf und dran seid zu krepieren? Das Heer des Wali wird Haufen auftürmen von euern Schädeln!"

Entschlossen, keine Zeit mit Worten zu verlieren, hob Brunhild ihr Schwert:

„Schande unsres Volkes!", schrie sie. „Du und deinesgleichen habt eure eignen Kinder als Sklaven verkauft und die Hispanier an diese Pest von Ungläubigen verraten! Du Schwein!"

Oppa wollte nicht zurückweichen, umso weniger, als er bemerkte, dass der Mauren, die heraufgeklettert kamen, ihn zu schützen, immer mehr wurden.

„Wer ist diese blonde Füchsin? Stecken die Asturenweiber nicht mehr in den Harems von Córdoba?"; rief er ermutigt aus.

„Die Tochter Sonnas bin ich!"

Der Name Sonna machte Oppa versteinern. Vor Zeiten hatte Witizas Sohn einen schrecklichen Verrat begangen an diesem so tüchtigen Krieger, und nun forderte auch noch dessen Tochter Rache an ihm.

Und im Nu versetzte Brunhilds Schwert dem Bischof einen Schnitt an den Hals, der nicht geistesgegenwärtig genug war, ihm zu entgehen. Aber die Wunde war nicht tödlich und hinderte den fetten Oppa nicht, sich zu widersetzen.

Diesmal war's Álvaro, der auf ihn eindrang, und nicht nur auf ihn, sondern auch auf zwei, drei Soldaten, die ihn deckten. Als Verstärkung sprang Teud herzu und brachte den Sarazenen, die sie einkreisen wollten, todbringende Hiebe bei.

Oppa sah sich hilflos. Mit Álvaros Kraft und Gewandtheit im Kampf hatte er nicht gerechnet. Er taumelte zu Boden und rang in widerwärtiger Weise auf allen Vieren die Hände, um für sein Leben zu flehen.

„Hast du den Sklaven deines Palastes Pardon gewährt, die du nur zu deinem Vergnügen tötetest, nachdem du dich an ihnen vergangen, du Satan?", fragte Álvaro. „Zählte für dich das Leben der Christen und Brüder deines Volkes, die du den Juden abgekauft? Stirb, Kröte der Hölle! Stirb!"

Und Álvaro wie Brunhild durchbohrten mit ihren Schwertern wieder und wieder den Talg, der einmal Oppa geheißen, indem sie ihn zugleich mit Fußtritten gegen Leib und Kopf bearbeiteten. Indessen wehrten Teud und Silvio der Welle der Mauren, die den Hang heraufdrängte.

Als die Rache vollstreckt war, kam Pelayo dazu. Nachdem er einen chaldäischen Offizier erschlagen, erblickte der Spatharius den fetten Leichnam des Bischofs.

„Wegen Leute dieser Sorte ist das Gotenreich gestürzt und die Kirche in Gefahr geraten. Mit dem heutigen Tag beginnt das Königreich der Asturer!" sprach der Anführer des Aufstands in prophetischen Worten.

Es hagelt Steine

Einem Hasen gleich, der hinter sich den Fuchs wittert, floh Athala vor den Asturern, die den ganzen Waldhang beschossen. Von Häkeleien im Dorngestrüpp und wilden Stürzen sah er sich über und über mit Blut besudelt, und seine beiden Begleiter waren tot. In einem Dickicht hielt er an und glaubte, für den Augenblick sicher zu sein. Er hätte auch nicht weitergekonnt. Aus einiger Entfernung drangen die Rufe und Befehle von Asturern und Kantabrern an sein Ohr. Dem Gemetzel war er entkommen. Nichts andres war's, das mit Al-Qamas Vorhut vor sich ging: das Abschlachten von tausenden Soldaten, die weder zurück zur Grotte noch vorrücken konnten, denn an beiden Engpässen droschen Asturer auf sie ein, zu schweigen von den Attacken aus der Höhe.

Von seinem Versteck aus beobachtete Athala, wie einige Mauren sich retteten, indem sie den jenseitigen, den östlichen Hang erklommen. Offenbar hatten die Feinde des Wali nicht genügend Männer, auch diese Flüchtigen noch abzufangen. Doch Athala mochte ihnen nicht folgen dorthin, wo er die Liébana vermutete. Er musste sich dem Gros des Heeres vor der Höhle anschließen und den geordneten Rückzug in sichere Gefilde planen.

Nach einer Verschnaufpause versuchte er die Enklave von Covadonga zu erreichen. Dabei ließ er sich leiten vom Lärm und Geprassel des Kampfes, von den Schmerzens und Todesschreien. Wie ein Raubtier schlüpfte er durch die Klippen und durchstöberte Fels und Wald. Schließlich erreichte er den Schauplatz des andern Massakers. Nach kurzem Überblick ward ihm klar, dass auch die Nachhut des Maurenheeres dahingerafft ward in einer Falle, die sie nie hätte betreten dürfen. Ungeachtet der schlechten Meinung, die er über Oppa hegte, erkannte Athala, dass der Bischof recht gehabt und dass nur Verhandlungen die Rebellen zum Einlenken hätten bewegen können. Er sah, wie die muslimischen Truppen mit dem Mut der Verzweiflung versuchten, ihre zahlenmäßige Überlegenheit zu nutzen, indem sie die Hänge erklommen, um die gut zu verteidigenden Stellungen der Asturer zu erreichen. Die Anstrengungen waren vergeblich und füllten die Gegend lediglich mit Leichen. Athala musste die Meldung von der völligen Vernichtung der Vorhut überbringen, doch sich auf dem Blachfeld zu zeigen war gefährlich. Von den Höhen herab konnten Bogenschützen und Lanzenwerfer ihn erledigen. So beschränkte er sich lange aufs Beobachten.

Oppas dicke Gestalt war nicht auszumachen. „Vielleicht ist er bereits tot", dachte der Gote. Inzwischen sah er, wie tatkräftige maurische Hauptleute sich damit abmühten, die Katapulte in eine günstigere Position zu manövrieren. Unterm Verlust vieler Menschenleben rückten die Belagerungsmaschinen näher und frontal an die Grotte heran, was zur Folge hatte, dass die Höhlenöffnung ihren Verteidigern nicht mehr viel Sicherheit bot. Ein Schwall schwerer Geschosse prasselte aufs Heiligtum, dessen Innres vor diesen Einschlägen ebenfalls kaum noch geschützt war.

Da er begriff, dass die Lage sich zugunsten der Mauren drehte, beschloss er, sich dem Treffen einzureihen. Verräter hin oder her, war Athala doch Kriegsmann und lief nun los, wobei er die Parolen der Mauren rief, um nicht mit einem Christen verwechselt zu werden.

Aber er trug ja die Ausrüstung und Waffen eines Goten. Abseits der Nähe von Al-Qama und andern Befehlshabern erkannte ihn niemand als Verbündeten und Kollaborateur. Eine Gruppe von Soldaten, die Steine an ein Katapult herankarrten, erspähte ihn sofort. Ihre Ladung sich selbst überlassend, zogen sie ihre Säbel und gingen auf ihn los.

„Dummköpfe!", schrie Athala. „Ich bin einer von euch!"

Doch die Berber verstanden sein Latein nicht recht. Keiner von ihnen begriff, was er meinte. Sie schlugen einfach weiter auf ihn ein.

„Ich bin Athala! Bin ein Freund!"

Der Renegat winkte mit den Händen zum Zeichen, dass er auf Kampf verzichtete, doch ein junger, schlanker Maure schoss auf ihn zu und schlug ihm seine Waffe an den Hals. Gleich darauf fiel er selbst zu Boden, getroffen vom Pfeil eines asturischen Bogenschützen, der auf der Höhe stand.

Dies war das Ende des Verräters Athala. Tausende seinesgleichen machten weiter gemeinsame Sache mit den Eindringlingen, in den Städten, auf den Landgütern Hispaniens. Viele traten eilig über zum Islam, um weiter ihr Volk ausplündern und an der Beute der Eroberer teilhaben zu dürfen.

Der ärgste Feind ist der innere

„SIE ZERMALMEN UNS NOCH ALLE HIER DRINNEN!"

Silvio schrie aus Angst vor dem Hagel riesiger Steine, von denen viele ins Höhleninnere polterten und dessen Verteidiger erschlugen. Die Geschosse waren so groß, dass kein Schild ihnen standhielt, und wenn sie mitten in den gedrängten Trupp der Krieger einschlugen, so rafften sie drei oder vier Leben zugleich dahin.

„Señora!", betete Bartolomeo in der hintersten Ecke der Grotte, „Señora, erscheine vor deinen Knechten und leihe uns deinen Beistand!"

Und während er die Antwort abwartete, ging das Donnern und Poltern der Steingeschosse, begleitet von Todesschreien, unvermindert fort.

„Señora! Hilf deinen getreuen Kindern! Höre das Volk der Asturer, das dich immer verehrt hat, obwohl es noch gar nicht wusste, dass du die Mutter Christi bist! Hier sind deine Gläubigen, die wir in deinem Sohn den wahren Messias erkennen. Stehe uns bei! Zerschmettre die Ismaeliten und lasse nicht zu, dass ihr Reich sich über die ganze Erde verbreite!"

Bartolomeos Stimme klang schwach inmitten des Schlachtengeschreis, und doch fand sie Wiederhall in den Geistern der Christen und Asturer. Neuer Mut kräftigte ihre Arme, als wüssten sie, dass die Señora auf ihrer Seite stehe und eine schützende Decke ausbreite über die Verteidiger der Grotte.

Und dann geschah, was die ältesten Chroniken berichten. Die von den Katapulten geschleuderten Steine verharrten auf dem Gipfelpunkt ihrer parabolischen Flugbahn und kehrten auf ihr zurück zu den Mauren, die sie abgeschossen, wobei sie Dutzende von ihnen zerquetschten und die hölzernen Wurfmaschinen zerstörten.

Die Verwirrung in den gelichteten Reihen der Sarazenen war gewaltig. Ihrer Mordmaschinen beraubt, verdichteten die Bogenschützen ihre Pfeilschwärme, doch die prallten gegen den Fels oder wendeten sich auf sie zurück, nicht wie fehlgeleitete Geschosse, sondern als Stachel, die die Körper der Menschen suchten, um sie zu töten. Und auch die von den Ismaeliten geschleuderten Wurfspieße kehrten sich gegen die, die sie abgeworfen.

Da Al-Qamas Soldaten keinen Raum fanden zu entweichen und jedes Wurfgeschoss auf sie zurückfiel, sah Pelayo den Augenblick gekommen, von der Höhle und den andern Hochsitzen hinabzusteigen und ihnen mit den Schwertern zu Leibe zu rücken. Teud war der Erste an seiner Seite, und dann Alfonso, die mit wiedergewonnenem Mut und der Inbrunst ihrer ältesten Vorfahren sich gemeinsam mit den andern aufstellten und, die Schwerter an die Stirnen gedrückt, zu Christus, der Señora oder den alten Mächten der Asturer und Kantabrer beteten: Brunhild und Adalsind, Álvaro und Silvio, Nicer und Abieno, ja sogar der Hirtenknabe, der den Boten zwischen Alfonso und Bartolomeo gemacht.

„Schicken wir sie zur Hölle!", riefen sie und stürmten dann wie eine Woge des Todes von den Vorsprüngen und Abhängen herab. Die meisten Mauren leisteten wilden Widerstand, einige wenige fielen vor den „Farbgesichtern" auf die Knie. Doch für einen Eindringling, der so viel Schaden angerichtet und das Vaterland derart gierig in den Staub getreten, gab es kein Pardon.

Ein paar Soldaten, die in der Nähe des Teiches eine Einkreisung durchbrochen, gelang nun ihrerseits, Brunhild und Adalsind zu umringen, die gerade, verwegener als manche Männer, Seit' an Seite fochten. Einer erkannte Brunhild mitten im Streit.

„Sklavin!"

Sonnas Tochter, die ihn im Nahkampf vor sich hatte, erinnerte sich an ihn.

„Du hast meinen Herrn getötet. Du bist Abdullahs Mörderin!" Es war einer der Totschläger in Abdullahs Diensten, dort unten in Córdoba. Brunhild verdoppelte ihre Kriegerwut und ging auf den Menschen los wie eine Gottheit aus frühen Tagen, wie eine Walküre jener Vorzeit, die die meisten Goten vergessen hatten. Der Maure, groß, stark und braun, fast schwarz, parierte die Angriffe mit großem Geschick und fing mit seinem herzformigen Schild alle Schläge auf.

Prahlerisch rief er:

„Hündin! Wie hast du mit uns im Harem gevögelt! Schmeiß die Waffe weg und ergib dich deinem Herrn!"

Brunhild, vor deren innrem Auge all die Demütigungen neu erstanden, denen sie als Sklavin ausgesetzt gewesen, vervielfachte Kraft und Kühnheit ihrer Attacken. Erfüllt von gerechtem Zorn, fast übermenschlich, streckte sie mit einem einzigen Hieb der schweren Gotenklinge in ihrer Hand den Mauren nieder, der prompt den Abhang hinunterrollte. Brunhild sprang ihm nach und stieß ihm ihr Schwert ins Herz:

„Beenden wir das!", war, was sie mit zusammengebissnen Zähnen sagte. Andre Asturer, die ihr beispringen wollten, glaubten eine strahlende Göttin zu erblicken. Der Welt ward wieder Gerechtigkeit zuteil.

Und Asturer und Kantabrer sahen, dass die Siegespalme sich auf ihre Seite neigte. Brunhild selbst bemerkte als erste, wie am Himmel über Covadonga die Wolken sich teilten und goldne Strahlen durchbrachen. Alle Krieger dankten der Señora, die seit Urzeiten den heiligen Ort beschützte. Pelayo, der gerade einen Haufen Mauren, der ihn bedrängt, ins Jenseits befördert hatte, stieß zu einer Gruppe, die jetzt Álvaro und Brunhild kommandierten. Und er holte einen Augenblick Atem, um festzustellen, dass der Himmel und seine Königin allen ihre Hilfe lieh.

„Lasst keinen am Leben!", befahl er. Steine zerschmetterten verzweifelte Mauren, die auf unmöglichen Pfaden entkommen wollten. Andre wurden von Lanzen aufgespießt. Pelayo gruppierte die Seinen und trieb die Mauren zwischen den Katapulten und Felsen in die Enge, die ihnen den Ausweg versperrten. Da stieß er mit dem Fuß gegen den toten Körper Athalas. Tot... oder sterbend? Hinter seinem Schild kniete Pelayo nieder, um das zu prüfen.

„Du lebst, schmutziger Verräter?"

Athala öffnete ein Auge und sah Pelayo ins Gesicht, das streng und hart war und entschlossen, den elenden Todeskampf des Renegaten abzukürzen:

„Du kommst nicht weit, Pelayo! Man wird dich hängen wie einen Banditen, und das war's dann!"

Pelayo sagte nur:

„Die Zeit der Goten ist vorüber: Und die Herren dieses Weltteils, unter denen du dich befandest, waren unwürdig. Jetzt töten wir Fremde, doch bald werden wir Tausende von Brüdern unsrer eignen Rasse töten müssen, Verräter wie dich!"

Und abermals waren die Worte des Asturerführers von prophetischer Tragweite. Pelayos Schwert senkte sich in Athalas Brust.

Carlos X. Blanco

Die Ellipse des Generals

Aus der zusammengeschmolzenen Vorhut versuchte Al-Qama eine Ellipse zu formen, in deren Mitte er steckte. Mit ihren Schilden wehrten sich die Mauren gegen Pfeile, Spieße und andre Wurfgeschosse. Doch fielen sie einer nach dem andern, denn ihre Brustpanzer, Rundschilde und Helme hielten dem Dauerhagel nicht stand. Al-Qama hatte die Hoffnung fahren lassen, Verbindung zum Hauptkörper des Heeres aufnehmen zu können, das er mit Recht bewegungsunfähig vor der Grotte vermutete. Auch ging er ganz richtig davon aus, dass Athala und die beiden Hauptleute mit ihrem Unternehmen gescheitert waren. Der Engpass, der die zwei Teile des Kalifenheeres voneinander trennte, war für beide tödlich. Die Asturer hatten ihre Falle gut gewählt. Lange hatte Al-Qama der Schande gedacht, mit einem Misserfolg nach Córdoba zurückkehren zu müssen. Er war besorgt gewesen, dass der Wali Maßnahmen gegen ihn ergreifen, dass er ihm Vorhaltungen machen, ihn gar absetzen könnte. Doch nun ward ihm klar, dass er nicht einmal das nackte Leben retten würde. Er würde nicht mit einem dezimierten Heer in die Hauptstadt zurückkehren, nein: Die Wahrheit war, dass es keine Rückkehr gab. Alle Muslime würden hier fallen. Alle.

Trotz seiner Befehle sah Al-Qama, wie einige Soldaten die Formation durchbrachen, der Ellipse entflohen und sich im Dorngestrüpp versteckten oder versuchten, über Hirtensteige zu entkommen. Die meisten von ihnen wurden von den „Farbgesichtern" gestellt und getötet, doch zeigte sich auch, dass die Asturer nicht zahlreich genug waren, alle Schlupflöcher zu stopfen. Al-Qama verfluchte sein Los, verfluchte die Deserteure, die Christen, die Asturer und ihr verteufelt grünes, zerklüftetes und glaubensfeindliches Land. Er selbst war drauf und dran, den Glauben zu verlieren angesichts des nahenden Todes. Seit er in jungen Jahren von seinen fernen Bergen in Ifriquiya herabgestiegen, hatte die neue Religion aus ihm einen ausgezeichneten Soldaten gemacht. Die Kriege hatten ihn gelehrt, dass Siege und fremdes Sterben ihn immer mit Gold, Sklaven, Ehre, Vergnügen belohnten. Nun aber musste er erfahren, was es hieß, auf der andern Seite zu stehen, aufseiten derer, die selbst umkommen und in den harten, bittren Knochen der Niederlage beißen müssen.

Die Ellipse der Maurensoldaten schmolz zusammen. Angesichts von Gefallenen und Flüchtigen nahm ihre Zahl beständig ab; die Formation musste zum Kreis schrumpfen. Und auch dessen Radius verkürzte sich.

Ein Pfeil drang in Al-Qamas Schulter. Er zog ihn teilnahmslos heraus. Er würde sterben, doch wollte er es tun im Kampf Mann gegen Mann. Und schließlich bot sich ihm Gelegenheit.

Gleich einem Rudel blutgieriger nordischer Wölfe kamen die Asturer von ihren Warten herabgestiegen. Ihre Schreie waren entsetzlich. Viele trugen Gotenhelme und Kettenhemden, die an jene von Don Rodrigos Heer erinnerten; nur die Abzeichen waren andre: Uralte Keltensymbole und Kriegsbemalung schmückten die Körper dieser greulichen Krieger. Die wenigen Mauren, die dem General zum Kampf blieben, hielten sich wacker. „Allahu akbar!", rief er, und die meisten wussten, dass das Paradies sie erwartete, denn sie fielen mit dem Schwert oder der Lanze in der Hand. Doch der General selbst verlor für Augenblicke diesen falschen Glauben. Als Kind hatten ihn seine Eltern christlich taufen lassen. Wie Ikko und Alfakay hatte der Bergbewohner seine zahmen Ziegen, die zwischen römischen Ruinen grasten, verlassen und sich von der einherrollenden Welle der Lehre Mohammeds mitreißen lassen. Die Araber nahmen viele seinesgleichen auf und versprachen ihnen unermessliche Schätze, reiche Ländereien, Kriegsbeute, Sklavenfrauen für den Harem, hübsche Knaben und Diener, vor allem aber Ehre. Das Paradies auf Erden. Und solange der Krieg erfolgreich voranging, erwies sich der neue Glaube als überlegen. Al-Qama hatte die höchsten Positionen vor dem Wali erreicht; seine Dienstzeugnisse waren im Kalifat bekannt. Nun aber hatte er es erstmals mit einem unbekannten Widerstand zu tun von Kriegern ohne Falsch, die um ihr Dasein kämpften und sonst nichts. Reichsgriechen und andre Christen waren Söldner oder Soldaten, die, hatten sie das Nötigste verdient, nach Hause zurückkehren wollten. Die heidnischen Berberstämme oder die servilen hispanischen Regimenter kämpften nicht mit dem Rückhalt des Glaubens. Es war leicht gewesen, Leute umzuwerfen, die, wenn auch noch so mutig, doch kleingläubig bereit waren, die Herren zu wechseln. Die aber, auf die Al-Qama in diesem verteufelten Gebirge gestoßen, waren anders. Sie besaßen Glauben, den Glauben an sich selbst.

Ein rotbärtiger Riese mit fürchterlichen Waffen schlug einen Keil in den kleinen Kreis der Verteidiger. Mit einem einzigen Schlag seiner Klinge brachte er die Linie auseinander, indem er drei oder vier Soldaten fällte. Er drang direkt auf den General vor, der ihn mit dem Krummsäbel erwartete. Es war Abieno, eine der Hauptstützen Don Pelayos, Kommandant der Angreifer auf die Vorhut.

„Eindringlinge! Ihr müsst alle sterben!", rief Abieno in seinem komischen Latein. Natürlich verstand Al-Qama kein Wort. Das aber war auch gar nicht nötig.

Al-Qama, der immer stolz und energisch gewesen, wankte. Ohne dass er's wollte, gaben seine Beine nach, und er stieß gegen die Rücken derer, die ihn von hinten verteidigten. Die Maurensoldaten zeigten keine Feigheit. Al-Qama aber, ihr Anführer, sank unbegreiflicherweise auf die Knie und warf den Säbel fort. Abieno war tief beleidigt. Ihn verlangte nach Kampf. Er war herbeigesprengt, um Al-Qama zu töten oder von ihm getötet zu werden. Doch nun sah er ihn schluchzen wie ein Kind, in den Staub beißen und um sein Leben flehen.

Eine nicht geringere, vielmehr noch größere Beleidigung empfanden Al-Qamas eigne Leute. Sie gerieten in Wut, und ein junger, schlanker Krieger aus dem Atlas-Gebirge stürzte sich auf den General in der Absicht, ihn zu töten. Er hatte recht: Sie starben treu ihrem Anführer; dessen feiges Gebaren musste von seinen eignen Untertanen gerächt werden. Der Maure durchschnitt dem unwürdigen General die Kehle.

„Feigling!", schrie er, und es rollte der Kopf eines der wichtigsten Generäle des Kalifats über asturischen Boden. Ohne seinen Stahl rasten zu lassen, warf sich der Maure, der zum Henker geworden, auf den roten Abieno. Eine Menge Säbelhiebe gingen auf den Schild des Asturers nieder, und erst als die Energie des Angreifers nachließ, war es Abienos Stahl, der den Kampf entschied. Der tapfre Maure starb ehrenvoll, vom Schwert des Asturers durchbohrt. Die noch am Leben waren, fielen nach und nach. Einer nach dem andern sanken die Männer Al-Qamas dahin.

Es retteten sich allein die, die ihrem General Ungehorsam erwiesen. Sie nahmen die Pfade nach der Liébana.

Gaudiosa und der König

IN GESTRECKTEM GALOPP trieb die Jungfrau die Pferde zusammen. Man sprach von Fremdlingen, dunklen, verzweifelten Männern, die ins Land drängten und alles töteten, was ihnen begegnete, Mensch oder Tier. Seit dem Tod ihres älteren Bruders war sie Herrin über die Liébana. Geschlecht und Recht der Ahnen hatten sie an die Spitze ihrer Sippe gestellt.

Die Krieger ihrer Clans brachten verworrene Nachricht von den Bergen im Westen. Die Rede ging von einer Schlacht beim Heiligtum der Señora, einer schauderhaften Sache. Die Höhle war der heilige Ort schlechthin. Dort hatte es Treffen gegeben mit Asturern, Vadiniensern und Kantabrern. Dort beging man Rituale und verehrte die Göttin Deva, die neuerdings Christen, von denen es viele gab, die Mutter Gottes nannten. Früher hatte sie als Mutter der Flüsse gegolten, Herrin von Felsen und Wäldern, vor allem aber der Gewässer. Jetzt, hieß es, habe die *Señora de la Cueva* einen höheren Sockel bestiegen und regiere vom Himmel aus.

Einer ihrer Krieger erschien vor der Jungfrau, während sie sich mit den Pferden abgab.

„Gaudiosa!", meldete er, der eine Pferdemähne auf dem Helm und Farbstreifen auf den Wangen trug. „Wir haben ein weiteres Dutzend dieser Fremden getötet!"

Und aus einem Sack schüttet er die Köpfe auf ihrer Flucht erschlagener Mauren der Jungfrau vor die Füße. Endlich einmal durfte sie diese Fremden betrachten: wilde Gesichter, doch nicht durchweg hässlich. Gesichter von Maurenkriegern, die aus fernen Gebirgen und Wüsten stammten, viele nicht frei von Adel.

Das also waren die, die ins Land gedrungen, um Gefangene zu machen und Tribut zu erpressen. Gaudiosa hatte Wind bekommen von ihren Streif- und Raubzügen während der Invasion. Sie wusste, dass es sich bei ihnen um wenigstens zwei verschiedene Rassen handelte. Die meisten waren Mauren, Afrikaner, die selbst in Clans lebten und Gefilde suchten, dort ihre Herden zu weiden. Doch in die Liébana waren die Trupps nur gekommen, um das Gelände als Späher für arabische Gouverneure und Generäle zu erkunden.

Jetzt aber empfing die Jungfrau die unerwünschten Besucher nicht als dreiste Vorhut eines Invasionsheeres. Ihre Männer brachten ihr die Köpfe von Flüchtlingen, vielleicht gar Deserteuren. Erwischt hatten sie sie auf den schwierigen Pässen, die ihr Land mit dem der Vadinienser verbanden.

„Lasst uns Krieger an den wichtigsten Übergängen aufstellen", befahl Gaudiosa. „Bewaffnen wir das Volk!"

Und die Lebanieger griffen jubelnd zu den Waffen. Alle Männer und viele Frauen, alles, was erwachsen und stark genug zum Kampf war, suchte seine Pferde auf, griff nach Schwertern, Lanzen, Bögen und andern Mordwerkzeugen und machte sich auf, die Fremden zu vernichten.

Es war schön, Gaudiosa zu sehen. Ihr Blondhaar quoll unterm Helm hervor und bedeckte ein Gutteil der Brünne. Eine Kriegsjungfrau wie jene, in die sich in der Antike die Götter verliebten und sie für dieses Entzücken mit Unsterblichkeit bedachten. Jung und schön, sanftmütig gegenüber den Schwachen, doch unerbittlich wider den Feind, achtete das Volk sie nicht geringer als einen Mann, denn sie war das rechtmäßige Haupt ihrer Sippe: Beschützerin und Anführerin zugleich. Als sie in Waffen zu Ross erschien, jubelten alle ihr zu.

Gemeinsam ritten sie zum Hauptpass, wo sie Mauren in beträchtlicher Zahl erspähten: zum größten Teil Infanteristen; wenn es Reiter unter ihnen gab, so hatten sie ihre Pferde in der Schlacht verloren. Die Herrin der Liébana befahl den Angriff.

Das Licht des Nordens

Wie ein Bienenschwarm auf eine Blumenwiese, so stürzten sich die Reiter der Liébana auf die Fliehenden. Die waren bereits erschöpft vom schwierigen Gebirgsübergang und leisteten kaum Widerstand. Mit Schrecken gewahrten sie, wie wild und unerbittlich dreinschauende Männer und Frauen mit Lanzen auf kleinen, wendigen Pferden über sie herfielen, entschlossen, nicht *einen* Eindringling am Leben zu lassen.

Und dann kamen andre Leute von den asturischen Pässen her.

„Das sind die Verfolger!", riefen Gaudiosas Männer.

Da sie näherrückten, war zu erkennen: Kleidung und Waffen glichen ihren eigenen; es waren Brüder.

Asturer und Lebanieger vereinten ihre Kräfte und trieben die restlichen Mauren gegen einen Abgrund. Alle, die vor ihren Waffen zurückwichen, stürzten hinein. Die nicht am Stahl starben, wurden durch Steinwürfe erschlagen. Al-Qamas Heer war vollständig vernichtet.

Die beiden Anführer näherten sich einander, um sich zu umarmen. Fürs erste hatten sie mit ihren Feinden aufgeräumt.

Da erst bemerkte Pelayo, dass er eine Frau vor sich hatte. Ihre Schönheit ergriff ihn sofort. Diese Augen, der klare Blick, frei von Hochmut und doch selbstbewusst. Der schlanke Leib, bewaffnet wie ein Krieger vergangener Zeiten, als alle Nordleute ein Volk gewesen und Wälder, Täler und Gipfel in Besitz genommen, um jeder sein eigner König und Herr der Erde zu sein.

„Ich bin Gaudiosa, die Herrin der Liébana."

Die Stimme der Jungfrau klang wie von Kristall. Pelayo, von Wunden und Schnitten zugerichtet, nahm den Helm ab, um sich sehen zu lassen.

„Wir sind ebenbürtig, denn ich bin der Fürst der Asturer. Pelayo ist mein Name."

Beide schauten sich in die Augen. Ihr Blick verriet, dass eine Seelenverbindung sich knüpfte, die den Raum, der ihre Leiber trennte, überwand.

Da liefen Teud, Abieno, Nicer, Silvio und die andern Kriegsmänner zusammen und riefen:

„Nein! Pelayo ist unser König!" Und die ganze asturische Truppe wiederholte: „Pelayo ist König!" Tausende von Malen.

Die Lebanieger hörten, dass dieser Herr, der da vor ihnen stand, den Sieg errungen hatte über ein großes Feindesheer, dort drüben bei den Vadiniensern, in deren Gebieten fortan das Herz des neuen Königreiches schlagen sollte. Und alle vereinten sich zur Akklamation.

Pelayo sollte auf einen großen Rundschild gehoben werden. Bevor er ihn aber bestieg, sah er nach Adelfuns, dem Sohn des Gotenherzogs Don Pedro. Er war der legitime Erbe alten gotischen Rechts im Norden Hispaniens und Pelayos rechter Arm gewesen beim Widerstand gegen die Invasion. Ohne seine Zustimmung wollte Pelayo nicht regieren.

Doch Don Alfonso umarmte Pelayo strahlend mit großer Inbrunst und begab sich dann eilends unter den Schild, um nach altem Brauch den gewählten König hochleben zu lassen. Es gab keine Herrscher mehr in Toledo, noch Imperatoren in Rom oder Byzanz, denen man hätte huldigen müssen. Das neue Reich fand seine Mitte auf jenem Schild und in dem Mann, der sich auf ihn erhoben, ernannt durch ein Volk in Waffen. Ein neues Zeitalter brach an.

König eines freien Volkes

Eᴉɴ Mᴏɴᴀᴛ ᴡᴀʀ ᴠᴇʀɢᴀɴɢᴇɴ ɴᴀᴄʜ ᴅᴇᴍ Sɪᴇɢ. An einem strahlenden Morgen erschien Gaudiosa, und in ihrem Gefolge Hunderte von Pferden, ein Geschenk der Liébana an die übrigen Asturer und Kantabrer. Mit ihnen konnten die Völker des Nordens eine Reiterei auf die Beine stellen, die ihrem Namen gerecht ward. Dafür wurde die schöne und schreckliche Dame von den Kriegern, die in Covadonga dabeigewesen, – Asturern, Kantabrern, Hispaniern, Goten – gefeiert und bejubelt. Adalsind küsste sie als Schwester. Brunhild folgte ihrem Beispiel, und alle übrigen hinterdrein. Die Hochzeit sollte in der Höhle der Señora begangen werden.

Das Licht des Nordens

Den Asturern, oder besser: den vereinten freien Völkern, war der Gedanke an Könige bereits geläufig. Auf allen Versammlungen der Clans und Sippen war beschlossen worden, die Macht in eine Hand zu legen, denn man erwartete, dass die Mauren nicht zögern würden, ihre Scharte auszuwetzen.

Bartolomeo trat auf das Brautpaar zu.

„Herr und Herrin! Euer Bund ist ein Segen für uns alle. Dieses Königreich wird Tage des Unglücks erleben und Tage des Ruhmes. Wie alles, was der Mensch bewirkt, wird es unvollkommen sein. Doch als Menschen – nicht als Götter – haben wir das Menschenmögliche getan. Der Herr segne das asturische Volk und seinen König. Beide werden ein Samenkorn der Freiheit und Quell der Hoffnung sein. Amen!"

Pelayo und Gaudiosa begingen ihre Hochzeit, wie es kurz vor der Schlacht ihre Freunde und Geschwister getan. Sie wurden gesegnet, wobei der größte Segen darin lag, das Vaterland frei von Feinden zu sehen.

Das Licht des Nordens

www.ingramcontent.com/pod-product-compliance
Lightning Source LLC
Chambersburg PA
CBHW070358100426
42812CB00005B/1555